GLOBALIDAD Y CONFLICTO:
ESTADOS UNIDOS Y LA CRISIS DE SEPTIEMBRE

UNIVERSIDAD NACIONAL AUTÓNOMA DE MÉXICO
COORDINACIÓN DE HUMANIDADES
CENTRO DE INVESTIGACIONES SOBRE AMÉRICA DEL NORTE
INSTITUTO DE INVESTIGACIONES JURÍDICAS

Para un muy buen y estimable colega, thanks for your visit James. With Best wishes José Valdés 06/09/05

GLOBALIDAD Y CONFLICTO: ESTADOS UNIDOS Y LA CRISIS DE SEPTIEMBRE

José Luis Valdés Ugalde
Diego Valadés
(coordinadores)

CISAN

UNAM

unam

Universidad Nacional Autónoma de México

Centro de Investigaciones sobre América del Norte
Instituto de Investigaciones Jurídicas
México, 2005

UNIVERSIDAD NACIONAL AUTÓNOMA DE MÉXICO

CENTRO DE INVESTIGACIONES SOBRE AMÉRICA DEL NORTE

INSTITUTO DE INVESTIGACIONES JURÍDICAS

Diseño de la portada: Patricia Pérez.
Ilustración: Mauricio Gómez Morín.

Segunda edición, agosto de 2005

D. R. © 2002, Universidad Nacional Autónoma de México

CENTRO DE INVESTIGACIONES SOBRE AMÉRICA DEL NORTE
Torre de Humanidades II, 9º y 10º pisos
Ciudad Universitaria, 04510, México, D.F.
Tels.: (525) 56230300 al 09
http://www.cisan.unam.mx
Correo electrónico: cisan@servidor.unam.mx

INSTITUTO DE INVESTIGACIONES JURÍDICAS
Circuito Maestro Mario de La Cueva,
Ciudad de la Investigación en Humanidades,
Ciudad Universitaria, 04510, México, D.F.
Tels.: 56652436
http://www.juridicas.unam.mx
Correo electrónico: saiij@servidor.unam.mx

ISBN: 970-32-2199-8

Impreso en México/Printed in Mexico

Índice

SEGURIDAD, GLOBALIDAD, GARANTÍAS INDIVIDUALES

REFLEXIÓN HISTÓRICA, DEFINICIONES

DERECHO INTERNACIONAL

ECONOMÍA

Introducción.
Comarca herida

José Luis Valdés Ugalde

> *Give me your tired, your poor,*
> *Your huddled masses,*
> *yearning to breathe free*
>
> Poema de Emma Lazarus, inscrito en la base
> de la Estatua de la Libertad en Nueva York
>
> *New York is a capital city [...] But it is by way of becoming*
> *the capital of the world. The city at last perfectly illustrates*
> *both the universal dilemma and the general solution,*
> *this riddle in steel and stone is at once the perfect target*
> *and the perfect demonstration of nonviolence,*
> *of racial brotherhood, this lofty target scraping the skies*
> *and meeting the destroying planes halfway, home of all people*
> *and all nations, capital of everything, housing*
> *the deliberations by which the planes are to be stayed*
> *and their errand forestalled.*
>
> E.B. White, *Here Is New York*
> (Nueva York: The Little Bookroom, 1999), 55-56

A un poco más de tres años de los atentados terroristas del 11 de septiembre contra las torres gemelas en Nueva York y el Pentágono en Washington, D.C., la herida causada por los ataques parece no cerrarse e incluso se extiende aún más a los confines tanto de la vida social como política de Estados Unidos y el mundo. Las implicaciones se han hecho presentes de muchas y variadas formas, afectando de manera directa las circunstancias y los contenidos sustanciales del sistema internacional, ya que los atentados terroristas lastimaron en forma drástica algunas de las fibras más sensibles en las que se basa la convivencia de la comunidad internacional, así como el ya de por sí precario arreglo institucional del orden mundial heredado por la guerra fría. Baste mencionar la crisis que padeció el multilateralismo en el seno de la Organización de Naciones Unidas, específicamente después que el Consejo de Seguridad demostrara su imposibilidad de tener una injerencia efectiva en la lucha contra el terrorismo, encabezada de manera unilateral por Estados Unidos. A esto se han sumado las tensiones internacionales y la desestabilización de la región del Medio Oriente, resultado del fracaso de la estrategia de ocupación estadunidense en Irak. Además, la reelección de Bush en el año de 2004, concretada gracias al voto del miedo y el voto religioso de la mayoría de la población estadunidense, funcionó como un referéndum sobre la estrategia antiterrorista y la doctrina preventiva de la administración del actual presidente, profundizando la cicatrices en el sistema de cooperación internacional.

No cabe duda de que estas y otras consecuencias dejarán sentir sus efectos en el largo plazo, así como que el clima de inseguridad e incertidumbre, que emergió a raíz de los atentados, será atestiguado y padecido por varias generaciones. La vida toda en Estados Unidos cambió radicalmente como consecuencia de los atentados. La sociedad perfecta en la nación perfecta fue penetrada por la amenaza externa: "hemos perdido la inocencia" es quizá la expresión más representativa de entre las muchas que surgieron el mismo día del atentado y que dan cuenta de lo que significó para los estadunidenses dicho desenlace.[1] Si se revisa la muy copiosa literatura surgida a partir de los atentados, colmada de testimonios de cronistas o de ciudadanos comunes y corrientes, es notorio que después del 11 de septiembre los estadunidenses tienen más miedo a la pérdida de control que a la muerte. Su pasmo se desprende fundamentalmente de la idea de haberse sumido en un futuro apocalíptico, el cual, si bien los medios ma-

---

[1] William Langewiesche, "American Ground: Unbuilding the World Trade Center. Part Two, The Rush to Recover", *The Atlantic Monthly* 290, no. 2 (septiembre de 2002): 53.

sivos y el mundo de la ficción literaria y cinematográfica habían plasmado magistralmente al interior de la cultura iconográfica, la sociedad no estaba preparada para afrontar en un mundo *tan real* como el que se le presentó de forma contundente en esa fecha. Si atendemos los procesos judiciales y las formas con que se refiere dicha tragedia, nos percatamos de la profundidad de las implicaciones que el atentado provocó en la convivencia social. ¿Silencio? Se trata sobre todo de la ausencia de palabras para expresar el horror del 11 de septiembre, la reiteración memoriosa de las imágenes que los neoyorquinos, los estadunidenses y el mundo atestiguaron ese día. Aun cuando han pasado tres años, en Estados Unidos, no hay consenso ni palabras que puedan hacer justicia histórica a su pérdida, "no hay palabras que puedan calmar las almas de los vivos y los muertos. No hay palabras que puedan expresar lo que la ciudad vivió; no hay palabras que puedan transmitir el pesar colectivo. En tal día, en tal tiempo, las palabras no harán nada".[2]

Este futuro inevitable, inesperado, brutal y trágico se hizo presente aquella despejada mañana neoyorquina cuando el vuelo 11 de American Airlines se incrustó, a las 8:47 a.m., a la altura del piso 94 de la torre norte del World Trade Center, sólo veinte minutos antes de que el vuelo 175 de United Airlines hiciera lo mismo (9:03 a.m.) entre los pisos 78 y 87 de la torre sur, a una velocidad de más de 600 kilómetros por hora y con los depósitos de combustible con más de veinticinco mil litros, es decir, casi llenos.[3] Literalmente dos bombas, únicas en su

[2] Janny Scott, "The Silence of the Historic Present. Sept. 11 Leaves Speakers at a Loss for their Own Words", *The New York Times*, 11 de agosto de 2002, sección "The Metro", 29. Los estadunidenses de todos los sectores sociales empiezan a debatir sobre la pertinencia de conmemorar el 11 de septiembre; en todo caso, esto es un testimonio de que el sentimiento de pérdida y agravio también significa confusión sobre qué hacer con esta fecha en las efemérides nacionales. Véanse Andy Newman, "Remembering Sept. 11 in a Personal Way, or Maybe Ignoring It", *The New York Times*, 8 de agosto de 2002, sección "The Metro", 1 (B), y David W. Chen, "Family of 9/11 Victim Accepts $1.04 Million in U.S. Compensation", *The New York Times*, 8 de agosto de 2002, sección "The Metro", 1 (B).

[3] Véanse Angus Kress Gillespie, *Twin Towers. The Life of the New York City's World Trade Center* (Nueva York: New American Library, 2002), cap. 8; Der Spiegel Magazine, *Inside 9/11. What Really Happened?* (Nueva York: St. Martin's Press, 2001); Dennis Smith, *Report from Ground Zero* (Nueva York: Viking, 2002); Michael Sorkin y Sharon Zukin, eds., *After the World Trade Center. Rethinking New York City* (Londres: Routledge, 2002); Langewiesche, "American Ground...".

tipo y uso: aviones comerciales repletos de pasajeros, dirigidos en contra de población civil tan inocente como sus víctimas y blancos directos, y concebidos de manera cuidadosa como cargas mortales cuyo propósito era derrumbar ambas edificaciones y cumplir con un designio originalmente planeado, aunque frustrado, el 26 de febrero de 1993 por Ramzi Yousef, un terrorista islámico de origen paquistaní.[4]

Cada torre alcanzaba una altura de 110 pisos y pesaba aproximadamente quinientas toneladas; la torre sur, segunda en ser alcanzada por el ataque, se colapsó a las 9:50 a.m. La torre norte le siguió a las 10:28 a.m., la velocidad de la caída fue de 160 kilómetros por hora y destruyó todo el complejo de edificios (3, 4, 5, 6 y 7) ubicados en la llamada zona financiera, dejando en su lugar un sombrío y extenso lote baldío que hoy se conoce como *Ground Zero*.[5] Una torre se mantuvo en pie por casi una hora y la otra por más de hora y media, lo que permitió evacuar a alrededor de 25 000 personas; en total, se calcula que murieron 2 870 personas de muy variados orígenes sociales y raciales, entre las que se encontraba un buen número de musulmanes, más de doscientos británicos (lo que representa la mayor pérdida de vidas para Gran Bretaña en ataques terroristas); mexicanos, asiáticos, africanos y de otras naciones europeas y árabes. Paralelamente a este ataque, a las 9:39 a.m., el vuelo 77 de American Airlines caía sobre uno de los costados del edificio del Pentágono, destruyendo por completo uno de sus cinco muros, y a las 10:10 a.m., el vuelo 93 de United Airlines se precipitaba al sureste de Pittsburgh, Pensilvania, cuya caída provocó la muerte de todos sus ocupantes. Esto último ocurrió posiblemente después de una lucha entre secues-

---

[4] Yousef intentó derrumbar, infructuosamente, el World Trade Center en esa fecha con un carro bomba, no obstante, hubo seis víctimas del atentado. Yousef es baluch-paquistaní y se crió en Kuwait; posteriormente, se formó como ingeniero eléctrico en Gales, de ahí su excelente inglés. Yousef no era, en ese momento, un componente formal de la estrategia de la guerra santa concebida por Al Qaeda; en todo caso, representaba la obsesión individual por conducir una *yihad* global. Sin embargo, sus vínculos con Bin Laden eran ya estrechos; aparte de trabajar cercanamente con éste desde Filipinas, se entrenó en uno de los campos en la frontera afgana paquistaní. Peter L. Bergen, *Holy War, Inc. Inside the Secret World of Osama Bin Laden* (Nueva York: The Free Press, 2001), cap. 1; James F. Hoge Jr. y Gideon Rose, eds., "The Organization Men", en *How Did this Happen? Terrorism and the New War* (Nueva York: Public Affairs, 2001).

[5] Smith, *Report from Ground Zero*.

tradores y pasajeros, quienes se habrían percatado de la intención de aquéllos de entrar en el espacio aéreo de la capital con el objetivo de destruir alguno de los edificios de los poderes estadunidenses, que bien podrían haber sido el Capitolio o la Casa Blanca.

Sincronización perfecta de un plan largamente meditado y planeado, tal como lo confirman informes de inteligencia, en los que se demuestra que Al Qaeda (La Base) planeó los atentados en Hamburgo, Alemania, desde 1999.[6] Ambos atentados eran parte de una misma estrategia. En una empresa cuidadosamente calculada, los tiempos de los cuatro ataques se coordinaron de tal forma que causaran el mayor impacto en la vida política, económica, social, emocional y psicológica de los estadunidenses, provocando una ola de temor y de inseguridad generalizada en la Unión Americana. Estados Unidos había sido tocado en dos de las fibras más sensibles y representativas de su vida nacional: el centro financiero por excelencia del capitalismo interno y mundial y su complejo militar estadunidense, del cual dependen variadas misiones militares en todo el mundo; pero, sobre todas las cosas, lo que se fracturó fue la fibra social y cívica de la vida en ese país; se trató de un atentado dirigido fundamentalmente contra una franja muy sensible de la democracia estadunidense: su sociedad civil. Al Qaeda articuló con precisión sus objetivos y provocó el efecto propuesto: desestabilizó en varias formas la vida cotidiana y la confianza en los valores intrínsecos, en los que se basa la interacción comunitaria en Estados Unidos, y perturbó la sensación histórica tanto de seguridad como de estabilidad que los estadunidenses habían forjado durante más de un siglo, al golpear trágicamente la esencia del ámbito fundamental de la cotidianidad —y el más apreciado por su población—: el trabajo y la convivencia urbano-social (en este caso, pero no como excepción, ya que la población rural fue testigo agraviado del evento), y destruyó, además, dos símbolos fundamentales de la vida estadunidense. Las torres gemelas simbolizaban en forma particular la idea de excepcionalismo generalizada en Estados Unidos, el triunfo de la técnica sobre la naturaleza y el poderío del

---

[6] Así lo indica el informe de Douglas Frantz y Desmond Buttler publicado en *The New York Times*. Véase "Al-Qaeda: descubren la conexión alemana. Terroristas del 11 de septiembre iniciaron en Hamburgo la planeación de los ataques", *El Universal*, 31 de agosto de 2002, 4 (A).

sistema capitalista, que era en sí mismo el de Estados Unidos; "en efecto, el World Trade Center es un símbolo global, reconocido instantáneamente como representante de Estados Unidos, tal como la Torre Eiffel o el Big Ben representan a sus respectivos países".[7]

Además, el atentado puso en evidencia la vulnerabilidad del sistema de inteligencia y de seguridad. Hasta entonces, Estados Unidos presumía de tener uno de los espacios aéreos más seguros del mundo; sólo que sus mecanismos de prevención apuntaban contra objetivos militares enemigos, nunca aeronaves civiles. La seguridad centraba sus prioridades en afianzar los mecanismos de defensa frente a la amenaza militar externa, razón por la cual se descuidó considerablemente la atención en la llamada "seguridad humana", la cual consiste en establecer un sistema de vigilancia, principalmente en las ciudades, con el objeto de detectar la existencia de riesgos para la seguridad nacional. La transgresión de la seguridad y su vulnerabilidad fueron puestas en evidencia el 11 de septiembre; no obstante, el daño ya estaba hecho entre 1993 y 1998, cuando se detectaron los primeros signos de penetración de elementos terroristas dentro del territorio del país, al tiempo que se efectuaba el primer atentado contra las torres gemelas antes mencionado. Se trata de un largo preámbulo al 18 de mayo de 2000, fecha cuando Mohamed Atta, arquitecto de todo el complot desde sus comienzos y piloto de la aeronave que impactó la torre norte, solicitó una visa que le fue concedida en Berlín.[8]

Es sorprendente que Atta y su grupo circulan por países de Europa occidental y Estados Unidos con toda libertad y "se ven y actúan como el cada vez más diverso Estados Unidos del siglo xxi",[9] planeando un operativo terrorista de grandes magnitudes, sin que autoridad alguna perciba sus planes y movimientos, muy a pesar de que hay indicios de que el FBI seguía los pasos de algunos de los 19 miembros de los cuatro comandos pero prefirió no actuar. En un libro editado por el semanario alemán *Der Spiegel*, titulado *Inside 9/11. What Really Hap-*

---

[7] Gillespie, *Twin Towers...*, 18.

[8] Bergen, *Holy War...*, 35-36. Atta nace en 1968, en el seno de una familia religiosa de El Cairo. Como se podrá deducir, a la luz de los informes sobre la planeación del atentado desde Alemania (véase nota 6 y páginas posteriores de este ensayo), solicita esta visa a Estados Unidos cuando los aspectos más importantes de la conspiración estaban claramente establecidos.

[9] *Ibid.*, 28.

pened?, se hace una reconstrucción pormenorizada de cada uno de los movimientos de los miembros del comando terrorista, tales como su asistencia a las clases de aviación, los lugares que frecuentaban, su vida doméstica, la convivencia con sus vecinos, sus hábitos y actividades cotidianas, sus operaciones financieras y hasta algunos incidentes de tránsito con la policía, de los que Atta salió sorprendentemente bien librado.[10]

En todo caso, los atentados mostraron un sistema de inteligencia confundido y enredado en las contradicciones heredadas desde el fin de la guerra fría, en el sentido de invadir mutuamente funciones de inteligencia interna (FBI) y externa (CIA), sin que haya habido un acuerdo fundamental antes del 11 de septiembre que contribuyera a plantear, con cierta certidumbre y prontitud, garantías de largo plazo a la seguridad de los estadunidenses contra las amenazas de actores no estatales; de esta manera, se ponía en evidencia que Estados Unidos carecía de la experiencia en la lucha antiterrorista que se ha implementado desde la década de los setenta en algunos países europeos con vasta experiencia en este tema, como el Reino Unido, España, Francia y Alemania, entre otros. Como resultado, George Tenet, director de la CIA, renunció debido a las presiones de la Comisión 9/11 que puso en evidencia las fallas, la mayoría por negligencia y mala comunicación, de los sistemas de espionaje. De hecho, este tema actualmente se discute en la Cámara de Representantes con bastante éxito; por cierto, la aprobación de la ley que reorganiza los servicios de información y crea el puesto de un *zar de inteligencia*.

El carácter transnacional del nuevo terrorismo

El atentado del 11 de septiembre que provocó el acto más espectacular de demolición urbana no deseada, conocido hasta hoy, representa en rigor el comienzo de un nuevo paradigma en el uso de los medios de los que se vale el terrorismo fundamentalista islámico para atacar sus objetivos. En este sentido, es particularmente importante resaltar que un elemento central de la estrategia de guerra y reclu-

---

[10] Der Spiegel Magazine, *Inside 9/11...*

tamiento de integrantes de Al Qaeda es la comunicación de masas. "En una cultura cada vez más globalizada, las ideas de Bin Laden influyen en las creencias y acciones de militantes, desde Yemen hasta Inglaterra pasando por Kenia y otros países de África y del Medio Oriente. En buena medida, es sólo cuestión de tiempo: en el siglo XXI, la comunicación es mucho más fácil y el mensaje de Bin Laden se puede diseminar a una velocidad y alcance inimaginables hace dos décadas".[11]

El atentado también representa la continuidad de una ola terrorista de carácter *transnacional* iniciada por Al Qaeda desde hace más de una década y que se funda en un profundo *antiamericanismo*, en virtud de que se considera a Estados Unidos como el responsable directo de la violación de Tierra Santa, a través de la ocupación de territorio islámico; en este sentido, la yihad encabezada por Osama Bin Laden, cerebro detrás de esta estrategia, es la consecuencia de lo que los extremistas islámicos representados por esta organización consideran "el asalto estadunidense del islam".[12]

Asimismo, una característica esencial del funcionamiento de esta nueva organización terrorista es su carácter corporativo, cuyas múltiples células se dispersan alrededor del mundo, principalmente en el Medio Oriente y Asia del Oeste.[13] Los exitosos alcances mediáticos y tecnológicos de Al Qaeda se deben a la aplicación de técnicas empresariales heredadas de la experiencia corporativa de Bin Laden en los tiempos cuando era un próspero hombre de negocios, primero en Arabia Saudita en la multimillonaria empresa familiar fundada por su padre, Saudi Binladin Group, y después, a principios de los noventa, como empresario activo en Sudán.[14] Se trata ciertamente de una red

---

[11] Bergen, *Holy War...*, 37-38. Un ejemplo notable son las entrevistas que Bin Laden ha ofrecido a CNN, *Time* y *Newsweek*, las cuales han circulado internacionalmente y se han reproducido junto a otros mensajes, en medios árabes, como el canal de televisión Al-Jazeera en Qatar o los periódicos londinenses *Al-Quds Al Arabi*. La cobertura se da puntualmente en los medios masivos de comunicación occidentales y sus sistemas de información en todo el mundo.

[12] Hoge Jr. y Rose, eds., *How Did this Happen?...*, 11.

[13] Fred Halliday, *Two Hours that Shook the World. September 11, 2001: Causes and Consequences* (Londres: Saqi Books, 2002), 38. Halliday propone el término "Asia del Oeste", porque denota un área —hoy crucial— que, junto con los países del mundo árabe e Irán, incluye a Afganistán y Pakistán.

[14] Bergen, *Holy War...*, 29.

multinacional de dimensiones aún no calculadas con precisión, aunque probablemente con alcances más graves de los que el aparato de inteligencia estadunidense hubiera calculado. Su conformación responde a la estructura tradicional del *holding* que distribuye sus intereses en compañías pequeñas, las cuales realizan operaciones en países o áreas del globo difíciles de detectar e identificar, respectivamente.

Al Qaeda incorpora organizaciones subsidiarias que militan por su causa en Egipto, Pakistán, Bangladesh, Argelia, Libia, Yemen, Siria y Cachemira (Kashmir). En el mismo sentido, esta amplia red de conexiones corporativas permite el alistamiento de un universo amplio de afiliados de Jordania, Turquía, Palestina, Marruecos, Túnez, Malasia, Bangladesh, Sudán, Arabia Saudita, India, Filipinas, Chechenia, China, Alemania, Suecia, Francia, Inglaterra y facciones de arabeamericanos y afroamericanos.[15] Un relevante aspecto más es la composición del *shura* o consejo ejecutivo encargado de la toma de decisiones. Si bien es cierto que Bin Laden se encarga de formular las principales políticas generales, consulta con el consejo de Al Qaeda, compuesto por una red de profesionales de elite, reclutados con todos los cuidados a los que recurre la empresa corporativa. Se trata de una corporación que atrae a los mejores hombres (creyentes) del islam y que además son entrenados en centros de enseñanza de elite.

Por ejemplo, entre los miembros islámicos radicales más antiguos se encuentran el palestino Abdullah Azzam, el egipcio Omar Abdel Rahman y el yemenita Abdul Majid Zindani (estos dos últimos, jeques); todos ellos estudiaron en la Universidad Al-Azhar de El Cairo, el equivalente a Oxford en estudios islámicos. Otros personajes significativos de importancia en este recuento y que forman parte del círculo íntimo de Bin Laden provienen, en su mayoría, de posición social acomodada en sus respectivos países y cuentan con una formación académica calificada que incluye disciplinas tales como medicina, contaduría, ingeniería, computación; tal es el caso de su ayudante principal, médico proveniente de una familia egipcia de clase alta; su ex encargado de manejar asuntos con los medios en Londres,

---

[15] Daniel Pipes, *Militant Islam Reaches America* (Londres: Norton, 2002); Ahmed Rashid, *Taliban* (New Haven: Yale University Press, 2001); Hoge Jr. y Rose, eds., *How Did this Happen?...*; Bergen, *Holy War...*; *American Heritage Dictionary* (Boston: Houghton Mifflin, 2001).

empresario y comerciante saudita, nacido en Kuwait; su asesor militar en Estados Unidos se graduó como psicólogo en una universidad egipcia y trabajó como especialista en sistemas de computación en California; Rifia Ahmed Taha, vocero de Bin Laden en su declaración de guerra contra Estados Unidos en 1998, es contador; otro colaborador de alto nivel en la jerarquía de Al Qaeda, Mamdouh Mahmud Salim, estudió ingeniería electrónica en Irak; el mismo Bin Laden estudió economía y, como ya se mencionó, trabajó en la empresa familiar de construcción en Arabia Saudita.

Los atentados del 11 de septiembre representan la primera agresión terrorista de tal magnitud y violencia contra objetivos civiles, fraguados desde el interior mismo de la vida social, económica y política del país atacado. Nunca antes se había presentado esta circunstancia. En el pasado, los ataques terroristas se efectuaron vía la utilización de carros bomba, secuestro de aviones e introducción de bombas en aeronaves comerciales; en esas ocasiones, las víctimas fueron objetivos civiles en áreas y regiones en las que se escenificaban disputas de carácter local; ciertamente, las posiciones civiles y militares estadunidenses empezaban a ser atacadas, pero fundamentalmente en el exterior y aunque las bajas civiles variaban, nunca habían sido tan altas en un solo atentado, como las del 11 de septiembre.

Los peores incidentes hablan por sí mismos: 325 personas muertas en el atentado contra un avión de Air India en 1985; más de trescientos muertos en 1993 por atentados perpetrados con carros bomba en Bombay; 270 muertes en el atentado contra el vuelo 103 de Pan Am en 1988; 241 asesinados por una camioneta bomba en Beirut en 1983; los bombazos contra dos embajadas estadunidenses en 1998 en África mataron a más de doscientas personas; y, en octubre de 2000, el atentado contra la fragata estadunidense *Cole* atracada en aguas de Yemen mató a 17 marinos estadunidenses. Aunque estos hechos representaban ominosos antecedentes para la seguridad regional y de algunos países occidentales, principalmente aliados de Estados Unidos, se trataba de eventos aislados y hasta cierto punto raros. De más de diez mil incidentes de terrorismo internacional registrados desde 1968, sólo catorce —antes del 11 de septiembre— arrojaron cien o más bajas.[16]

[16] Bergen, *Holy War...*, cap. 1.

Lo anterior sugiere que existían limitaciones autoimpuestas que contenían la violencia terrorista. Se quería evitar proyectar una imagen de demasiado riesgo entre sectores de opinión, principalmente islámicos, y romper con ello la cohesión, perder militantes y finalmente provocar una ruptura; "[sin embargo] el incremento de incidentes terroristas de largo alcance y de carácter más violento antes del 11 de septiembre sugería que esas limitaciones se erosionaban. El terrorismo requiere un efecto de *shock*, el cual era cada vez más difícil de mantener en un mundo que se había hecho inmune al creciente volumen de violencia; por tanto, la escalada era necesaria".[17]

En el 11 de septiembre, se interrelacionan varios elementos. Por un lado, una penetración temprana de terroristas dentro del territorio estadunidense que se remonta a 1994 con miras a lograr posiciones en su espacio social, de aquí la posibilidad de lograr una planeación muy precisa de las estrategias y acciones de los comandos terroristas desde el interior mismo del territorio enemigo; por otro lado, un fanatismo religioso a toda prueba, el cual se combina con una preparación tecnológica característica de los reclutas de Al Qaeda; características que Atta reunía, quien contaba con una buena preparación profesional: estudió planeación urbana y preservación en el Instituto Técnico de Hamburgo, Alemania, entre 1992 y su fecha de ingreso a Estados Unidos en 2000, en total siete años; lo cual indica que fue un estudiante intermitente y dedicado a difundir sus ideas entre compañeros islámicos —y a organizar el complot, como ya se señaló anteriormente—, dos de los cuales fueron parte del comando del 11 de septiembre. También, según lo recuerda uno de sus profesores, Dittmar Machule, Atta era "un pensador preciso, escéptico del mundo occidental".[18] Asimismo, cumplía con todos los aspectos disciplinarios de la religión islámica, tales como abstinencias varias, como el alcohol y el sexo; en suma, Atta sintetiza la expresión más acabada de las nuevas generaciones del islamismo fanático y fundamentalista, del recluta *moderno* del terrorismo internacional de Al Qaeda: convicción y entrega religiosas al grado del sacrificio, y preparación y conocimientos suficientes sobre cómo operar en el mundo moderno.

[17] Hoge Jr. y Rose, eds., *How Did this Happen?...*, 5.
[18] Bergen, *Holy War...*, 35.

Globalidad y conflicto. Causas e implicaciones

No se puede negar que en el contexto inmediato y mediato de los atentados terroristas se creó un clima propicio para elevar la tensión existente en el ordenamiento mundial. Es posible decir que, a más de tres años del trágico evento, en el análisis del sistema internacional no se puede suscribir el 11 de septiembre como un parteaguas histórico. Vale agregar, en coincidencia con lo que argumenta Halliday, que es errado sostener que "todo cambió" a partir del 11 de septiembre,

> afirmación difícil de refutar como de probar. Aun los más grandes cataclismos pueden conducir a exageraciones: el mundo no cambió, el sol no se oscureció, la novela, la esperanza o la felicidad no murieron después de Auschwitz, el Gulag, Sabra y Chatila, Sarajevo, Ruanda... como resultado, algunas cosas, no menos los sistemas políticos, las historias, las culturas, las esperanzas y temores del género humano continuaron. Lo mismo sucederá en relación con el 11 de septiembre. No obstante, lo suficiente ha cambiado y continuará cambiando, hasta reconocer que el 11 de septiembre es ya uno de los hitos de la historia moderna.[19]

Por lo demás, ciertamente, el fin de la guerra fría no trajo como resultado el fin de la polaridad en otros frentes que no fueran los estatales. Se ignoraba (o se quiso ignorar en forma irresponsable) hasta qué grado existían actores de la sociedad internacional que podían plantearse medidas tan extremas como las de los atentados contra territorio estadunidense. Los hechos terroristas del 11 de septiembre apuntan a cuestiones relacionadas con historia (colonialismo, guerra fría y posguerra fría), causalidad (lucha de posiciones al interior del islamismo y coerción por parte de Occidente sobre los territorios del Medio Oriente), cultura (choque civilizacional y otros), el Estado (su crisis), política exterior y unipolarismo (su crisis).

En todo caso, habría quizá dos explicaciones de fondo a lo sucedido el 11 de septiembre. Por un lado, hay que atender sus ramificaciones coloniales y posteriores a la guerra fría. Bin Laden hizo alusión, en

---

[19] Halliday, *Two Hours...*, 32.

su declaración del 7 de octubre de 2001, en la televisora de Al-Jazeera y publicada al día siguiente en el *International Herald Tribune,* a la lucha milenaria del islam que, según su concepción, se ha exacerbado durante los últimos ochenta años. No está claro a qué se refiere Bin Laden, si al colapso del Imperio Otomano o a la toma de Palestina por Gran Bretaña. Algunos de sus colaboradores cercanos han evocado la expulsión de los árabes de España en 1492. En todo caso, desde el 11 de septiembre, estamos ante el surgimiento de un cruzado moderno, cibernético, altamente tecnificado que está en entera disposición de entregarse a la muerte por defender una causa claramente precisada en términos y alcances por el mensaje mesiánico de Al Qaeda.[20]

En el contexto de una globalización que, si bien necesaria y también deseada, ha resultado profundamente inequitativa e ineficiente, colonialismo y guerra fría son la dupla embrionaria de una crisis mundial de magnitudes aún incalculables; se trata de los antecedentes mediatos e inmediatos del surgimiento de esta versión de terrorismo militante y de vanguardia; ciertamente, la combinación de este legado produjo un gran resentimiento contra Occidente entre amplios sectores del mundo árabe, particularmente contra Estados Unidos y sus políticas concretas implementadas en las zonas de conflicto más sensibles de esa región del globo. En primer lugar, como argumenta Halliday, desde 1918 el colonialismo heredó un sistema de Estados (ciertamente en crisis) en el Medio Oriente, así como un conjunto de problemas fragmentados no resueltos, como el conflicto palestino (que representa el conflicto árabe-israelí en forma clásica),[21] el problema kurdo y el estatus incierto de Kuwait.[22]

Así, la era del colonialismo (1870-1945) fue reemplazada por la era de la guerra fría. El 11 de septiembre puede significar el comienzo del fin de la guerra fría o bien el inicio de quizás el más grande

---

[20] Véase la declaración completa en *ibid.,* 233-334.

[21] Bin Laden ha dicho: "Juro ante Dios que Estados Unidos no vivirá en paz antes de que la paz reine en Palestina y antes de que todos los ejércitos de infieles abandonen la tierra de Mohammed", citado en Halliday, *Two Hours...,* 234. Cabe agregar que existe una legítima demanda pendiente, la cual no depende sólo de los cálculos extremos que resultan de la alianza de Washington y Tel-Aviv: la negativa de los derechos políticos de seis millones de palestinos.

[22] *Ibid.,* 35.

conflicto posterior a ésta, como han argumentado algunos analistas: un evento trágico más en la cadena de desgracias acontecidas desde el fin de la segunda guerra mundial, cuyas secuelas confrontan —en medio de la modernidad y el progreso, esos duendes escurridizos— a un actor no estatal con el don de la ubicuidad contra el país más poderoso del planeta, hoy herido profundamente en su dignidad e integridad nacional, dispuesto a llevar a cabo, por su propia cuenta —a pesar de la falta de consenso de la mayoría de sus aliados europeos y árabes—, una cruzada en nombre de la defensa y la integridad de Occidente. En todo caso, se trata, de nuevo, de una confrontación entre Occidente y Oriente por razones que van más allá del conflicto entre culturas, aunque preexisten algunos contenidos significativos de éste; que es un conflicto en el que se dirimen (no sin mesianismos) dos visiones del mundo y de las formas de vivirlo y sobrevivirlo. Halliday discute la tesis de que el conflicto entre "Occidente y el mundo islámico fue en sí mismo una nueva guerra fría, una nueva rivalidad global que reemplazó a la anterior", y nos revela un dato significativo para esta reflexión sobre las raíces de la confrontación: "es tentador recordar aquí que el primer, original y probablemente olvidado uso del término «guerra fría» se atribuyó en efecto al conflicto entre la cristiandad y el islam en España, en los escritos del autor castellano don Juan Manuel (1282-1348): «guerra que es muy fuerte y muy caliente termina o bien en muerte o en paz, mientras que guerra fría nunca trae paz ni trae honor a aquel que la hace»".[23]

Otro parece ser el problema en virtud del carácter no estatal, ya señalado, de la contraparte islámica. Asimismo, es cierto que la confrontación islam-Occidente no tiene un carácter global, como sí lo tuvo la guerra fría, ni involucra a toda la población o Estados islámicos del mundo, el islam no tiene una acogida, como la tuvo el comunismo, en el mundo occidental; tampoco posee potencial económico, militar o político para erigirse en una fuerza mundial dominante. La confrontación se da entre una fuerza —el terrorismo— con capacidad de coerción no legítima —que se originó como guerra fría y, por tanto, como una consecuencia directa de ésta— y un Estado

---

[23] *Ibid.*, 36.

unipolar (Estados Unidos) con relativa legitimidad para imponer su fuerza en el ámbito internacional, que detenta el poder necesario, mas no suficiente, para emprender una campaña militar y política de largo aliento contra su enemigo declarado y reencontrado, que, a la vez, por razones distintas de las de Washington, es también una amenaza (real) a la seguridad de todos y del precario orden mundial, incluida una globalización económica y política insatisfactoria e irresuelta, también heredadas parcialmente por la guerra fría.

Al mismo tiempo, en lo que toca a las responsabilidades de Occidente, hay que mencionar que fue un error, de implicaciones ya probadas con el 11 de septiembre mismo, fomentar en el mundo islámico a grupos de resistencia para defender o controlar intereses a corto plazo, en función de geometrías geopolíticas de muy dudoso éxito. Muchos de estos grupos devinieron terroristas, siendo su culminación más elocuente el régimen talibán en Afganistán y el consecuente apuntalamiento de la corporación terrorista más importante y tristemente célebre de la historia, Al Qaeda, y de Bin Laden como el caudillo primordial de la causa del fanatismo islámico. Habrá que agregar un elemento de trascendencia: el debate sobre el terrorismo ha sido de generalizaciones, se ha polarizado y ha quedado a merced —las más de las veces— de una polémica sumamente ideologizada que ha ensombrecido la explicación de las causas y los hechos mismos, sin percatarse de la gravedad del hecho.

Se impone agregar algo más sobre el tema de la violencia y la íntima relación con *su* fenómeno: el terrorismo. En esta cada vez más íntima interrelación, se afronta un riesgo aún mayor en el que quedan involucradas razones sociales y estatales a la vez: por un lado —y éste es el mensaje de los responsables de los atentados del 11 de septiembre en Estados Unidos y los del 11 de marzo de 2004 en España—, se juega peligrosamente con un doble discurso que apunta a justificar la violencia contra objetivos civiles en nombre de fines políticos (extremos). Con esta visión de las cosas, el propósito y objetivo políticos del terrorismo son, desmoralizar al enemigo y movilizar a los seguidores, así como el hecho de que varios Estados en el mundo, en el Medio Oriente y otros, como el caso del ruso en Chechenia, sostienen que la violencia extrema (violencia de Estado, se entiende) se justifica en defensa de su Estado. No se pueden menospreciar algunos signos de este tipo en el discurso oficial en Estados Unidos después de los atentados.[24]

Estados Unidos y el mundo

Una de las consecuencias más importantes del ataque terrorista es la amplia animosidad contra Estados Unidos, como el último responsable del clima en el cual el terrorismo ha germinado y que todos los males del mundo deben ser atribuidos a este país, a su Estado o a sus ciudadanos. Esta visión es imprecisa y hasta cierto punto simplista y consecuencia de una mala información y valoración sobre las raíces del problema. Se trata de una acusación que ignora —en el medio de una generalización demagógica y rencorosa— aspectos concretos de la política exterior de guerra fría de Estados Unidos.

Es una animosidad que proviene precisamente del odio originario que enmarca históricamente los atentados; pero no es una explicación de los hechos y sus orígenes. Se olvida quizás —lo que no pretende ignorar el discurso y voluntad hegemónicas que prevalecen al interior de la cultura *cowboy* estadunidense; de aquí la enorme complejidad que guarda Estados Unidos— que a este país viajan y radican los sueños de millones, quizás en buena medida, una porción enorme de la población mundial, de inmigrantes, como mucho antes lo hicieron hacia Inglaterra o Francia; y los cuales, además, han contribuido significativamente a los adelantos del conocimiento, desde la música hasta la medicina, pasando por otras esferas de la producción científica y la creación artística y la defensa de los derechos del hombre. En este sentido, es posible decir que ese país condensa las razones para la animadversión, así como para el reconocimiento: la crítica radica en que Estados Unidos ha hecho más bien poco que mucho. Guerras e intervenciones, es cierto, aunque también reconocimiento de los derechos y libertades ciudadanas, tales como los derechos de género y el reconocimiento de una expresión innegable de su realidad social: el multiculturalismo.

---

[24] *Ibid.*

Un récord contradictorio, ciertamente, pero del cual no han sido ajenos otros países con un historial similar desde el siglo XVIII. Por otro lado, no se puede ignorar que el juicio impreciso y extremo de la actuación estadunidense guarda el riesgo de desdibujar un renglón fundamental del problema de la crisis provocada por los atentados del 11 de septiembre. Nos referimos al hecho de que las acciones de Al Qaeda tienen poca o nula relación con las causas de los oprimidos del mundo. Y aquí resulta razonable no confundirnos: cualquier causa antiimperialista que atente contra la integridad y la vida de un ciudadano significa una gran razón para el desasosiego y un problema de inseguridad para todos: se reivindica un postulado de exterminio racista como la última expresión de un esquema de salvación en el nombre de una reivindicación universal y total tan demagógica como perversa.

El libro que se presenta al lector ahora en su primera reedición es un esfuerzo por entender las causas y alcances que la tragedia del 11 de septiembre tuvo; se trata de un esfuerzo académico serio y original, así como una reflexión colectiva rigurosa que se realiza sobre los atentados y su subsecuente crisis, a partir de una perspectiva multidisciplinaria, que aborda el fenómeno desde los prismas filosófico, politológico, sociológico, económico e internacionalista. Todos los autores, especialistas de primer nivel en sus respectivas disciplinas, contribuyen al debate con un análisis inteligente y comprometido, a partir de una reflexión intelectual en la que se plantean tanto razonamientos como preguntas que nos permitan tener en México —tan urgente hoy— una visión fresca y precisa sobre las condiciones actuales y las implicaciones de corto y de largo aliento que, tanto para la vida interna de Estados Unidos como para la internacional, han significado los atentados del 11 de septiembre de 2001.

A dos años de la intervención militar en Irak el horizonte del orden internacional continúa nublado. El 7 de julio de 2005 el mundo recordó que la amenaza del extremismo fundamentalista sigue presente. El ataque terrorista en Londres exige una visión integral del problema del terrorismo con miras a neutralizarlo no sólo militarmente, sino políticamente. La intervención armada en Irak ha demostrado ser una estrategia ineficaz y por ello es de la mayor importancia que tanto Estados Unidos como Gran Bretaña se pregunten si deben mantener las tropas en ese país y si la democratización de Medio Oriente puede llegar a neutralizar la amenaza del terrorismo si se hace desde un unilateralismo que aísla cada vez más la política exterior.

El impacto

Violencia y discurso

*Ignacio Díaz de la Serna**

La violencia socava el fundamento precario de todo proyecto. Irrumpe siempre en el ámbito de la armonía y de la transparencia, desmoronándolas. Movimiento de brusca sorpresa, trastorna el orden del mundo, la tranquilidad de los seres, el remanso del espíritu. Por consiguiente, violencia es siempre una fractura en el mundo, en los individuos, en el espíritu.

No es raro que la violencia se confunda con la animalidad. Se confunde, además, con la naturaleza, con el deseo. Oponiéndonos a la violencia es como hemos logrado volvernos humanos. La razón, entre otras cosas, es el elemento que paraliza en nosotros la violencia. De tal suerte, la violencia es postulada como antirrazón, y la razón, no violencia. Sin embargo, me parece importante darnos cuenta de lo siguiente: si la razón es la exclusión de la violencia, entonces esta última es lo que delimita a la razón. La paradoja que entraña este razonamiento es fehaciente: siendo la razón la única que tiene la capacidad de definir, de pronto se encuentra definida por lo que, a juicio suyo, es indefinible. A modo de solución, podríamos otorgar a la violencia una primacía en relación con la razón, pero esa violencia tiene que ser por fuerza exclusivamente "potencial". Para que sea violencia en cuanto tal, es necesario que se desarrolle una razón que formule una noción de mesura, de límite, y desde la cual designe a la violencia, claro está, negativamente, como desmesura. Es cierto que la razón permite definir la violencia como indefinible. Pero, el carácter negativo de la violencia es secundario comparado con el carác-

* Profesor e investigador, Departamento de Letras, Facultad de Humanidades, Universidad Autónoma de Morelos. Correo electrónico: idiazser@avantel.net.

ter negativo de la razón. Así, la razón es negación de la violencia. Y esto es lo que solemos sostener cuando afirmamos que la violencia es la negación de la razón. En todo caso, sería más correcto decir que la violencia es *ante-razón* porque precede y excede a la razón.

La razón, el trabajo, el saber, toda suerte de prohibición y el discurso en el orden de lo político son maneras de oponernos con firmeza, de decir un "no" rotundo a la violencia. Estamos convencidos de que somos capaces de eliminar la violencia. Convencidos, cosa curiosa, pese a que jamás lo conseguimos. En efecto, la violencia nunca puede ser eliminada del todo. A lo sumo, puede ser refrenada durante un cierto tiempo, pero ningún trabajo, ningún saber, ninguna prohibición, ningún discurso, ofrece la garantía de erradicarla para siempre del mundo y de nuestras vidas. Tarde o temprano tenemos que aceptar que la violencia es tan irreductible como lo es la muerte. Aun cuando echamos mano a la negación racional de la violencia, tras lo cual la consideramos inútil y dañina, persiste tercamente lo que nos afanamos en negar. ¿Qué objeto tiene, pues, negarla, si nada hay que la reduzca o que la haga desaparecer?

Por otro lado, nunca nos hemos retraído completamente de la violencia. Nunca hemos proferido contra ella un "no" definitivo. En momentos de debilidad, nos resistimos a seguir el movimiento de la violencia que bulle en la naturaleza y en nuestras sociedades; momentos que constituyen tan sólo un lapso, no una erradicación de ese movimiento. Toda prohibición de la violencia, por ejemplo, promueve su transgresión aleatoria (criminal) y ritualizada bajo formas precisas: la fiesta, el sacrificio, etc. A través de nuestra laboriosidad, edificamos eso que llamamos "mundo". Pero ahí, en este mundo nuestro, subsiste un fondo de violencia excedente. Por más razonables que intentemos ser, esa violencia se apodera de nosotros y nos domina. Y a esa violencia —digamos— "natural" se suma la violencia involuntaria que nos imponemos para poder mirarnos como seres razonables. En resumidas cuentas, una doble violencia —la que persiste en la naturaleza y la que suscitamos en nosotros mismos— nos arrastra en ese movimiento que la razón no puede cancelar ni dominar.

A modo de defensa, instauramos la racionalidad mediante el acto de producir un mundo fundado en las cosas y las relaciones entre ellas que facilitan pregonar su inteligibilidad. La razón se proporciona entonces un territorio reservado para sí, construido gracias al trabajo, a la vez que deja fuera de él a la violencia. Luego de trazar esta suerte de círculo mágico, aquello que ha quedado más allá de sus límites interiores flota errante en el éter de la irrealidad, estigmatizado con el nombre de "barbarie".

Hay un lugar donde el discurso en el orden de lo político arroja lo que decide rechazar. Los residuos lanzados allí escapan a la injerencia de dicho orden y escapan a su dominio, a su voluntad de abarcar todo. No sorprende entonces que lo que se encuentra fuera de la órbita de ese orden represente una amenaza que pone en constante peligro la hermosa armonía conceptual lograda por su discurso. La desmesura violenta continuamente los límites dentro de los cuales se ha inscrito el discurso de lo político como saber y como práctica.

Ha sido común considerar a la violencia excedente como la antítesis más radical de ese orden. Esta idea se remonta al acto mismo que le dio origen. En efecto, el orden de lo político nace como una decidida oposición a la violencia, la cual será señalada desde ese momento como "negatividad primitiva" y asimilada a un estado de "barbarie". Sin embargo, y considero que es necesario subrayarlo, nace a partir de ella y se aleja a tal grado que olvida el relato de su nacimiento, ya que le parece un recuerdo vergonzoso. Su fortaleza reside en esto: tras rechazar la violencia, lo político es el único discurso capaz de delimitarla y dominarla mediante el subterfugio de hacerla aparecer como una negatividad particular. El discurso en el orden de lo político se contrapone a la violencia del mismo modo en que lo universal (el Estado) es lo opuesto a lo individual (el ciudadano). Y esto constituye la prueba irrefutable de cómo el discurso en el orden de lo político sólo puede "fundamentar" la violencia en la medida en que la suprime.

El orden de lo político representa entonces la violencia como su *completamente otro*, lo que es radicalmente distinto a ella. Y entender en estos términos lo que *no es él* proviene de un intenso trabajo de homogeneización. Suponer que ese orden ha determinado a la violencia es poco menos que una insensatez. Ha sido la violencia, por el contrario, la que lo ha determinado siempre, ya que aquél se ha desarrollado, entre otras condiciones, oponiéndose férreamente a ella. Así, la coherencia del discurso se yergue como la medida universal.

La violencia es y sucede independientemente de un sistema de representaciones, fuera de todo tiempo, fuera de todo saber, orden o práctica en el orden de lo político. Nada puede constreñirla a una medida común de comprensión. A lo más, podríamos reducir la violencia a ser el objeto de una voluntad reflexiva y, en consecuencia, racionalizarla. Así, el orden de lo político la designa, la señala y la categoriza, simple artimaña de la que echa mano para evitar ser desbordado por la violencia. Cuando habla de ella, casi siempre con el propósito de denostarla, la reduce a la condición de elemento dentro de la estructura implacable de la coherencia y de la homogeneidad, así como también la reduce a un tiempo preciso, tiempo determinado que ocupa, ya como objeto del pensar o del decir. El orden de lo político edifica su integridad en estricta confrontación a lo que reside más allá de sus límites, que es la violencia que lo excede. De tal suerte, él mismo se yergue como el polo opuesto de la violencia. Inventa una tensión entre dichos polos, inventa un *dialogos* que los relaciona entre sí, e inventa una unidad ideal que termina por borrar esa diferencia y aclama, en el momento adecuado, o bien la Gran Reconciliación, o bien el Momento del Ajuste de Cuentas. El reino ordenado de las palabras proclama ahí un supuesto Orden Moral de por sí tambaleante. Gracias a las bondades de la demagogia política que hoy día prevalece, el discurso se sitúa por encima de la realidad que él evoca. A pesar de la subordinación que promueve el lenguaje a ese reino de la mesura, la violencia permanece irreductible y se calla.

"El momento adecuado" al que acabo de referirme es el momento actual que nos ha reunido hoy. Si de algo somos incapaces es de aceptar que tenemos una sed inagotable de catástrofes. Aun aceptándolo, supongo que no sabríamos cómo satisfacerla. Y cuando se nos presenta alguna oportunidad, nos asustamos.

Hoy estamos asustados, por mucho que lo ocultemos. Tal vez el camino para sobreponernos a este momento actual consista en comprender de una vez por todas que la violencia, al igual que la muerte, es uno de los dos únicos sucesos genuinamente extrapolíticos que tienen cabida en el mundo. Mientras tanto, sumergidos en el orden de lo político, continuaremos hablando y produciendo argumentos. Como si el asunto fuese cuestión de palabras, de lágrimas o de ejércitos enviados a combatir quién sabe contra quién y dónde. El enemigo, al parecer, es una fantasmagoría. Pero es real porque alguien la ha soñado.

Estados Unidos en tiempos de crisis: la experiencia de los atentados del 11 de septiembre

*Luis Maira**

I

Nunca antes un acontecimiento internacional grave e inesperado había dado pie a una reflexión tan amplia como la que tuvimos la oportunidad de escuchar en las dos semanas posteriores a los atentados del 11 de septiembre. Las voces de los principales expertos de las ciencias sociales de las más distintas posiciones en todos los países del mundo nos han ayudado a iluminar acontecimientos que, además de la tragedia y el horror, tienen múltiples impactos prospectivos y de largo plazo. Una pequeña contrapartida del dilema abierto tras los atentados ha sido ver que la reflexión que se había hecho rutinaria y se había empobrecido en los años siguientes al término de la guerra fría, reemerge con gran frescura y con una vitalidad que nos va a dar probablemente nuevos elementos sustantivos para tratar de ordenar un mundo que se ha hecho tan distinto. En las páginas de opinión de los periódicos y revistas, hemos tenido tal caudal de aportes, de ideas, de propuestas, de esquemas que me ayudan a planear los cinco puntos que voy a abordar.

* Académico chileno. Fundador y primer director del Instituto de Estudios de Estados Unidos en el CIDE (1975-1984). Ha publicado varios libros y numerosos artículos sobre el tema. Desde 1997 es embajador de Chile en México.

Primero, me interesa recuperar ciertos elementos básicos que son parte de la esencia de Estados Unidos y de la sociedad estadunidense, sin los cuales no se puede entender la conducta del gobierno de Washington en una coyuntura crítica ni lo que hará la mayor superpotencia global hacia adelante; segundo, examinar en un contexto más amplio cómo se han dado otros cambios del sistema internacional, los tiempos de las transiciones internacionales y el marco más amplio que entregan otros contextos de crisis; tercero, reafirmar por qué estamos frente a un nuevo escenario internacional; cuarto, examinar al "enemigo" a través de elementos que se ligan a la emergencia de un fundamentalismo radical de carácter musulmán y sus características, y quinto, examinar el impacto de estos hechos en el proceso de toma de decisiones internacionales de Estados Unidos.

Permítaseme antes de analizar esta agenda referir una anécdota. Cuando yo vine como asilado a México, en 1974, acababa de tener la experiencia de una muy difícil negociación en el Departamento de Estado. Chile había hecho una nacionalización de las empresas del cobre sin pagar indemnización monetaria, aplicando una doctrina sobre "rentabilidades excesivas" de las firmas estadunidenses y estábamos en situación muy difícil; había bloqueo, embargo por parte de Estados Unidos. Luego de dos periodos de discusión, en diciembre de 1972 y marzo de 1973, la negociación no prosperó. Pero ahí descubrí lo poco que sabíamos de Estados Unidos. Mientras en la contraparte estadunidense —de la cual después todos se hicieron muy famosos porque hubo una investigación en el Senado de Estados Unidos del Comité Church, que estableció en forma muy clara la participación de ese país en el golpe de Estado en Chile— sabían exactamente quiénes éramos y qué pensábamos cada uno de los que estábamos de este lado, nosotros, en cambio, apenas sabíamos sus nombres y sus cargos y no conocíamos nada del proceso de toma de decisiones ni de cómo Estados Unidos ajustaba y reinterpretaba su interés nacional.

En el Centro de Investigación y Docencia Económicas (CIDE), lugar donde entré a trabajar, que se estaba fundando en ese momento, me pidieron un tema de investigación y propuse: ¿por qué no estudiamos Estados Unidos? Y encontramos dos muy buenos socios iniciales del proyecto: un destacado economista chileno, Fernando Fanjzilber, que había trabajado en Brasil y México, quien hoy nos hace mucha falta porque murió prematuramente en 1992; y un experto de El Colegio de México, Bernardo Sepúlveda, que luego fue canciller mexicano e impulsó el trabajo del Grupo Contadora y la constitución del Grupo de Río. Los tres empezamos este trabajo a través de un proyecto pequeño; pero eso originó repercusiones en la comunidad académica mexicana y las reacciones fueron de dos tipos: la gente más cercana al sistema expresó temores de que los estudios sobre Estados Unidos pudieran perjudicar a México, en tanto redujeran la discrecionalidad y el control de un tema privativo de la Presidencia y del propio Tlatelolco. Por lo tanto, no parecía bueno que la gente supiera cómo se hace la política estadunidense, porque eso podía crear turbulencia en las decisiones que debía tomar con mucha libertad la alta dirección mexicana.

Y la otra crítica vino de alguno de nuestros amigos académicos de la izquierda, que dijo una frase que se me quedó grabada para siempre: "Al enemigo no se le estudia, se le combate". Y si esto es así, bastan cuatro o cinco concepciones conspirativas y algo burdas que sin ser capaces de aprehender la realidad de los asuntos del mundo, simplificaban su manejo al creer que todos los problemas tienen que ver con un super gobierno mundial que estaría en Wall Street, desde donde se daban lineamientos y tomaban decisiones que explicarían lo que pasa en los diversos lugares de la Tierra. Para eso, entonces —según esa óptica— no había que formar especialistas en relaciones internacionales ni hacer investigaciones sobre los contenidos de la política exterior. Pero, pese a estos cuestionamientos, los estudios sobre Estados Unidos avanzaron sustancialmente en México y otros países de la región a partir de esta experiencia pionera. Hoy día tenemos un conocimiento mucho mayor de este tema aunque, en mi opinión, todavía insuficiente por la forma en que nos afecta lo que Estados Unidos hace. También hemos aprendido en estos años unas cuantas verdades esenciales sobre la historia, la economía, la política y el quehacer exterior estadunidense.

No hay que olvidar nunca estas verdades básicas al examinar la conducta de Estados Unidos en tiempos de crisis. La primera de ellas es que éste es uno de los países con mayores singularidades, porque fue la primera nación moderna que se fundó en el momento en que emergía la teoría política liberal clásica de John Locke y Adam Smith y de los franceses Montesquieu y Rousseau. Los grandes constructores de la nación eran estudiosos del pensamiento, de la teoría y de la filosofía política liberales. El debate original de los constituyentes de Estados Unidos, las reflexiones de los *Papeles Federalistas,* por ejemplo, muestran que gente como Jefferson, Hamilton o Madison eran personas que estaban atentas al conocimiento de su tiempo, y querían con esa nueva teoría "hacer" un país.

Estados Unidos es uno de los pocos países de la Tierra que ha tenido una sola forma de régimen político, el régimen democrático liberal. Es un país sin raíces, no tiene el lastre de un pasado feudal o una tradición absolutista. En términos relativos, no tiene una historia larga; es un país nuevo donde las tradiciones propias de los países europeos se reemplazan por ciertas doctrinas y pensamientos que fueron construyendo sus propias autoridades, concepciones que han surgido de sus centros académicos.

Es también el único país que sólo ha conocido un modo de producción, el capitalista. Además, no lo conoció de manera casual, sino que su construcción nacional coincidió con la preparación de la primera Revolución Industrial y la emergencia madura del capitalismo en el mundo; todo el tiempo desde la llegada de los primeros colonizadores, a principios del siglo XVI, sirvió para poner las piezas básicas de su modelo económico. Ya cuando la Revolución Industrial explotó en Inglaterra, en la primera parte del siglo XIX, el naciente Estados Unidos estaba en condiciones de acompañar, con su aparato productivo y con sus opciones políticas, ese proceso de edificación capitalista. Por lo mismo, los estadunidenses rápidamente usaron y se beneficiaron de la modernidad y de los cambios que acompañaron a la edificación madura del capitalismo de la primera Revolución Industrial.

Estados Unidos fue un país que estuvo lejos de los grandes centros de poder y de los grandes conflictos, y pudo escoger cuándo participar o no de las disputas del mundo europeocéntrico, que era el mundo que conocimos hasta la primera guerra mundial. La ventaja de la distancia y el aislamiento ayudó a privilegiar la construcción de sus capacidades económicas. Fue un país que experimentó un proceso colonial mucho más corto que el que tuvimos en los países de origen español o portugués, pero lo hizo además dentro de lo que el historiador estadunidense Louis Hartz llama muy bien cultura de la "sociedad fragmento". Afirma que los migrantes que vinieron de Gran Bretaña a Estados Unidos atravesaron el Atlántico trayendo ya el capitalismo en los huesos para hacer una sociedad que no fuera distinta de la propia; excluyeron el proceso de mestizaje y buscaron reproducir en América del Norte el mismo tipo de sociedad que ya se estaba dando en el medio europeo. Esta opción, por ser una sociedad moderna y capitalista, es parte del proyecto constitutivo de los WASP, de la gente que estuvo en las Trece Colonias del este de Estados Unidos.

Junto con esto, fue una sociedad que nació con la impronta religiosa y puritana. Alguna vez el presidente Truman dijo que el texto político más importante para entender la vida de Estados Unidos era la Biblia; es una sociedad que institucionalmente no consagra formas de asociación del Estado con las visiones religiosas. Pese a ello, la invocación religiosa y la idea de Dios está permanentemente presente en el quehacer de los gobernantes. Ustedes han oído que para el presidente Bush "Dios todopoderoso" está siempre presente y es constantemente invocado en los discursos de las autoridades estadunidenses.

Otro rasgo que nos pareció sorprendente cuando estudiamos a Estados Unidos fue darnos cuenta de que es un país que, quizá por ser resultado de una suma compleja de migraciones —el *melting pot*—, una combinación de grupos de muchos orígenes, tuvo rasgos más bien nacionalistas que cosmopolitas.

Estados Unidos no tuvo una fuerte vocación imperial; vivió como un proceso difícil para la mayoría de su población el aumento de sus responsabilidades en el mundo. Le costó mucho convertirse en una potencia imperial recién en 1898, cuando cuatro años antes ya tenía la condición de la primera potencia industrial del mundo. A partir de entonces, Estados Unidos se convierte en una potencia regional. La primera área de expansión es el Caribe; posteriormente el conjunto de América Latina y sólo después de la segunda guerra mundial se convierte en una superpotencia con capacidad y peso gigantesco para decidir los asuntos mundiales.

Pese a ello, en Estados Unidos ha permanecido siempre un componente aislacionista o neoaislacionista; hay grupos que prefieren

ocuparse de lo interno y no de los asuntos mundiales y esto no por
una actitud de generosidad, sino porque los estadunidenses creen
que han construido la mejor sociedad que existe sobre la faz de la
Tierra. Ése es un consenso de casi toda su población; ellos consideran que su sistema político, su economía, su capacidad de innovación tecnológica, su manejo de los asuntos humanos hacen que la
sociedad estadunidense sea superior a cualquier otra de las que funcionan en el planeta. Por lo mismo, tienden a ver lo internacional
como una contaminación innecesaria, como una pérdida de las ener-
gías que se deberían usar para el impulso del desarrollo interno. Por
lo tanto, el aislacionismo estadunidense no tiene que ver con una
actitud de no meterse en los asuntos de los demás, sino más bien
de concentrarse en lo mejor que ellos tienen, que es lo que ocurre
dentro de su territorio.

Alguna vez Joseph Kennedy, el padre del presidente Kennedy,
un hombre influyente en la vida de Estados Unidos en las primeras
décadas del siglo xx, pronunció una frase muy ilustrativa: "Es más
importante una pelea de perros en el *loop* de Chicago, que una guerra
en los Balcanes". Es decir, lo único que importa para la visión aislacionista es lo que pasa dentro de Estados Unidos. Quienes así piensan creen que ocuparse de los asuntos mundiales es perder el tiempo. Si bien no es ése el parecer de su elite, de sus dirigentes, es una
mirada que prevalece en un sector muy amplio y que siempre está
reemergiendo en momentos de recesión o dificultades económicas.
Resumiendo, creo que ésas fueron las enseñanzas principales sobre
los "cimientos" de Estados Unidos que nos dejaron a un grupo de latinoamericanos que estudiamos esto en los años setenta, cuando se
iniciaban los estudios sobre el sistema político y la actividad internacional de los gobiernos de Washington.

II

Estados Unidos cambia rápidamente en los momentos de crisis, y
con esto me voy a la situación creada el 11 de septiembre y entro
al punto de ponderar la magnitud del cambio internacional que este
acontecimiento produjo. Hay que ver esto con una perspectiva históri-

ca. Recuerdo cuánto nos beneficiamos, a fines de los años ochenta, leyendo esa gran historia de las relaciones internacionales de la época moderna y contemporánea que escribió Paul Kennedy, *Auge y caída de las grandes potencias*,[1] que hacía el balance de los últimos quinientos años del sistema internacional. Tal examen daba una visión aplicable a la crisis actual que podría resumirse así: los órdenes internacionales, la existencia de ciertas hegemonías y ciertas estructuras internacionales, se vienen haciendo cada más breves en cuanto a su duración. Si tomamos solamente los dos últimos siglos, el xix y el xx, uno tendría que decir que el siglo xix estuvo signado exclusivamente con la larga *pax britannica*, por la hegemonía de Gran Bretaña y por la construcción de su enorme imperio colonial, así como por la tendencia muy marcada a que prevalecieran los intereses económicos y políticos de Inglaterra en el mundo. Todo esto duró hasta la primera guerra mundial. Desde el fin de ésta (1918) hasta ahora han pasado menos de 85 años, y en esta etapa hemos tenido cuatro restructuraciones internacionales con sus consiguientes ordenamientos mundiales. Una primera se produjo con el Tratado de Versalles y el mundo que resulta de las negociaciones que siguen a la primera guerra mundial. Una segunda, la que se provoca al fin de la segunda guerra mundial, de la liquidación del eje nazifascista, con lo que se da lugar a la guerra fría que dominará los 45 años siguientes. Una tercera llega con el fin de uno de los dos actores de la guerra fría: la Unión Soviética, simbolizada en la caída del muro de Berlín en 1989 y el fin de la propia URSS en 1991. Y, finalmente, la época posterior a la guerra fría, que hemos vivido en la última década.

La pregunta debe ser si hemos cambiado a otro escenario internacional después de los acontecimientos del 11 de septiembre en Nueva York y Washington. Mi primera intuición es que efectivamente se han producido cambios tan sustantivos que nos permiten hablar de que estamos ante un orden internacional modificado respecto del que tuvimos después del periodo entre 1989 y 1991; en otras palabras, el mundo cambió cuantitativa y cualitativamente y esto hace

---

[1] Paul M. Kennedy, *The Rise and Fall of the Great Powers: Economic Change and Military Conflict from 1500 to 2000* (Nueva York: Random House, 1987). Las ediciones en español son ídem, *Auge y caída de las grandes potencias*, 3ª ed. (Barcelona: Plaza y Janés, 1997) [Madrid: Cambio 16, 1989].

que el tiempo posterior a la guerra fría no siga en el mismo cauce que tuvo desde 1991 hasta ahora.

Para referirme a este punto creo que es interesante subrayar la rapidez con que el sistema internacional experimentó ese impacto luego del fin de la Unión Soviética y la desaparición de la estructura formada en torno al Pacto de Varsovia agotada en 1989, una modificación tan radical que ni siquiera la Agencia Central de Inteligencia (CIA) de Estados Unidos estuvo en condiciones de prever. El gran cuestionamiento que afronta ese país es ¿por qué no tuvimos la capacidad de medir bien los factores de resquebrajamiento del mundo soviético? Por lo demás, ninguno de los académicos de esa generación pensamos que pudiera haber un mundo en que la Unión Soviética no existiera. Pero, a pesar de la magnitud de las transformaciones, hubo una enorme lentitud en la reflexión de los expertos en relaciones internacionales, en sistemas políticos, en economía internacional, para prever y medir su alcance. Los cambios producidos fueron más allá de nuestra capacidad de pensar; seguimos desde atrás las grandes transformaciones del mundo posteriores a 1989.

En cambio todos, no sólo los especialistas, percibimos inmediatamente que hay un "antes" y un "después" del 11 de septiembre y que estamos obligados a reflexionar para construir esquemas de política exterior y concepciones de seguridad que sean distintas y que se ajusten rápidamente al desafío que nos provoca esta nueva realidad.

Para este ejercicio nos ayuda mucho la noción de transición internacional, que nos indica que cuando se acaba un orden global no surge inmediatamente otro. Vienen tiempos de búsquedas y de ajustes; lo que podríamos decir es que terminado el orden global de la guerra fría funcionó uno provisional posterior a ésta desde 1991. Pero ahora, las características del escenario internacional de la guerra fría se han modificado de manera sustancial, y probablemente deberemos dejar que pase un determinado número de años antes de tener un orden internacional de reemplazo que sí tenga durabilidad y permanencia. Por lo mismo, la existencia del factor comunicacional instantáneo y la percepción por todos en un mismo instante de la magnitud de lo que ocurrió ese día nos ha ayudado mucho a dar un reimpulso a las ciencias sociales, que desde la economía y la política internacional colocarán los elementos que confirmen lo que por ahora es una hipótesis: que estamos en un nuevo escenario internacional. ¿Qué características tiene éste? Subrayaré los factores que me parecen de mayor importancia.

Primero, el 11 de septiembre nos ha mostrado un mundo donde ya no sólo se registran conflictos entre Estados. En la primera fase de la época que viene tras la guerra fría advertimos que, perfectamente en contra del ilusorio pronóstico del académico estadunidense-japonés Francis Fukuyama, los conflictos no sólo no desaparecían sino que se multiplicaban, haciendo que el número de víctimas de la última década del siglo xx sea uno de los más impresionantes de todo el siglo. Además, empezamos a ver la multiplicación de dos tipos de conflictos específicos: enfrentamientos derivados de la emergencia de un nuevo nacionalismo, que trataba de fragmentar Estados multinacionales y provocar procesos de secesión e independencia; junto con ello, conflictos ligados a la expansión de visiones religiosas que impulsaban grupos fundamentalistas y que también iban desordenando la anterior comprensión del sistema internacional. Pero lo que no habíamos tenido era un conflicto entre organizaciones no estatales de tipo multinacional y Estados, y menos entre este tipo de grupos y el Estado más poderoso del mundo. Lo que se ha patentizado en el ataque a las torres gemelas del World Trade Center y al Pentágono es que estas entidades tienen una capacidad de golpear y dañar sustancialmente a Estados Unidos, a pesar de no ser ejércitos ni fuerzas armadas convencionales, y esto ha cambiado la naturaleza de la sensibilidad estadunidense acerca de su propia seguridad.

Lo anterior ocasiona otro efecto importante: ha perdido espacio y vigencia la noción de "hegemonía internacional" que organizó las relaciones internacionales de la época moderna y contemporánea. La hegemonía, esto es, la capacidad de un Estado para condicionar el comportamiento de otros en el escenario global, era un atributo estatal por antonomasia y caracterizaba los enfrentamientos entre actores nacionales y fuerzas militares regulares. Los grupos armados fundamentalistas que hoy se oponen al Estado estadunidense actúan fuera de esta lógica que prevalecía en el sistema internacional claramente desde el Tratado de Westfalia.

Segundo, los conflictos tienen ahora un peso que tiene que ver, más que con los "balances del terror" de los arsenales, con factores de carácter religioso y de las civilizaciones. No comparto por completo la tesis de Samuel Huntington respecto al choque de civilizaciones, pero me parece una propuesta que al interior del pensamiento neoconservador es mucho más perceptiva que la de Fukuyama, pues por lo menos se da cuenta de que al final de la guerra fría los conflictos se hacen más incontrolables y múltiples. Son varios los factores que ensanchan el espacio de estas posturas radicales: el contenido de la política exterior estadunidense; las modificaciones en la percepción religiosa del mundo musulmán; el aumento de la miseria y la desigualdad global en los años iniciales que siguen al fin de la guerra fría. Éstos y otros factores hacen que estos grupos perciban un conflicto sustantivo con un enemigo como Estados Unidos, al que ven como más vivo y agresivo que antes. Esta percepción incluye progresivamente también a los grandes países desarrollados del Grupo de los Siete, detentadores de buena parte del ingreso mundial, que se han beneficiado del gran cambio científico-tecnológico que se ha conocido como la Tercera Revolución Industrial. Entonces, en este conflicto no se contraponen intereses nacionales sino visiones culturales, concepciones religiosas.

Tercero, es muy importante que el enemigo sea una constelación de organizaciones privadas —los grupos fundamentalistas y radicales de carácter musulmán— quienes declararan una guerra santa a Estados Unidos. Aquí, la clave es que hay un grupo de personas que se siente en guerra con Estados Unidos, y esta guerra deriva de la visión de su fe. Son 18 de las 29 organizaciones consideradas por el propio gobierno de Estados Unidos como terroristas; organizaciones que tienen una vinculación subterránea con varios Estados y un entramado de apoyos mutuos que les amplifica su capacidad operativa. Aunque sus planteamientos resultan arcaicos, todas estas agrupaciones radicales islámicas tienen capacidades nada despreciables a la luz de la teoría de las organizaciones modernas, y esto les ha permitido comprender que pueden llevar su conflicto hasta el territorio estadunidense.

Ésta es la primera vez que una guerra santa declarada por numerosas organizaciones de carácter musulmán logra producir efectos en el propio territorio de Estados Unidos. La historia de este país ha sido una historia de librar conflictos fuera de sus fronteras. La única vez que Estados Unidos ha tenido enfrentamientos en su territorio es la fugaz y poco recordada guerra con Gran Bretaña, en 1814. En la historia contemporánea sus tropas fueron a Europa en la primera guerra mundial, otra vez a suelo europeo en la segunda guerra mundial, y también al Pacífico y a Japón; a Corea en 1950, a Vietnam, a partir de 1965, y a muchos otros lugares en operaciones más breves pero siempre fuera de Estados Unidos. La gran clave de la prosperidad estadunidense en la segunda posguerra es que en 1947, como sus instalaciones fabriles no sólo no se habían destruido, sino que se habían reforzado con la economía de guerra, pudo tener 47 por ciento de la producción industrial del mundo. Estados Unidos nunca fue más fuerte que en los años siguientes a la segunda guerra mundial, porque nada de lo que tuvo de devastador ese conflicto ocurrió dentro de sus fronteras.

En los atentados del 11 de septiembre, los estadunidenses por primera vez ven muerte, fuego, luto y destrucción en su capital y en la más simbólica de sus ciudades, en los lugares más emblemáticos del capitalismo mundial, y empiezan a vivir una realidad de tensión e inquietud que no habían conocido nunca. No hay un solo día desde 1787, en que se organizó el país con la Constitución de Filadelfia, en que hayan muerto cuatro mil personas; eso nunca había pasado. Al revisar las bajas de la primera guerra mundial, del ataque a Pearl Harbor (dos mil muertos), de otros combates de la segunda guerra mundial, de Vietnam, de Corea, se comprueba que la mayor cantidad de bajas padecida por Estados Unidos en una sola jornada, cerca de cuatro mil, se produjo el 11 de septiembre de 2001.

Otro cambio importante de la nueva situación tiene que ver con la percepción del enemigo. Después de 1991, éste no era fácil de identificar: redes de narcotráfico, organizaciones criminales globales, expansión del VIH. Ahora, en cambio, conocen perfectamente a un mosaico de organizaciones que sí los amenazan, están inventariadas y perfectamente identificadas.

El contexto mundial que resulta de los hechos del 11 de septiembre es el más impredecible que hayamos tenido nunca en la historia de las relaciones internacionales. Se suele asociar Pearl Harbor a los sucesos del 11 de septiembre, pero aquello era parte de una activa confrontación preliminar entre Japón y Estados Unidos; y aunque el golpe resultó desleal y terrible para los estadunidenses, estaba dentro de lo predecible para cualquier analista. También se podía presagiar la acción de los grupos terroristas actuales; lo que nadie imaginaba era la escala del atentado y la capacidad de organización técnica que sustentó los operativos de Washington y Nueva York.

III

En este cuadro hay que ver algunas implicaciones del nuevo escenario. Haré referencia solamente a dos factores; primero, el objetivo de los fundamentalistas musulmanes, como lo ha señalado la mayoría de los analistas islámicos en distintos lugares del mundo, tiene por efecto agrandar e incrementar la confrontación con el país "infiel" por antonomasia, en la medida que los líderes de Al Qaeda ven al *American way of life* como la suprema negación de los valores coránicos. Han dado un golpe en el corazón de Estados Unidos y lo que buscan es una respuesta lo más irracional, lo más militar y lo más extensa posible, porque para Osama Bin Laden o para cualquiera de los líderes de las otras 17 entidades musulmanas consideradas terroristas por Estados Unidos, lo que se intenta es que la *yihad* (una guerra santa de grupos poco numerosos al interior de los países musulmanes) se convierta en un gran conflicto internacional (ojalá, una tercera guerra mundial). Nada haría más exitosa la ofensiva del 11 de septiembre que una respuesta global de Estados Unidos como la que insinuó el presidente Bush en sus primeras comunicaciones: "Responder con todo y buscar no sólo bajo la tierra para sacar a la superficie a los terroristas, sino golpear a los Estados que directa o indirectamente apoyen al terrorismo". Una visión así de amplia como respuesta habría originado rápidamente un conflicto internacional impredecible. La amplitud que tendrán las represalias —más allá de Afganistán— es un asunto pendiente, pero cualquier ampliación del ataque disminuiría el apoyo europeo y de otros aliados.

Y segundo: es posible que este nuevo conflicto que Estados Unidos llegara a enfrentar como respuesta a la agresión de septiembre, produjera un doble escenario de los peores que hayamos tenido en los últimos cincuenta años: por un lado, el conflicto del Medio Oriente, con su eje en la disputa entre Israel, Palestina y los demás países árabes; y por otro, los antiguos enfrentamientos entre India y Pakistán que comenzaron con el retiro de los ingleses desde 1948, a lo que se suma la complejidad del tercer vecino que es Afganistán. Éste es un triángulo de eventuales conflictos mayúsculos, donde hay poder nuclear por parte de dos de los tres actores; donde la desestabilización de Pakistán podría implicar un escenario que llevara, en un contexto desordenado, a que un grupo de fundamentalistas musulmanes tuviera por primera vez acceso a bombas nucleares y estuvieran jugando en otra liga dentro de las relaciones internacionales por venir.

En todo caso, lo único claro es que en la intencionalidad de los autores del atentado sobre las torres gemelas y el Pentágono hay dos propósitos que interesa subrayar: conseguir la respuesta más extensa y más militar posible de Estados Unidos, y tratar de ampliar este conflicto de modo que se liguen las situaciones en Medio Oriente con las de Asia Central.

IV

Paso al cuarto de los cinco temas: se podría llamar "mirando desde Occidente al nuevo enemigo", conocer lo mejor posible a este adversario múltiple, con el cual Estados Unidos librará su próximas confrontaciones. Para ello, hay que partir de un análisis amplio de la noción de fundamentalismo como un dato cultural en el mundo posterior a la guerra fría, quizá porque el universo cultural de ésta era muy ordenado y tenía dos visiones del mundo: vivir como en la Unión Soviética o como en Estados Unidos. Detrás había dos ideologías muy complejas que operaban como una losa que aplastaba cualquier otro tipo de visiones o de concepciones del mundo y de la historia.

La desaparición de la disputa bipolar ha traído como consecuencia la emergencia de otras visiones más simplificadas pero no menos movilizadoras e intransigentes frente a las propuestas que no coinciden con la propia. Esto es lo que da auge al fundamentalismo como un componente de la realidad internacional de fines del siglo XX y comienzos del XXI.

¿Qué son los fundamentalismos? Fundamentalismos son todo tipo de visiones que consideran válida la premisa de que "sólo la verdad tiene derechos", es decir, los fundamentalistas son personas que creen que en cualquiera de los campos de la actividad humana, el religioso, el político, el económico, el de los valores, hay una verdad absoluta y discernible y toda otra visión son errores o herejías. Por lo tanto, un segundo supuesto de todo fundamentalismo es que el error no tiene espacios ni derecho a expresarse porque la verdad debe prevalecer. Así, quienes son detentadores de la verdad tienen plena legitimidad para silenciar o eliminar a quienes no piensan como ellos. Al actuar desde una situación de poder, los fundamentalistas asumen que todo lo que no coincida con su verdad forma parte del campo del error y del mal. No valen los matices: "el que no está conmigo está contra mí". Existen el bien y el mal, la verdad y el error. El bien y la verdad deben prevalecer, el mal y el error deben ser perseguidos y exterminados.

Semejantes supuestos han tomado mucho espacio en el ámbito del pensamiento radical musulmán, pero, por cierto, esta actitud no es privativa de grupos religiosos del pensamiento islámico; ha estado campeando en muchas partes y es un fenómeno que conocemos muy de cerca si hablamos de terrorismo o de fundamentalismo terrorista. Estados Unidos lo ha tenido en su domicilio y el mayor error del atentado de Oklahoma fue creer que para detener a sus autores se tenía que buscar a grupos de árabes; finalmente, los culpables eran WASP que montaron una organización neonazi y llevaron a cabo ese atentado. El fundamentalismo terrorista ha sido, así, un componente de la realidad moderna de Estados Unidos, como también lo fue de la realidad de muchos otros países del continente en el periodo de los regímenes militares latinoamericanos. Tuvimos un terrorismo de Estado fundado en las concepciones de seguridad nacional que se elaboraron en el Colegio Nacional de Guerra de Estados Unidos, donde las aprendieron los oficiales de las fuerzas armadas del continente.

Por su parte, muchos actuales actuales "enemigos de la civilización occidental", muchos personajes que hoy figuran en la lista de personas buscadas por Estados Unidos, se formaron en círculos ligados a la comunidad de inteligencia estadunidense. En la actualidad, las dos figuras más emblemáticas como enemigos de ese país son Sadam

Hussein y Osama Bin Laden. El primero fue aliado de Estados Unidos en la guerra Irán-Irak y el segundo recibió su formación en los servicios de inteligencia estadunidenses, cuando fue a combatir a Afganistán como un joven ingeniero en los años finales de la década de los setenta.

Éste es, pues, un mundo muy entrecruzado. El fundamentalismo no se encuentra sólo en el campo del pensamiento radical islámico, aunque ciertamente ahí está la mayoría de las entidades mejor estructuradas y con mejor organización; pero también es verdad que como visión del mundo, como expresión de intolerancia, como desconocimiento del otro, la actitud fundamentalista abarca toda clase de sociedades, y Estados Unidos no puede lanzar la primera piedra.

La complejidad del nuevo contexto internacional es la emergencia de un tipo de fundamentalismo, capaz de atacar en el plano material a Estados Unidos, lo que naturalmente tiene que ser un motivo de preocupación. Como señalaba, estamos ante "un archipiélago de organizaciones radicales", fuerte y con gran movilidad, vinculadas a un grupo de Estados que les dan patrocinio porque las más de las veces el quehacer de esos grupos no se produce en el territorio de los mismos Estados. Así, Irán apoya activamente el funcionamiento de Hezbolá en el sur de Líbano; Siria y de nuevo Irán apoyan el funcionamiento de Hamas, que operaba básicamente en Cisjordania y en la franja de Gaza. Pero además, algunos grupos son legales y gozan de la admiración y el apoyo del lugar donde están establecidos, mientras otros son clandestinos en su propio país, como Al Yihad en Egipto, que ha dado, sin embargo, golpes devastadores al gobierno egipcio, o Abu Sayef en Filipinas. Por tanto, hay una mezcla de entidades legales e ilegales, clandestinas y más abiertas, que abarcan un sinnúmero de países, un arco que va de Sri Lanka hasta Argelia y Marruecos. A esto hay que sumar un plus: la capacidad de apoyo de las comunidades árabes que están en todo el mundo y que son muy fuertes en muchos países de Europa, América Latina, además del territorio estadunidense, lo que da una ampliación muy considerable a su quehacer.

¿Qué percepción tienen, además, los propios habitantes de los países musulmanes de estos "terroristas"? En muchas partes, los ven como mártires que toman el camino del suicidio como una forma de testimonio de su fe, y celebran que puedan causar daño a los infieles en esta guerra santa; se les profesa respeto; muchas sociedades privadas se encargan de favorecer la continuidad de la vida de sus familias, de educar a sus hijos y de protegerlos; son como héroes nacionales. Entonces, la lógica en el mundo musulmán respecto al quehacer de estos terroristas que provocan hechos como los de Nueva York y Washington no es necesariamente la misma de los periódicos occidentales o de los gobiernos de los países europeos o de Estados Unidos.

Es impresionante, además, cómo los trabajos más lúcidos han mostrado la eficacia letal de los nuevos métodos de estos terroristas. En ellos se prueba cómo estos grupos, más allá de ser locos o personas dementes que emprenden acciones aventureras, forman parte de organizaciones con alta capacidad científica y con una enorme capacidad operativa; esta gente usa la tecnología de punta de las sociedades más desarrolladas y ha construido una sólida capacidad para actuar desde dentro de los países en los que realizan sus acciones, como Estados Unidos y varios de la Unión Europea, empleando los recursos técnicos y las instancias formativas y de adiestramiento de las naciones que buscan agredir.

Esto conduce a que cualquier buen análisis sustente la idea de que muchas veces no se puede destruir las fuentes de abastecimiento y apoyo de los terroristas, pues se tendría que destruir las propias capacidades; no se pueden eliminar las escuelas de aviación en Florida, sistemas de renta de automóviles, los procesos de formación de recursos humanos de extranjeros en las universidades estadunidenses. Y ésos han sido los medios que llevaron a hacer posible el atentado del 11 de septiembre. Por tanto, las debilidades endógenas de Occidente, la capacidad de los grupos radicales musulmanes de actuar internamente, su movilidad y enmascaramiento, hacen mucho más difícil para Estados Unidos encarar el desafío de contrarrestar al terrorismo. En este cambio de la naturaleza del escenario internacional, el próximo golpe o la próxima acción pueden estar siendo preparados hoy por grupos semejantes a los que entraron antes del 11 de septiembre y que están ahí "dormidos", como dicen los expertos, o camuflados en la sociedad estadunidense. Ya no sólo se trata de un control de fronteras sino de operar frente a personas que pueden estar viviendo normalmente dentro de esa sociedad, y que pueden asestar nuevos golpes brutales a sus ciudadanos e instalaciones.

Como lo ha dicho John Paul Lederach, uno de los mejores expertos en el tema de resolución de conflictos: lo que le ha sido más inútil a Estados Unidos para encarar esta guerra santa es el área más sofisticada, compleja y costosa de su aparato militar. ¿Para qué puede servir el escudo antimisiles o las armas de la guerra de las galaxias con la que soñaba el presidente Reagan y que habrían costado miles de millones de dólares, si al final los terroristas para el operativo del 11 de septiembre gastaron trescientos mil dólares (según el cálculo de los propios servicios de inteligencia de Estados Unidos), y actuaron con aviones comerciales estadunidenses en aeropuertos estadunidenses y llevando a bordo pasaje estadunidense como rehenes, lo que les permitió convertir en un arma letal aviones 767 lanzados contra edificios estadunidenses? Frente a acciones de esta clase ningún escudo puede funcionar, al contrario, las concepciones de seguridad se ven obligadas a volver a elementos mucho más primarios, más rudimentarios, para ser eficaces.

V

Concluyo mi reflexión con un último punto: ¿qué examen podemos hacer hoy día acerca de los cambios en la política exterior y las perspectivas de la sociedad estadunidense?

La primera hipótesis que hemos verificado es que una de las pocas leyes que siempre se cumple en Estados Unidos es lo que se llama el *rally around the president*: frente a cada crisis, a cada situación difícil, se cumple el principio "todos cerramos filas en torno al jefe de Estado, todos somos estadunidenses". Existe una política de Estado implícita y el Congreso y la opinión pública dan el máximo respaldo al presidente para que pueda enfrentar la situación de crisis. Eso ha ocurrido siempre, aun con los presidentes más desgastados e impopulares en la vida de Estados Unidos. El problema es que el cierre de filas en torno a esta figura no es eterno; tiene que ver mucho con las emociones y los sentimientos iniciales que provocaron estos acontecimientos, pero luego de un tiempo, la sensibilidad y el respaldo al titular de la Casa Blanca se remplaza por el viejo juego de la política bipartidista.

Entonces, la prensa estadunidense, que trata siempre de aparecer independiente frente a la Casa Blanca, empieza a exigir resultados. Y el presidente, que ha recibido un impresionante apoyo en el momento inicial, tiene que empezar a responder con resultados por la forma como enfrentó un cuadro de crisis.

Estamos todavía en el momento emotivo; pero dentro de un tiempo vamos a pasar a tiempos más exigentes y racionales. El *rally around the president* se va a desvanecer y Bush tendrá que dar cuenta de hasta dónde ha sido eficaz en desbaratar a los grupos fundamentalistas, qué resultados tuvo la acción militar en Afganistán o en otros países, cuán capaz ha sido en buscar el apoyo de sus aliados y construir una sólida coalición para actuar.

Pero hay un segundo aspecto importante en Estados Unidos en cuanto al manejo de las crisis: la toma de decisiones se centraliza y sube al nivel más alto. Todo lo que son manejos dispersos antes del nuevo entorno crítico, en cuadros de rutina y normalidad se convierte en "grupos de tarea", en un comando supremo que controla con una misma mano todas las variables y que decide al nivel más alto. En ese grupo de alto nivel participan el presidente, el vicepresidente, los secretarios de Estado y de Defensa, la consejera de Seguridad Nacional, el jefe del Estado Mayor Conjunto de las Fuerzas de Defensa y unos cuantos funcionarios más. Ellos van resolviendo y decidiendo todas las acciones y operaciones frente a otros gobiernos y a los organismos de Naciones Unidas o a los pactos militares regionales como la OTAN. Ahora, normalmente en este equipo surge más de una visión; aparecen manejos y proyectos complejos, que son distintos del quehacer habitual. Después del momento inicial de la solidaridad y constituido un equipo de crisis centralizado, empieza muchas veces una disputa intraburocrática respecto a visiones más radicales o más liberales, sobre elementos de política interna o externa; comienza a haber todo un juego de posiciones en torno al énfasis y al contenido de las políticas y acciones que Estados Unidos debe implementar; pasó muchas veces durante la guerra de Corea y fue así también en Vietnam. Esto provoca fisuras profundas entre algunas oficinas del gobierno estadunidense, el Departamento de Estado frente al Pentágono o las presiones del Consejo de Seguridad Nacional frente a otras agencias.

En tercer lugar, en un conflicto sin precedentes como el que comenzó con los atentados del 11 de septiembre hay que medir el enorme impacto psicológico de inseguridad y temor que afecta a la población estadunidense. Esto tiene que ver con lo que ya subrayaba: ellos se sentían viviendo en la mejor sociedad de la Tierra, una sociedad segura, protegida, cálida. Bruscamente se han dado cuenta que incluso en el sitio más simbólico de Estados Unidos pueden domiciliarse el terror, la destrucción, la muerte; ven que aviones secuestrados con su pasaje pueden convertirse en gigantescas bombas mortales. Este efecto va a ser muy difícil de medir en términos de psicología social. El impacto en los estadunidenses va a marcar sus vidas y tal vez las de generaciones posteriores. Es probable que el gobierno tome decisiones condicionado por ese factor y su posible repercusión en las elecciones parlamentarias de noviembre de 2003. Y esto puede entrar en conflicto con las posturas más racionales.

Cuando hay exigencias difíciles de cumplir para ser eficaces no sirve cualquier respuesta de fuerza. Estados Unidos está buscando todavía con cautela y se ha tomado un tiempo largo en decidir qué va a hacer. Porque esta vez la respuesta es mucho más compleja que declarar la guerra a Japón como se hizo después de Pearl Harbor, o considerar que habían sido objeto de una agresión por la expansión del comunismo en Asia como ocurrió con la existencia del régimen de Vietnam del Norte en los años sesenta. En la actualidad no se logra identificar plenamente al enemigo, se tiene una lista de Estados potencialmente hostiles y se identifica bien un arco de organizaciones radicales musulmanas, pero no se sabe exactamente cuáles de ellas actuaron y cómo. Una política que era apropiada se convierte en algo obsoleto, pero para diseñar esquemas alternativos a los expertos estadunidenses en seguridad les falta familiaridad con los nuevos datos.

En la planeación de la política exterior y de seguridad de Estados Unidos, aparecen algunas exigencias objetivas como las siguientes: graduar muy exactamente la utilidad de las respuestas militares y considerar que un golpe de fuerza excesivo puede provocar reacciones y crisis que Estados Unidos no pueda manejar y que hagan más difícil el escenario. Lo que pareciera prevalecer entre los especialistas estadunidenses es aconsejar un diseño de respuesta complejo y graduado frente a esta lógica del enjambre: buscar la multiplicación de grupos especiales aptos para combatir con capacidad de respuestas diversificadas en distintos escenarios. Pueden ser grupos pequeños capaces de implementar operaciones de comando y no el despliegue regular de un gran ejército, de una gran fuerza armada. Afganistán desalienta cualquier visión de esa clase, como aconsejaron a los estadunidenses los asesores soviéticos que combatieron contra la resistencia afgana en los años ochenta. Entonces, graduar el uso de las capacidades militares es una primera exigencia de una política correcta.

Junto con eso hay que aumentar la vigilancia y la capacidad de detección. Algo decisivo para poder anular la acción de grupos que operan desde muchos países y siempre por sorpresa, algo que Estados Unidos no había tenido que enfrentar desde el fin de la guerra fría, es reforzar el trabajo de inteligencia. El 11 de septiembre los servicios de inteligencia se vieron bastante lerdos. En verdad, desde el fin de la guerra fría estaban algo adormilados porque se había acabado el enemigo que era la Unión Soviética. Ahora les urge crear mayores capacidades de prevención de las nuevas acciones que pueden volver a impulsar los grupos fundamentalistas árabes.

Además, tienen el reto de reforzar las fuerzas y recursos para operaciones especiales. Racionalmente podría no haber un aumento del gasto militar sino incluso una reducción. Lo que Estados Unidos tiene que fortalecer es algo más simple, aunque menos costoso desde el punto de vista presupuestario: capacidades bélicas y de respuesta que se sitúen en la línea de las fuerzas de despliegue rápido (*rapid deployment forces*) de los años ochenta que tuvieron un margen decisivo de acción en la crisis centroamericana, especialmente en Nicaragua. Cuanto más efectivas sean las tareas de inteligencia, más se puede prevenir nuevos atentados y evitar el despliegue de fuerzas militares en terreno contra adversarios tan dispersos y determinados como los grupos musulmanes radicales. Esto supone un enorme trabajo de inteligencia, de exploraciones de sus actividades en escenarios diversos con una capacidad para ligar datos, prevenir acciones, desbaratar operativos, bloquear abastecimientos y recursos financieros de estos grupos. Todo eso, aparentemente, el gobierno de Estados Unidos y su comunidad de inteligencia no están hoy día en condiciones de hacerlo adecuadamente, y les urge ordenar sus planes y proyectos al respecto.

Conjuntamente, las autoridades de Washington tienen el desafío de elevar la calidad de una diplomacia lúcida y con manejo preventivo de los conflictos, y no apelar al criterio rutinario y simple de los años iniciales de la guerra fría, cuando Estados Unidos era el gendarme global y creía que no necesitaba consultar nada con nadie. El gran cambio que produce el 11 de septiembre es que Estados Unidos, para lograr una acción eficaz, no puede actuar como un gendarme global autónomo. El manejo o la visión unipolar de lo militar que prevaleció después del fin de la Unión Soviética sigue siendo materialmente posible. Estados Unidos sigue teniendo el mayor arsenal y la mayor capacidad de despliegue de fuerza; pero para que su acción sea eficaz contra este tipo de enemigos tiene que coordinarse con otros actores: fuerzas armadas, gobiernos y aparatos de inteligencia de muchos países en el mundo. Tiene que volver de nuevo a esa fuente de legitimidad que es la Organización de Naciones Unidas para muchas de estas operaciones, y debe admitir que ha cambiado la forma en que puede usar sus recursos bélicos, no porque éstos no sean suficientes sino porque por sí mismos no resolverán sus nuevos dilemas y amenazas. La mera acumulación del uso de su fuerza desde una óptica unilateral no le permitirá neutralizar y derrotar a los enemigos que pueden volver a llevar sus audaces acciones dentro de su territorio.

Finalmente, Estados Unidos tiene que aumentar la cooperación internacional de seguridad; tiene que suscribir acuerdos y, más que conseguir sumar fuerzas armadas de otros países, lo que necesita es ligar sus circuitos de inteligencia con otros; crear capacidad de seguridad ampliada por la vía de la cooperación y la coordinación internacional.

Estamos en un nuevo escenario internacional fascinante, complejo, impredecible. Por lo pronto, los especialistas en relaciones internacionales hemos dejado atrás los años de la reflexión rutinaria del inicio de la época posterior a la guerra fría y ahora tenemos bastante material para trabajar y para pensar, algo que será decisivo para que la comunidad internacional pueda dar buenas respuestas a los contenidos de una agenda internacional que compromete, por primera vez, la vida y la seguridad de los ciudadanos de Estados Unidos y de otros países desarrollados.

Estados Unidos y el sistema internacional después del 11 de septiembre. Algunas reflexiones desde México

*José Luis Valdés Ugalde**

Los acontecimientos del 11 de septiembre de 2001 en Estados Unidos, en medio de los cuales se perpetró el ataque más grave que país occidental alguno haya sufrido en tiempos de paz y que cimbraron al mundo entero, dejaron un saldo aún impreciso y difícil de determinar en el largo ciclo de la historia mundial. También dejan muchas reflexiones pendientes. A raíz de esos atentados el sistema internacional quedó circunscrito de manera aun más conspicua a una dinámica compleja y con márgenes de maniobra estrechos. Asimismo, nos encontramos con elementos relevantes que hay que poner a consideración en la definición de los nuevos temas de la realidad mundial; entre éstos se encuentran los siguientes: *a)* la relación histórica entre globalidad y conflicto; *b)* la ausencia de un balance de poder y la preeminencia del unipolarismo estadunidense; *c)* la indefinición del problema del orden *vis à vis* el de la justicia; *d)* la ausencia de una institucionalización internacional acorde con los tiempos actuales; *e)* el conflicto acerca del mandato civilizatorio; *f)* la inestabilidad regional como nuevo foco de conflicto; y *g)* la ausencia de una reflexión autocrítica con respecto a nuestra relación con Estados Unidos, algunos de los cuales trataremos de desarrollar a continuación.

* Director del Centro de Investigaciones sobre América del Norte (CISAN).

La nueva globalidad no trajo nuevas formas de resolver ni de conciliar los viejos pendientes que la guerra fría había heredado al sistema internacional y al mundo. Desde el siglo XVII y probablemente desde los tiempos del Renacimiento un principio fue el dominante para lograr que "el orden" fuera conservado y preservado en un sistema internacional caótico y anárquico, principalmente en Europa y posteriormente en el resto del mundo. Este principio se llamaba "balance de poder". Podemos decir que este principio alcanzó su apogeo durante los siglos XVIII, XIX y XX como una respuesta al problema del orden en el sistema europeo de Estados, y que se convirtió en una pieza central tanto de la definición de las políticas internacionales como de la reflexión teórica. Tanto realistas como idealistas, neorrealistas, marxistas, posmodernistas y estructuralistas concibieron en este principio no sólo un pilar central del sistema internacional de Estados, sino también un garante de la estabilidad interna de los países. Es ya un hecho histórico que la guerra y el conflicto han acompañado en su caótico viaje este principio, el cual ciertamente no ha podido garantizar un espacio claro al orden internacional, que ha quedado supeditado a la inamovible realidad de la lucha por el poder y de la prevalencia de las voluntades hegemónicas provenientes del interior mismo del sistema internacional, sin solución aparente y cada vez más con problemáticas críticas tan nuevas como irresueltas. Se trata, en buena medida, de la necesidad de repensar el sistema internacional y el papel que el Estado y el peso de la política tienen o deben tener en la solución de las crisis que dicho sistema acumula y no resuelve tan diligentemente como se pensaba.

Si el balance de poder no funcionó para garantizar el orden, probablemente se deba a una contradicción originaria que M. Wight señaló con precisión en su momento, cuando observó que balancear radica en comparar pesos. La palabra balance ha perdido enteramente su significado de equilibrio.[1] En efecto, tal parece que el problema se refiere a la distribución de fuerza y poder tanto a nivel global como regional. He aquí la paradoja: sin fuerza no puede haber orden y se-

---

[1] Véase Martin Wight, "The Balance of Power", en Herbert Butterfield y Martin Wight, eds., *Diplomatic Investigations: Essays in the Theory of International Relations* (Londres: Allen & Unwin, 1966).

guridad; sin orden y seguridad la fuerza no puede adquirirse o ejecutarse; de esta manera, la fuerza y su uso en el sistema internacional es un factor permanente que está presente en el proceso mismo en que se materializa y se hace perdurable; la fuerza en el nombre del orden puede condensar tanto a la fuerza misma como al orden al mismo tiempo; hay que decir, además, que el ejercicio unipolar de esta fuerza pone en riesgo el sistema internacional de Estados en la medida en que genera desequilibrios, que aun entre países que son aliados en objetivos estratégicos básicos, produce desventajas en la toma de decisiones y asimetrías en la obtención de beneficios de mediano y largo plazo; incluso más, se corre el riesgo de que haya más perjuicios como resultado de esta dinámica que afecten en forma generalizada a un amplio número de actores menores; esta contradicción se puede observar en las diferencias surgidas entre Estados Unidos y la Unión Europea al abordar la dimensión bélica y militarista de la respuesta dada a los atentados, tanto en el conflicto inmediato iniciado en Afganistán, como en la concepción estratégica de lucha contra el terrorismo. En este análisis, una política del balance de poder (siguiendo a Nicholas Spykman J.)[2] es, en primer lugar, una política para los grandes poderes. Los pequeños Estados, a menos que se puedan combinar en forma exitosa, sólo son "pesos" en un balance usado por otros (son conocidos como *buffer states*).

Así, la fuerza se puede revertir en la medida en que su ejercicio pierde el equilibrio que en rigor físico daría al orden su razón de ser. El fin de la guerra fría acabó de un plumazo con el precario equilibrio que mantenía el orden bajo un frágil régimen. Al disolverse el dominio soviético y al desmoronarse su espacio hegemónico (y su razón de ser como el rival de Occidente), principalmente en Europa, dio comienzo la desaparición de un ejercicio del poder clásico de la bipolaridad y los factores del poder internacional se modificaron sustantivamente dejando a la deriva viejos arreglos que, bien o mal, ayudaban a contener algunos conflictos regionales e internacionales que tenían alguna identidad con los objetivos y sentido de alguno de los dos bloques. Se creó un vacío que, aunque de malos arreglos,

[2] Nicholas Spykman J., *America's Strategy in World Politics: The United States and the Balance of Power* (Nueva York: Harcourt, Brace & Co., 1942).

en el pasado se llenaba con soluciones de corto plazo que hoy siguen siendo polémicas, aunque en alguna medida prácticas para contener crisis. No deja de ser paradójico que en la guerra contra los soviéticos los talibanes que controlaron Afganistán, y presumiblemente una red de terrorismo internacional nunca antes vista (Al Qaeda), fueron ensalzados por Ronald Reagan como luchadores por la libertad y, por supuesto, apoyados por el gobierno de Estados Unidos para ganar la guerra de intervención a Moscú. Se trató, si no de una solución negociada entre dos potencias que solían llegar a buenos arreglos, sí de la exacerbación del "otro". Los soviéticos aceptaron la derrota, emprendieron la retirada, Washington obtuvo territorio y, por tanto, acceso a recursos energéticos significativos, aunque aún muy poco evaluados, sin pensar siquiera que era un arreglo que se le revertiría en forma, hoy lo vemos, contundente: la fuerza con la que Washington logró un orden regional relativo y precario en tiempo y eficacia fue la fuerza (en su expresión más grotesca) con la que se le respondió aquel 11 de septiembre; fue la fuerza (impulsada por el mesianismo fundamentalista, que quiere ver *todo* lo opuesto destruido) que violentó el orden precario conservado hasta ahora con poco sentido de la historia.

Se olvidó el pasado y éste se repitió en su peor modalidad, quizás para provocar que ya nada siga igual en el orden internacional, o quizás para inaugurar una nueva etapa de dominio y, por lo tanto, de conflicto, que podría ver ciertamente un ejercicio del unipolarismo estadunidense nuevo, pero ahora con un más profundo sentido mesiánico: en la lucha del bien contra el mal, la ausencia del "otro" real (la URSS) y, por ello, la construcción simbólica del "otro" aparente (el terrorismo *plus*), y las más de las veces inexistente, se hará más que nunca necesaria como razón de Estado. La ausencia del sinodal soviético dejó a Estados Unidos y al mundo relativamente solos y a la vez frente a sí en el medio de una nueva modalidad de retórica teológica que desde siempre ha permeado en la valoración de la realidad y la toma de las decisiones en Washington. Valga decir que frente a esta situación la comunidad internacional no ha previsto mecanismos institucionales realistas para lograr recuperar aunque sea algo del equilibrio precario que la bipolaridad ofreció.

* * *

Dice el filósofo ruso Mijaíl M. Bajtín que "al mirarnos uno al otro dos mundos distintos se reflejan en nuestras pupilas".[3] Se trata de la valoración de la diferencia desde la semejanza, así como del riesgo que supone no asumirla con sentido histórico. Estados Unidos ha sido casi siempre una nación insular. Sus gobiernos han impreso a sus políticas un sentido teológico. Existe una teología de la seguridad, otras de la democracia, del libre comercio, del mercado, etcétera. La noción civilizatoria del mundo va aparejada con la visualización excepcional de sí mismos, así como con su sentido de misión. Se trata, como afirmó Gertrude Stein, de la nación más antigua del mundo por ser la primera nación moderna. Se trata, en suma, de una nación con un gran poder de construcción y de destrucción, y aunque en algunas ocasiones tiene una visión aldeana del mundo, es tecnológica, económica y en el orden sistémico sumamente modernizada.

No obstante lo anterior, el concepto de civilización dominante que prevalece en Occidente ha sido edificado en Estados Unidos con gran maestría; este país se ha convertido con éxito en el actor de vanguardia que encamina los avances tecnológicos y militares más significativos y sorprendentes del mundo occidental. El conflicto que deviene tragedia ha sido remontado con una habilidad pocas veces vista y su capacidad de recuperación, así como de edificación, ha sido evidente. Coincido con varios análisis recientes en que a pesar del contenido mesiánico de su discurso y acción, Estados Unidos se ha convertido en un poder que en el plano interno ha mantenido (y heredado a muchas otras naciones) una sociedad compleja en permanente movimiento y crecimiento económico y político. Se trata de una sociedad que ha decantado con éxito los más altos valores de la democracia liberal (no sin el riesgo de traicionarlos por medio del ejercicio de un capitalismo sin escrúpulos incluso en el plano interno). Por el contrario, y para desdicha de sus aliados, incluido México y su agenda de negociaciones bilaterales, su política exterior generalmente polémica se enfrenta hoy violentamente al poder destructor de un concepto de civilización extremadamente minoritario como lo es el

---

[3] Mijaíl M. Bajtín, *Yo también soy (Fragmentos sobre el Otro)* (México: Taurus, 2000), 33.

fundamentalismo islámico, el cual ha traicionado la esencia del mensaje del Corán y de su máximo profeta Mahoma, que veían en la paz, la reconciliación, el respeto y el perdón los valores máximos de su fe. Por esta razón es cuestionable que a la respuesta que se ha dado al ataque sufrido en Nueva York y Washington le siga un discurso con contenido maniqueo, que olvida que lo que realmente importa aquí —en este proceso de recuperación del precario orden mundial— es una *nueva legalidad internacional* que vaya acompañada por una verdadera reinstitucionalización de los organismos internacionales que den sentido a los ordenamientos sobre los que debe basarse la solución de los conflictos; una nueva legalidad internacional acorde con los tiempos actuales. En esta materia, Estados Unidos tiene una enorme responsabilidad histórica.

Es cierto que la comunidad internacional nunca logró dar al mundo posterior a la bipolaridad un orden comprensivo. Pesó demasiado la ausencia del otro oponente. Pesó la falta de una contraparte que evitara, y de alguna forma, contuviera la polarización de crisis regionales hasta el riesgo de la conflagración. El peso de los deberes y el deber de los poderes fueron puestos de lado. Los mortales avionazos en Estados Unidos, así como las consecuencias varias que seguirá teniendo la represalia de Estados Unidos y la muy probable respuesta a ésta por parte del fundamentalismo islámico, nos sitúan ante una nueva precariedad que podría tener una duración larga e imprevisible. Por ello, el criminal atentado nos obliga a repensar y resolver las paradojas del sistema internacional para así coadyuvar a resolver las paradojas y contradicciones del sistema y de los sistemas regionales, de forma tal que nos permita lograr mecanismos para arribar a soluciones propias de Estados nacionales soberanos. Se puede pensar que la declaración de "guerra santa" hundirá al mundo en una etapa de incertidumbre y dolor. No obstante, en el estudio de esta problemática, creo necesario, en esta coyuntura global tan crítica, insistir en la elaboración de diagnósticos que enriquezcan las explicaciones sobre el nuevo orden internacional.

* * *

Por último, algunas consideraciones se hacen necesarias en relación con el "antiamericanismo" y el futuro de la política exterior de Estados Unidos en nuestra región.[4] En primer lugar, ha llegado la hora de realizar una autocrítica de la tradición intelectual que ha dominado en México y América Latina cuando se analiza la relación con Estados Unidos. Se hace necesario realizar este ejercicio reconociendo que nuestras realidades nacionales y continental son responsabilidad, ante todo, de nosotros mismos y de las decisiones históricas que han tomado quienes han gobernado nuestros países, así como de las sociedades que han aceptado dichas decisiones. El nuevo impulso intervencionista estadunidense (económico y político) desde 1848 y a partir de 1954, cuando se derrocó al gobierno legítimo de Jacobo Arbenz en Guatemala, ha sido en parte posible gracias al entreguismo nada sutil de las clases políticas internas; en México, Santa Anna, ante la sed de poder neoimperial, entregó la mitad del territorio mexicano. En Guatemala, el golpista general Castillo Armas fue apoyado por la United Fruit Company y por el Departamento de Estado, pero además por las jerarquías militar, eclesiástica y empresarial guatemaltecas, que vieron en la modernización emprendida por Arbenz una amenaza a sus grandes y viciados intereses políticos y económicos. Estados Unidos es una potencia mundial que nunca ha disimulado su interés hegemónico. ¿Por qué, entonces, aspirar a convertirla en una paloma mensajera de la paz y condenarse al inmovilismo como consecuencia? A la vez, la valoración de todos nuestros males a la luz de la crítica neocolonial es un lamentable error estratégico que sume a la *intelligentsia* y a la sociedad en un círculo perverso de autocomplacencia que eventualmente mina la sustancia del proyecto nacional y del análisis crítico, que consiste en tener ideas claras acerca de cómo llevar a cabo y con éxito los planes de desarrollo económico y de modernización de la política. Asimismo, ésta tendrá también que ser la manera en que Washington plantee sus prioridades a la hora de negociar, considerando los factores dominantes del interés nacional de su contraparte y no desde la beligerancia argumentativa que no ofrece soluciones prácticas a los grandes problemas nacionales y a los de la relación bilateral.

Ciertamente, el intelectual debe ser, por definición, crítico, pero no es válido refugiarse en este ejercicio para justificar un pensamiento

---

[4] Sobre el "americanismo" véase Paul Hollander, *Antiamericanism. Critiques at Home and Abroad, 1965-1990* (Oxford: Oxford University Press, 1992).

vacío, sin propuestas y carente de imaginación política. El peligro
es que el *antiamericanismo* puede llegar a ser tan simplista y conservador como el anticomunismo de la era macartista. Más allá de recurrir a la "corrección política" a toda prueba y quedar sometido,
como decía el poeta Vicente Huidobro, a "la esclavitud de la con-
signa", se trata más bien de idear las maneras de modernizar nuestras instituciones políticas y económicas para erradicar la corrupción,
el fraude electoral, las prácticas malsanas del empresariado nacional, del sindicalismo de cualquier cuño y de los partidos políticos y
otros muchos vicios nacionales. Aunque existan razones históricas
para el *antiamericanismo*, Estados Unidos no es responsable de
aquellas decisiones que, por ejemplo, han retrasado irresponsable-
mente el desarrollo económico y la modernidad política debido a
nuestro subdesarrollo político y económico. Un modelo económico
propio y comprensivo y un sistema político de *checks and balances*
(controles y equilibrios) eficiente, tal y como el que tiene Estados
Unidos, es un reto que corresponde a toda sociedad. Una vez que,
a la luz del consenso y de la participación de los actores nacionales,
lo anterior se lleve a cabo, entonces procederán los ajustes de cuentas y el deslinde de responsabilidades. Corea del Sur, un referente
clásico al analizar el caso mexicano, logró instrumentar con eficacia
medidas macro y microeconómicas para reconstruir y consolidar su
planta industrial nacional, generar la producción de insumos tecnológicos propios para la exportación y avanzar con éxito en el contexto de un modelo de desarrollo muy similar al mexicano. ¿Por qué
México no lo hace? Ésta es una pregunta que nos debemos responder nosotros mismos antes de buscar la solución allende el Río
Bravo. El 11 de septiembre de 2001 se ha convertido, en los hechos,
en la oportunidad histórica para intentar una revisión crítica del antiamericanismo mexicano y hemisférico. Se trata también de la oportunidad para instrumentar propuestas que lleven no sólo a entender
cabalmente nuestra relación con Estados Unidos, sino también a
replantear sus términos. La estrategia de modernización mexicana,
en el contexto de un orden regional e internacional complejos, será
necesariamente el preámbulo para que esto sea posible.

El sistema internacional: viejos dilemas y nuevos retos. La crisis de septiembre de Estados Unidos y su gran oportunidad

*Alejandro Chanona Burguete**

A cinco meses del atentado terrorista en contra de las desaparecidas torres gemelas de Nueva York y del Pentágono en Washington, D.C., la *realpolitik* ha confirmado su regreso al escenario internacional. El regreso de la *política* a la política internacional de principios de siglo se combina graciosamente con el creciente descontento de grandes sectores de la sociedad internacional por la imparable expansión de la desigualdad en las relaciones económicas internacionales. No hay foro mundial de evaluación del rumbo del sistema económico capi talista a nivel global que no sea objeto de grandes manifestaciones locales e internacionales que claman por un freno a la creciente po- breza a nivel planetario. Las cifras son escandalosas y esto preocupa hoy a todos por igual.

Se proclama la buena forma y el ritmo saludable de las econo- mías de mercado, sin embargo, todos reconocen los riesgos de la creciente brecha entre países pobres y ricos. Éste es el reto a vencer que enfrenta la sociedad internacional del siglo XXI.

* Coordinador del Centro de Estudios Europeos, Facultad de Ciencias Políticas y Sociales (FCPyS), UNAM. Correo electrónico: <bchanona@servidor.unam.mx>. Esta versión se terminó de escribir el 11 de febrero de 2002.

Desde que se perpetró el ataque terrorista a Estados Unidos el 11 de septiembre, propuse como guías para ordenar la discusión al menos diez líneas de debate que considero siguen vigentes en la opinión mundial y nacional sobre esta crisis en Estados Unidos y sus respectivas consecuencias para la sociedad internacional.

I

El ataque terrorista a Estados Unidos alcanzó una *dimensión universal insospechada en la historia moderna de la humanidad*. Por lo tanto, su tratamiento y análisis requiere respuestas universales y válidas para el conjunto del sistema internacional. No hacerlo así será un error muy grave para entender y prever la magnitud de sus consecuencias en la coyuntura, así como en el mediano y largo plazo. Por ello, debemos urgentemente impulsar el debate, organizar las ideas para dar paso al desahogo de pruebas, ahora no sólo para lo que fue Afganistán, sino también para Irán, Irak y Corea del Norte.

En los espacios de reflexión académica, será una tarea central continuar con el compromiso de la indagación científica y ética, en la que evitemos las tentaciones de los extremos y la polarización del debate. El tema debe seguir siendo abordado con serenidad y rigor analítico, evitando las posiciones cómodas y grandilocuentes, por no decir propagandísticas o de nota para los medios de comunicación.

La guerra en Afganistán ya terminó, el régimen talibán fue depuesto y un gobierno provisional está al frente de las tareas de reconstrucción nacional. El debate sobre los derroteros que deberá seguir la lucha mundial antiterrorista es universal y está presente en todas las agendas de foros multilaterales y bilaterales en los que Estados Unidos posiciona su percepción. Su búsqueda de aliados es incansable y se han señalado los enemigos que podrían seguir en la lista de objetivos antiterroristas, nuevamente: Irak, Irán y Corea del Norte.

Francia, Rusia y la Unión Europea tuvieron una reacción muy decidida en conjunto: no están de acuerdo con una cruzada simplista que involucre al mundo, a la sociedad internacional, a la Organización de las Naciones Unidas y a su Consejo de Seguridad en una subsecuente guerra al estilo afgano. Está claro que Irak es el siguiente en la lista y que Estados Unidos con o sin el consenso de otros actores destacados en las relaciones internacionales evaluará la deposición del régimen iraquí de Sadam Hussein.

II

El mundo ha sido empujado a la polarización. "Estás conmigo o contra mí". Romper el cerco de esta polarización y asumir posiciones universales o responsables frente al conflicto es un reto. Los acuerdos universales incuestionables son:

- Condena a la violencia.
- Condena al terrorismo.
- Afirmación de la justicia.
- No a la guerra.

En este sentido, no dejemos que el gran poder de Estados Unidos se aísle, como si se tratara de un tigre que se "lame las heridas y está por atacar". Ayudémosle a tener serenidad. Su horizonte deberá ir más allá de sí mismo, deberá compartirlo con el resto de la sociedad internacional. Su gran oportunidad es sumar al mundo no sólo para combatir el terrorismo, sino para combatir otros flagelos de la humanidad, como son la guerra misma, la pobreza, el respeto a los derechos humanos, la conservación del medio ambiente, la lucha en contra del narcotráfico, etcétera.

El conflicto en Afganistán y el potencial ataque a otras naciones, que supuestamente dan cobijo a grupos terroristas (lo cual debe comprobarse), ponen a prueba la capacidad de la sociedad internacional para mundializar con reglas claras el tratamiento de estas situaciones, sin medidas unilaterales por parte de Estados Unidos. Algunos meses después de emprendidas las acciones contra Afganistán, el secretario de Estado, Colin Powell, manifestó que Estados Unidos está analizando una amplia gama de acciones sobre cómo manejar a Irak. En este sentido, la Casa Blanca evalúa el posible cambio de régimen en Irak y señala que su país está dispuesto a hacer de manera unilateral lo que sea necesario.

Ante la polarización, Francia y la Unión Europea en general externaron su posición crítica, en particular su desacuerdo con la estrategia de Estados Unidos. Incluso, yendo más lejos, Francia denunció que Estados Unidos amenaza al mundo con su simplismo antiterrorista; es decir, que dicho país aplica la óptica de la lucha antiterrorista a todos los problemas del planeta.

Ahora es el mejor momento para hacer un llamado con el fin de realizar una cumbre mundial en contra del terrorismo que evite fracturas de fondo entre los diferentes actores de la sociedad internacional, lleve a una distensión de la política internacional y, desde luego, dote a la comunidad internacional de reglas claras y universales para el tratamiento del problema, a partir de construir los referentes de convergencia y estableciendo los ejes básicos de acción en materia de política internacional; como es el caso de las relaciones trasatlánticas entre Estados Unidos y la Unión Europea.

III

A manera de pregunta, *¿podemos realmente proclamar que esta crisis nos enfrenta con el nuevo orden internacional que no ha acabado de nacer desde hace algún tiempo?*

La respuesta no es sencilla, lo cierto es que para muchos analistas esta situación representa un parteaguas en la historia de la humanidad. Permítanme plantearles mis reservas, ya que asumo que los paradigmas teóricos vigentes están en una posición privilegiada para revisar sus categorías y principios epistemológicos con el fin de explicar y estudiar a fondo la crisis estadunidense. En este sentido, la teoría internacional, la teoría política, en suma, la teoría social, pueden y deben abocarse al análisis científico de tan trascendental evento.

El debate teórico tendrá que revisar viejos postulados y nuevas propuestas respecto de la naturaleza humana y la política mundial o sobre el problema de la soberanía y las nuevas amenazas a la seguridad internacional, etcétera.

También es cierto, como nos señala John Carlin en uno de sus más recientes artículos, "los acontecimientos del 11 de septiembre marcarán un antes y un después en la vida estadunidense. Ni la política estadunidense ni la visión que tienen del mundo y cómo relacionarse con él, ni sus actitudes y valores, volverán a ser jamás los mismos". Carlin cita además a William Cohen, ex secretario de Defensa de Clinton, quien señaló: "ante la crisis los estadunidenses deberán estar preparados para algo peor, es decir, deberán pensar lo impensable", y concluye con lo que para mí es una visión clave: la respuesta a lo "impensable" es la *cooperación internacional*, es decir, evitar el aislacionismo.

La duda permanece, no sabemos si el nuevo orden internacional se acelera o se estanca a partir de la crisis de septiembre. El regreso de la *realpolitik* podría ser una fuerza inhibitoria para que se aceleren los nuevos rasgos y procesos que podrían replantear las relaciones internacionales del nuevo siglo.

IV

¿Existe la necesidad de una revolución teórica? Creo que no. Revisemos la tan multicitada hipótesis central de Samuel Huntington: "la fuente fundamental de conflicto en el nuevo mundo —se refiere Huntington en 1993 al fin de la guerra fría— no será primariamente ni ideológica, ni económica. Las grandes divisiones de la humanidad y la fuente dominante de los conflictos será cultural". A partir de ahí nos pronostica el desencuentro entre Occidente y el islam.

Pese a lo convincente de la hipótesis, que parece encontrar su evidencia empírica en la crisis de septiembre, no la podemos validar en un sentido total, por dos razones: *1)* el ataque terrorista se explica teóricamente con el planteamiento neorrealista de que las formas de poder que se difunden en el sistema internacional produjeron, en sentido estricto, que un poder menor atacara a un poder mayor, y *2)* el terrorismo no puede ser una ecuación cultural, ya que se reproduce también de forma clara en sociedades occidentales. Sacudámonos el prejuicio cultural y revisemos los debates teóricos vigentes en las relaciones internacionales.

V

Deberá hacerse justicia internacional y qué tipo de justicia. Carlos
Fuentes puso el dedo en el renglón, *una nueva legalidad para una
nueva realidad.*[1] Las instituciones internacionales, sus reglas, normas
y procedimientos vigentes se encuentran al límite de sus capacidades para resolver por sí mismas las diferencias, conflictos y disputas entre las naciones.

Aprovechemos esta crisis para preparar el futuro de la humanidad.
Es decir, ¿cómo prepararnos para que esto no ocurra más? Hay que
reconocer que este ataque artero a la sociedad estadunidense es la
"punta del iceberg", detrás del cual hay un sistema internacional que ha
sublimado durante los últimos dos decenios la pobreza más extrema
para inmensos sectores de la humanidad, acompañada de niveles de
contaminación y deterioro del medio ambiente en proporciones gigantescas. La violación de los derechos humanos a nivel planetario
ha alcanzado rangos escandalosos y se sitúa como uno de los afanes
centrales de la sociedad civil a nivel mundial. El narcotráfico y el terrorismo azotan a la gran mayoría de países y su combate rebasa las fronteras del Estado-nación exigiendo respuestas globales y multilaterales.

En suma, Estados Unidos tiene la gran oportunidad de ser el líder
no sólo de la denominada "cruzada" mundial antiterrorista, sino de una
gran propuesta de reorganización mundial que vincule con efectividad
la ética con la globalización y que construya esa nueva legalidad de la
que habla Fuentes. Ésta impartirá justicia no sólo con un desahogo de
pruebas eficiente, sino que irá más allá de las forma de violencia que
hasta ahora enfrenta a hombres con hombres.

Los presos de Guantánamo presentan a Estados Unidos el reto de
sumarse o restarse de una visión universalista de la impartición
de justicia. Desde los juicios de Nuremberg, hasta los tribunales especiales para la ex Yugoslavia y Ruanda, la humanidad sigue debatiendo con pasión e intensidad las características y los límites de
tribunales internacionales. El mundo tiene puestos los ojos en Guantánamo para observar con qué margen de legalidad y equidad se
procesa a los prisioneros de guerra. ¿Se les garantiza a éstos sus de-

---

[1] Carlos Fuentes, "Reflexiones para Monterrey", *Reforma,* 17 de marzo de 2002.

rechos humanos y por qué? Una vez más Estados Unidos tiene la oportunidad de hacer un planteamiento para construir la filosofía jurídica universal que procure justicia a todos y para todos en igualdad de circunstancias.

VI

El combate al terrorismo. La lucha frontal de Estados Unidos en contra del terrorismo es justa. Lo que es injusto es que los países del mundo compitan para demostrar quién es el mejor aliado de ese país y poder combatir "codo a codo" con ellos. En este tema central de la crisis, se deberá hacer un balance para que todos, en la medida de sus posibilidades y conforme con sus capacidades, se sumen a un llamado mundial y universal que condene toda forma de violencia en las relaciones internacionales.

El paradigma de combate al terrorismo deberá ser consensado en los días venideros en el marco de la nueva legalidad que cree la comunidad internacional. Deberemos desde ahora distinguir entre la coyuntura y la construcción de un sistema de paz que sume, bajo un discurso universal, las nuevas formas de seguridad colectiva y humana que demanda el sistema internacional. De prevalecer una visión realista, que consagre una vez más el discurso del poder, poco o nada se avanzará en el esfuerzo colectivo por desactivar las redes internacionales del terrorismo.

Nuevamente se hace oportuno hacer un llamado a una cumbre mundial en contra del terrorismo. Si no es a través de acciones multilaterales el mundo se seguirá polarizando.

VI

¿Se modifica la teoría de la guerra? No. Clausewitz define la guerra como

> un acto de violencia encaminado a obligar a nuestro oponente a cumplir nuestra voluntad [...] la guerra es un acto de violencia llevado a sus má-

ximos extremos. Cuando una facción dicta la ley a la otra, surge allí una suerte de acción recíproca que, lógicamente, debe conducir a un punto extremo.[2]

Estados Unidos ha declarado la guerra a ese actor que les infligió ese acto de violencia extremo. El desafío que enfrenta la comunidad internacional es que esta situación de guerra no prevalezca sobre las oportunidades de construir un sistema de paz y justicia.

Estados Unidos definió a su enemigo como un actor de guerra y no como un simple terrorista. Esto permitió que le declarara una guerra sin cuartel y generó el discurso político que plantea en la actualidad las prioridades de la política exterior estadunidense. Por ejemplo, en el discurso del presidente Bush dirigido al Congreso el 20 de septiembre de 2001, el gobierno de Estados Unidos asigna un presupuesto militar enorme que evidencia el mencionado cambio de prioridades internacionales de Estados Unidos.

VIII

El islam y sus principios. Nunca antes en la historia de Occidente el islam había ocupado tal espacio de reflexión entre nosotros. Aprovechemos para evitar la tentación de confundirlo e identificarlo con el terrorismo. Es un momento cuando reevaluarlo nos evitará caer en observaciones irresponsables sobre los musulmanes.

Deberemos anteponer a la intolerancia, tolerancia. Como señala Bobby Sayyid en su libro sobre el tema, "el islamismo significa tener que repensar la identidad occidental y su lugar en el mundo",[3] pero no para situarlo como su antagónico, sino como una civilización más; esto va en sentido opuesto de la hipótesis de Huntington.

El islam, como una de las tres grandes religiones monoteístas del mundo, sustenta su doctrina en el amor; sin embargo, como en toda religión, los radicales están dispuestos a interpretar su seguimiento a

---

[2] Clausewitz, *On War*, libro 1, On the Nature War (Princeton: Princeton University Press, 1989), 75.

[3] Bobby Sayyid, *A Fundamental Fear: Eurocentrism and the Emergence of Islamism* (Londres: Zed Books, 1997), prólogo.

costa de castigar a los "infieles". Si se revisa el imperio islámico y su expansión desde el siglo vii hasta el Califato de Córdoba, la capacidad de tolerancia, convivencia y asimilación del islam fue extraordinaria.

IX

El papel de los medios para darle a esta crisis dimensiones universales ha sido decisivo. Sin la fuerza de los medios para difundir la crisis de septiembre no se entendería el efecto que ha tenido en la conciencia mundial el ataque al superpoder de Occidente. Por lo mismo, sin su participación no será posible hacer de esta crisis una lección para la humanidad en los sentidos explicados en las líneas anteriores.

La capacidad de la cnn, por ejemplo, para ser un intérprete de las imágenes y los mensajes que el mundo ve sobre conflictos como el de Afganistán, define en buena medida el alcance del imaginario colectivo de la sociedad internacional. En este sentido, la responsabilidad de Estados Unidos y sus grandes corporaciones de medios es monumental para contribuir a un trabajo comunitario del planeta que permita llevar la lección más allá de la guerra.

X

Finalmente, para México, la crisis de septiembre de Estados Unidos sirve para repensarnos como Estado-nación, como sociedad y como parte de la región de América del Norte. Sin ser indulgentes con nosotros mismos, debemos reconocer que esta situación nos demuestra que el choque de identidades nos ha impedido dar, no el apoyo político y diplomático que permite nuestra Constitución y nuestro pacto federal, sino ser más explícitos con nuestra solidaridad espiritual y de duelo hacia aquel país, con motivo del ataque terrorista que todos condenamos y condenaremos para siempre.

Implicaciones para América Latina del ataque terrorista

*Lilia Bermúdez Torres**

La redefinición de las prioridades geográficas de la política exterior de Estados Unidos implica, en primer lugar, que a corto plazo se disminuya el nivel de atención otorgado por el gobierno de Bush a América Latina; en segundo lugar, que la agenda de seguridad hemisférica será prioritaria y se centrará en la amenaza que significa el terrorismo. Lo anterior tendrá efectos sobre los países en donde, desde la perspectiva de Estados Unidos, existen grupos terroristas o donde los patrocinan, según el informe del Departamento de Estado, elaborado en abril de 2001.

La primera parte de este artículo se destinará a presentar los argumentos de Washington para incluir a los grupos y países de América Latina en su listado, así como las diferentes percepciones sobre el impacto que esto tendría en el nuevo contexto que se abre a partir de los atentados. Sobre esta base, en la segunda parte, se presentarán algunas consideraciones acerca de la relevancia política de la precisión del concepto de terrorismo en la actual coyuntura.

Percepciones sobre el impacto de los atentados en América Latina

El Departamento de Estado afirma que en el año 2000 se produjo un incremento de ataques terroristas en América Latina en relación

* Investigadora del Instituto Matías Romero, Secretaría de Relaciones Exteriores. Correo electrónico: <lbermu@sre.gob.mx>.

con el año previo (de 121 a 193). En el recuento se indica lo
siguiente:[1]

- En *Colombia*, a pesar de las conversaciones de paz en curso, los
  dos grupos guerrilleros más importantes, las Fuerzas Armadas
  Revolucionarias de Colombia (FARC) y el Ejército de Liberación
  Nacional (ELN), continuaron realizando actos terroristas internacionales como secuestros (incluyendo a congresistas colombianos y tanto a ciudadanos estadunidenses como de otros países),
  extorsionando a negocios e individuos en el campo, asesinando
  a candidatos políticos y masacrando a civiles.

  Las FARC realizaron una serie de ataques contra los intereses de
  la compañía de carbón estadunidense Drummond, Inc., la cual
  se rehusó públicamente a pagarle al grupo millones de dólares
  anuales de extorsión bajo los términos de la Ley 002 de las
  FARC, que establece impuestos a entidades valoradas en más de
  un millón de dólares.

  El oleoducto Cano Limón, el segundo más grande de Colombia, fue atacado 152 veces en 2000, cifra récord, que el ejército
  atribuyó principalmente al ELN.

  Los grupos paramilitares de derecha (en particular las Autodefensas Unidas de Colombia, AUC, que fueron incluidas por el
  Departamento de Estado en la lista de grupos terroristas unos
  días antes de los atentados del 11 de septiembre) continuaron
  creciendo y ampliando su alcance en el 2000, de forma más
  notable en las principales áreas de crecimiento de la coca en el
  sur de Colombia. Estos grupos, además de masacrar a civiles
  en su intento por erosionar las áreas de influencia de las FARC
  y el ELN, también secuestraron a siete congresistas nacionales en
  diciembre, como una forma de presión en su demanda de negociaciones con el gobierno.
- En *Ecuador*, elementos del crimen organizado con posibles
  vínculos con terroristas y grupos terroristas secuestraron a diez
  empleados de una compañía de aviación y a trabajadores petro-

[1] U.S. Department of State, *Patterns of Global Terrorism 2000*, elaborado por la Office of
the Coordinator for Counterterrorism (abril de 2001). Página electrónica: <http://www.state.
ov/s/ct/rls/pgtrpt/2000/index.cfm?docid=2437>.

leros (cinco ciudadanos estadunidenses, dos franceses, un chileno, un argentino y un neozelandés). En diciembre de 2000, los secuestradores también asumieron la responsabilidad de múltiples ataques con bombas contra el oleoducto transecuatoriano, uno de los cuales mató a siete civiles. Sin embargo, el informe señala que la identidad exacta de los terroristas continúa siendo incierta.

- En *Perú* no se registraron actos internacionales de terrorismo y los incidentes terroristas en ese país continuaron su tendencia descendente, a pesar de la deteriorada situación política y de la abrupta renuncia del presidente Fujimori. El gobierno peruano sigue oponiéndose con fuerza al apoyo a terroristas, sin embargo, continuaron las investigaciones sobre el alegato de que un pequeño grupo de oficiales del ejército peruano vendieron una cantidad sustancial de armas pequeñas a las FARC. Lima continuó siendo receptiva al entrenamiento antiterrorista patrocinado por el gobierno de Estados Unidos y cooperó plenamente en la prevención de ataques terroristas a través de proporcionar información valiosa, incluyendo el acceso a expedientes, registros y bases de datos de la policía relativos a grupos terroristas internos.

- La región *trifronteriza de Argentina, Brasil y Paraguay* continuó siendo un punto focal del extremismo islámico en América Latina; sin embargo, en ninguno de estos países se produjo un acto terrorista durante el año. Los gobiernos de los tres países continuaron sus esfuerzos para contener las actividades criminales de individuos vinculados a grupos terroristas islámicos internacionales, pero los recursos limitados, la porosidad de las fronteras y la corrupción siguieron obstaculizándolos.

- *Cuba* siguió proporcionando refugio a un número no determinado de terroristas vascos de la ETA, los cuales viven en la isla desde hace varios años, así como a fugitivos estadunidenses. Se afirma que La Habana también mantiene vínculos con otros Estados patrocinadores del terrorismo y con insurgentes latinoamericanos. Las dos principales organizaciones colombianas, las FARC y el ELN, mantienen una presencia permanente en la isla.

Actualmente, se han manifestado distintas interpretaciones sobre el impacto de la nueva guerra de Estados Unidos en América Latina, específicamente sobre estos grupos o países etiquetados como terroristas por el Departamento de Estado.

Además, se plantea una nueva bipolarización del mundo, perspectiva que surge de la declaración del presidente George W. Bush en el sentido de que en esta guerra "o están con nosotros o con los terroristas". Esto "podría proporcionar a Washington un pretexto a la mano para intensificar campañas en contra de grupos guerrilleros izquierdistas y de Cuba, y para ampliar una guerra contra las drogas en la cual el enemigo, desde los ochenta, ha sido estigmatizado como "narcoterrorista".[2]

En el caso de *Colombia*, el coordinador de Antiterrorismo del Departamento de Estado, Francis Taylor, indicó que las FARC, el ELN y las AUC están en la lista debido a que participan en actividades terroristas, por lo que recibirán el mismo tratamiento que cualquier otro grupo de ese tipo.

El funcionario declinó explicar si la campaña antiterrorista conduciría a incrementar el nivel de ayuda militar al gobierno colombiano. Tampoco entró en detalles acerca de cómo Estados Unidos diferencia entre operaciones antiterroristas y contrainsurgentes, en las cuales Washington ha prometido no involucrarse en Colombia.

Taylor afirmó que la estrategia antiterrorista de Estados Unidos en el hemisferio occidental es la misma que se aplicará a lo largo del mundo, y que "incluirá el uso de todos los recursos en nuestro poder, así como aquellos disponibles para los países en la región" que condenan el terrorismo y han prometido cooperar con Washington. Esos elementos incluyen la cooperación política, el intercambio de inteligencia e información, así como el uso de herramientas financieras disponibles para el Departamento del Tesoro y otros gobiernos "para identificar y destruir los esquemas financieros que usan estos criminales". También incluirá, "donde sea apropiado, como lo estamos haciendo en Afganistán, el uso de fuerza militar, si ello es adecuado para poner fin a sus actividades".[3]

---

[2] JoAnn Kawell, "Terror's Latin American Profile", NACLA *Report on the Americas* (noviembre-diciembre de 2001), en <http://www.nacla.org/art_display.php?art=509>.

[3] Agencia France Press, "U.S. Official Reveals Colombia as Target", 15 de octubre de 2001, en <http://www.zmag.org/crisescurevts/colombiaoct15colterr.htm>.

El semanario colombiano *Cambio*[4] indica que el hecho de que en el país se ubiquen tres de las 29 organizaciones terroristas extranjeras identificadas por el Departamento de Estado, incluyendo recientemente a los paramilitares de derecha de las AUC (lo que amplía la lista a 30) tendrá varias repercusiones.

Por una parte, y de acuerdo con la opinión de Michael Shifter recogida en esta misma publicación, "Estados Unidos podría ver con menos simpatía el proceso de paz o las negociaciones con terroristas, especialmente en una zona desmilitarizada que puede ser usada para posteriores acciones terroristas". Sin embargo, la percepción abrumadora de Washington en la actualidad es que el fundamentalismo es una amenaza directa a la seguridad nacional y si bien los grupos colombianos preocupan, no significan un peligro inmediato para los ciudadanos estadunidenses. Por ello, "aunque la guerra contra el terrorismo vaya perdiendo su carácter antiislam, eso no eleva el perfil de Colombia hasta el punto de ponerlo en la misma categoría que Afganistán, Irak o Sudán".

Por otra parte, se plantea la posibilidad de que el nexo entre terrorismo y tráfico de drogas sea aceptado por la comunidad internacional, con lo cual se podría hacer más tenue la línea que hoy existe entre operaciones antiterroristas y antinarcóticos, una diferencia que fue muy importante en el diseño del Plan Colombia.

En sentido similar, el Consejo para Relaciones Exteriores (Council on Foreign Relations) advierte en torno a las posibles presiones para que se produzca una mayor escalada militar dentro del Plan Colombia y sobre la posibilidad de que

> la actual política de Washington en Colombia y las naciones andinas aledañas, ahora clasificada por su naturaleza como antidrogas, fácilmente puede ser transformada en una lucha antiguerrilla que equipare a los grupos izquierdistas armados en América Latina con el terrorismo internacional y no haga ningún esfuerzo para diferenciar las líneas ideológicas o los objetivos que se quieren lograr.[5]

---

[4] "Pasos de animal grande", *Cambio* (Colombia), 24 de septiembre de 2001, en <http://www.cambio.com.co/web/interior.php?idp=47&ids=1&ida=2006>.

[5] "Terrorist Attack Expected to Have Major Impact on Hemisphere", *Council on Foreign Relations*, 17 de septiembre de 2001, en <http://www.coha.org>.

Otra opción, que plantea un nuevo papel para las AUC, es manifestada por otros analistas. Nazih Richani coincide en que la situación internacional podría proporcionar un mayor ímpetu para incrementar la guerra contra las drogas, envolviéndola en los esfuerzos contrainsurgentes en nombre de la guerra contra el terrorismo. Advierte que como la legislación antiterrorista daría a Estados Unidos más libertad para trabajar con "malhechores" en nombre de la lucha contra el terrorismo, Washington podría decidir ignorar o remover de la designación como terroristas a los paramilitares de las AUC, trabajando en cambio más abiertamente con el grupo por conveniencia.[6]

Winifred Tate afirma que, desde antes del 11 de septiembre, analistas políticos conservadores de Estados Unidos convocaron a los líderes paramilitares a negociaciones y propusieron la legalización de dichos grupos. La analista cita un informe reciente de la Rand Corporation, el cual concluye que las rondas campesinas (patrullas de seguridad de campesinos) de Perú podrían ser un modelo útil. De acuerdo con los autores de la Rand, "en la situación colombiana, una red de organizaciones de autodefensa adecuadamente supervisadas podría proporcionar al Estado un mejor manejo sobre las actividades de grupos locales autoorganizados".[7]

Según otra perspectiva, el gobierno colombiano manifestó su confianza en que su plan de paz con las FARC no sufriría alteraciones, aunque admitió que el secuestro de extranjeros pone en riesgo los diálogos. Otros funcionarios descartaron que la campaña antiterrorista de Washington fuera a derivar en intervenciones militares en Colombia o en un debilitamiento del respaldo de la comunidad internacional al plan de paz con las FARC.[8]

Cambio también perfila la posibilidad de que esta coyuntura pueda propiciar un impulso al proceso de paz. La premisa es que los grupos guerrilleros perciban que en la nueva coyuntura la toma del poder ya es imposible y que ante el horizonte de una escalada militar mayor se fortalezca la salida de la negociación. Esta lectura tam-

---

[6] Citado por Kawell, "Terror's Latin American Profile".

[7] *Ibid.*

[8] "Preocupan a guerrilleros colombianos las acciones de EU", *Excélsior*, 24 de septiembre de 2001, en <http://www.excelsior.com.mx/nac55.html>.

bién la tienen miembros del equipo negociador del gobierno, quienes consideran "probable que antes de finalizar el año se consigan acuerdos importantes en materia de cese al fuego y reformas".[9]

En lo referente a la región *trifronteriza entre Argentina, Brasil y Paraguay*, un artículo de *The New York Times*[10] indica que se estima que allí viven doce mil personas de ascendencia árabe, la mayoría miembros de familias libanesas inmigrantes. La región es considerada como centro de comercio de drogas y contrabando.

Desde los atentados, cuarenta agentes del FBI y oficiales de policía de los tres países se encuentran en el área buscando evidencia de si la región se ha convertido en un refugio de terroristas islámicos, y la policía paraguaya ha arrestado a varios inmigrantes árabes.

De acuerdo con ese diario, el gobierno argentino fue el primero en establecer actividades de vigilancia en el área, después de los ataques en Buenos Aires, a mediados de los noventa, contra la Embajada de Israel y de un centro comunitario judío, donde murieron 115 personas. Dichos ataques han sido atribuidos a Hezbolá, y las autoridades argentinas han sugerido que fueron planeados y organizados en parte en esa región. En 1997, el ministro argentino del interior, Carlos Corach, describió el área de la triple frontera como "un santuario" para el crimen y el terrorismo. Sin embargo, el periódico indica que tanto entonces como ahora, el gobierno fue acusado de jugar a la política para cubrir su incapacidad de encontrar a los perpetradores de los ataques.

Sobre la posición brasileña al respecto, existen informaciones contradictorias. Por un lado, la misma fuente indica que autoridades del país insisten en que tienen evidencia de que miembros de la comunidad árabe de la región han financiado a Hezbolá. Se cita a un oficial de la policía federal brasileña de Foz de Iguazú, poblado fronterizo, quien señala que "éste es uno de los grandes centros de ilegalidad del mundo. [...] Toda actividad criminal que usted pueda pensar florece aquí, desde tráfico de drogas y armas, hasta lavado de dinero, falsificaciones, contrabando y prostitución".

---

[9] *Cambio*, "Pasos de animal grande".

[10] Larry Rohter, "Terrorists Are Sought in Latin Smugglers's Haven", *The New York Times*, 27 de septiembre de 2001, en <http://www.nytimes.com/2001/09/27international/americas/27PARA.html>.

Sin embargo, otras fuentes periodísticas recogen las declaraciones del prefecto del mismo poblado, Claudio Rorato, quien sostiene que en la zona puede haber delincuentes, como en cualquier otra parte del mundo, pero niega la existencia de terroristas, por lo cual no se le presta importancia a las denuncias al respecto. Indica que el origen de las sospechas estadunidenses fue la información recibida de un supuesto lavado de doce millones de dólares durante el gobierno de 1996 a 1998, el cual fue vinculado con el financiamiento a terroristas, pero se demostró que tal operación no se produjo.[11]

También se citan declaraciones del gobernador del estado de Paraná, Jayme Lerner, de origen polaco judío, quien señaló: "no creo que exista más armonía en el mundo que en esta región donde viven 62 etnias y más de 20 religiones diferentes". Sobre las acusaciones, "el gobierno del estado de Paraná sabe perfectamente cómo se desenvuelve la frontera y también sabe que es un ejemplo de solidaridad y convivencia. Si otros países sospechan que aquí hay terroristas, entonces, que nos traigan las pruebas. Nuestro presidente, Fernando Henrique Cardoso, ya se pronunció sobre eso".[12]

En lo referente a *Cuba*, Wayne S. Smith, quien durante el gobierno de James Carter era coordinador de la Oficina de Asuntos Cubanos del Departamento de Estado y jefe de la Sección de Intereses de Estados Unidos en La Habana, y Anya K. Landau, informan que, desde los atentados, los exiliados cubanos de línea dura de Miami y sus aliados políticos en Washington han realizado un esfuerzo concertado para describir a la isla como parte de la red terrorista internacional y para sugerir que Estados Unidos debe actuar contra Fidel Castro como parte de su respuesta a esos ataques.[13] Consideran desafortunado que estos grupos traten de tomar ventaja de la tragedia para avanzar en su estrecha agenda anticastrista cuando la política exterior de Estados Unidos requiere más de la cooperación de todas las

---

[11] "Descartan existencia de terrorismo en frontera Brasil-Paraguay-Argentina", *El Universal*, 12 de noviembre de 2001, en <http://www.eluniversal.com.mx/pls/impreso/noticia.html?id_nota=32607&tabla=notas>.

[12] *Ibid.*

[13] Anya K. Landau y Wayne S. Smith, "Keeping Things in Perspective: Cuba and the Question of International Terrorism", Center for International Policy, Washington, 6 de noviembre de 2001, en <http:www.ciponline.org/cuba/main/keepingthingsinperspective.html>.

naciones que deseen trabajar con ellos en la lucha contra el terrorismo. A partir de esto, a los argumentos esgrimidos por el Departamento de Estado para incluir a Cuba en la lista de países patrocinadores del terrorismo, responden lo siguiente:

- Los separatistas vascos, que efectivamente viven en Cuba, llegaron a la isla como resultado de un acuerdo entre el gobierno de Felipe González y La Habana, y el actual gobierno español no ha realizado esfuerzos para la extradición de ninguno. Además, funcionarios del Departamento de Estado han declarado extraoficialmente que no tienen evidencia veraz de que estos vascos estén involucrados en alguna actividad terrorista desde el territorio cubano.
- Sí existen fugitivos de la justicia estadunidense viviendo en Cuba, lo cual en gran parte se puede atribuir a la inexistencia de un tratado de extradición entre ambos países. También en comentarios extraoficiales, funcionarios del Departamento de Estado reconocen que no tienen evidencia de que estos fugitivos estén involucrados en actividades terroristas dirigidas contra Estados Unidos o cualquier otro país desde territorio cubano. La mejor manera de tratar este problema particular será empezar a negociar un nuevo tratado de extradición, con todo lo que implica en términos de cambiar la relación hacia una más normal. Por supuesto, ésta sería una calle de doble vía, dado que Cuba pediría el retorno de ciertos fugitivos cubanos que viven en Estados Unidos.
- Cuba tuvo contactos con las guerrillas colombianas y ha facilitado encuentros entre éstas y el gobierno a instancias del presidente de ese país, el conservador Andrés Pastrana, quien públicamente ha destacado que Castro juega un papel importante en el proceso de paz, agradeciéndole haber establecido encuentros con las mismas.

Landau y Smith también responden a otros problemas y episodios que han utilizado los exiliados de línea dura para vincular a Cuba con la red terrorista internacional o para etiquetarla como una ame-

naza a Estados Unidos, lo cual omitimos porque hasta ahora no se
han incluido en la posición oficial.[14]

En contraposición, hacen un amplio recuento de las actividades
terroristas que han cometido sectores de ese exilio en Miami, que incluyen amenazas de muerte, golpizas, ataques de turbas, vandalismo,
extorsión, bombas y asesinato directo, documentadas por el Departamento de Justicia y el Departamento de Policía de Miami-Dade,
así como de los ataques lanzados en contra de Cuba, demandando
una actitud consecuente del gobierno de Estados Unidos, lo que implicaría la no tolerancia de este terrorismo.

Landau y Smith hacen un recuento de la respuesta cubana ante los
ataques contra Estados Unidos, la cual consideran que ha sido igno-
rada sumariamente por medios de comunicación y funcionarios estadunidenses: la condena inmediata de los ataques, la expresión de
solidaridad con el pueblo de Estados Unidos, el ofrecimiento de su
espacio aéreo a aviones que aún estuviesen en ruta, el ofrecimiento
de ayuda humanitaria, el compromiso de que el territorio cubano no
sería usado jamás para acciones terroristas en contra del pueblo estadunidense y el compromiso para cooperar completamente con las
iniciativas de la ONU para erradicar el terrorismo, expresado por Fidel
Castro en una carta a Kofi Annan, secretario general de la ONU, lo cual
se tradujo en la ratificación de Cuba de las once resoluciones contra
el terrorismo adoptadas desde los ataques. Señalan que el gobierno
cubano ha sido muy crítico sobre la guerra de Estados Unidos en
Afganistán, pero que también ha sido cuidadoso de hacer un claro
pronunciamiento en contra del terrorismo.

Asimismo, proponen una nueva visión de la política de Estados
Unidos hacia la isla, ya que en el nuevo contexto internacional, Cuba
no es su enemigo. El gobierno de este país ya está cooperando con
Estados Unidos en formas limitadas en la prohibición de drogas y
en asuntos de inmigración. Y Estados Unidos debe ahora explorar

---

[14] Los temas son la construcción de una planta nuclear y la entrega de material peligroso
a enemigos, la supuesta fabricación de armas biológicas, el derribo de aviones de Hermanos
al Rescate, operaciones de inteligencia, la tragedia del remolcador 13 de marzo, los vínculos
del gobierno cubano con el Ejército Republicano Irlandés, sus relaciones con países del Medio
Oriente, la visita de Castro a Irán y su rechazo a la resolución antiterrorista de la Cumbre
Iberoamericana, celebrada en Panamá.

la posibilidad de intercambiar información sobre actividades terroristas. También se debe quitar a Cuba de la lista de naciones terroristas y cambiar el tipo de relación haciendo una nueva y más cooperativa con el gobierno cubano. En ese proceso, el gobierno estadunidense debe adoptar una postura clara e inflexible en contra del terrorismo emanado de exiliados extremistas en Miami.

Estos autores sostienen que Estados Unidos tiene la obligación de mantener las reglas que aplica a otras naciones, y que en el nuevo contexto internacional tratar a Cuba como un enemigo no servirá a los intereses de Estados Unidos y que resultaría irresponsable hacerlo simplemente porque un grupo de interés especial en Miami lo demanda.

Sin embargo, Philip Brenner, experto en Cuba, informó que después del 11 de septiembre algunos miembros del Congreso trataron de que Cuba fuera removida de la lista de terroristas, pero los cubanos exiliados lo impidieron, con lo que concluye que por el momento la tendencia es contraria a un cambio. Antes de los ataques, el Congreso de Estados Unidos había dado algunos pasos hacia la moderación de la prohibición de viajar a Cuba, pero de acuerdo con Brenner, "lo que es cierto es que todo movimiento hacia el relajamiento de la prohibición ahora se ha detenido para el futuro previsible".[15]

En relación con las actividades terroristas de *Ecuador* y *Perú* son más débiles los argumentos del Departamento de Estado, y no hemos registrado reacciones al respecto, por lo que resulta más incierto el efecto de la nueva guerra de Estados Unidos en esos países.

Finalmente, si bien *Venezuela* no aparece en la lista del Departamento de Estado de los países patrocinadores del terrorismo, varias acciones del presidente Hugo Chávez han generado tensiones con Estados Unidos y pueden originar más argumentos en su contra en la actual coyuntura, por ejemplo, sus críticas a ese país, una de cuyas expresiones fue la concertación con el presidente ruso Vladimir Putin de una "alianza estratégica" contra el dominio mundial de Washington que acordó durante su viaje a Moscú en mayo de 2001; el acercamiento con Cuba y la firma de un acuerdo energético cuando Fidel Castro visitó Venezuela en octubre de 2000; sus críticas al Plan Colombia por el impacto que tendría en su país y el vínculo que

---

[15] Citado por Kawell, "Terror's Latin American Profile".

mantiene con las FARC; o la afirmación del Departamento de Estado de Estados Unidos acerca de que existen indicadores del apoyo del gobierno de Chávez a los movimientos indígenas violentos en Bolivia y a oficiales rebeldes en Ecuador;[16] y el acercamiento con Saddam Hussein y Mohamar Kadaffi, a quienes visitó hace unos meses en Irak y Libia, respectivamente.

En relación con lo anterior, la organización Diálogo Interamericano ha señalado que "la ambivalencia será menos aceptada que nunca" y que Venezuela tendrá que definir más claramente su postura hacia esas nuevas relaciones.[17]

Después del ataque, Chávez indicó que su país haría todo lo posible para garantizar el flujo de petróleo a Estados Unidos. Al respecto, Kate Doyle señala que "a pesar del resguardo de Estados Unidos en el petróleo venezolano, Washington puede moverse hacia una postura de más confrontación con Venezuela si el gobierno de Bush adopta una aproximación de «cero tolerancia» a lo que percibe como apoyo al terrorismo".

CONSIDERACIONES SOBRE LA RELEVANCIA POLÍTICA DE LA PRECISIÓN DEL CONCEPTO

En el seno de la Organización de Estados Americanos (OEA) existen tres instancias en las cuales se profundizará en la discusión, dirigida a crear los fundamentos para enfrentar el terrorismo de manera eficaz, conjunta y permanente: el Comité Interamericano sobre el Terrorismo, la Conferencia Especial sobre Seguridad y la posible convocatoria para una conferencia de alto nivel sobre el tema.

En la XXIII Reunión de Consulta de Ministros de Relaciones Exteriores de la OEA, llevada a cabo por solicitud de México, como consecuencia de los atentados terroristas del 11 de septiembre, nuestro país fue elegido para presidir el Grupo de Trabajo encargado de redactar el proyecto de Convención Interamericana contra el Terrorismo.

[16] Este aspecto se señala en "Venezuela's Would Be Castro", editorial de *Los Angeles Times*, 12 de diciembre de 2000.

[17] "Terrorist Attacks: Impact on Latin America", en *Latin America Advisor*, 13 de septiembre de 2001, Inter-American Dialogue, en <http://www.thedialogue.org>, 3.

Cabe subrayar que el punto de partida en estos foros deberá ser la adopción de una definición precisa sobre el propio concepto de terrorismo. Varios analistas se plantean la urgente necesidad e importancia política de definir con precisión este término,[18] relevancia que se incrementa en la nueva coyuntura abierta con los atentados contra Estados Unidos, los cuales sin duda alguna han sido considerados como terroristas.

La carencia de una definición de terrorismo que tenga una aceptación generalizada y un sentido unívoco tiene consecuencias relevantes. Por un lado, como lo señala un analista israelí, el enunciado "el terrorista de un hombre es el combatiente de la libertad de otro" no sólo se ha vuelto un cliché, sino también uno de los obstáculos más difíciles para enfrentar al terrorismo.[19]

Por otro lado, la tradicional elasticidad del término implica el riesgo de que bajo su manto, como enemigo identificado en esta nueva etapa, se podrían incluir otros fenómenos políticos o acciones armadas que se pretendan deslegitimar.

Los actos terroristas deben distinguirse nítidamente de otras formas de violencia política. A partir de la definición que se adopte, la dimensión del fenómeno puede ser distorsionada o exagerada. Este hecho se ilustra con claridad en la diversidad de acciones que el Departamento de Estado identifica como terroristas en América Latina, con base en las cuales elabora su lista de grupos y países patrocinadores del terrorismo.

Entre los objetivos políticos que se han fijado con una percepción ambigua del terrorismo están los siguientes:

- La descalificación de una organización adversaria, la cual, como "terrorista", no puede ser considerada como posible contraparte de conversaciones o negociaciones, y cabe combatir con la mayor drasticidad.

[18] Este tema lo desarrollamos en Lilia Bermúdez Torres, "Terrorismo: algunos problemas analíticos y políticos", *Crónica Legislativa*, nueva epoca, año V, núm. 11 (octubre-noviembre de 1996): 11-18.

[19] Boaz Ganor, "Defining Terrorism. Is One Man's Terrorist Another Man's Freedom Fighter?" Instituto de Política Internacional para Contraterrorismo, Israel, 23 de septiembre de 1998, <http://www.ict.org.il/articles/articledet.dfm?articleid=49>. El autor es director de dicho Instituto.

- La justificación para que un gobierno enfrente denuncias de violaciones a los derechos humanos aduciéndose, explícita o implícitamente, que la necesidad de combatir al terrorismo lleva aparejados inevitables costos, o reclama una medida de indulgencia respecto a los abusos que se cometan en el proceso.
- La justificación de legislaciones especiales antiterroristas o de la imposición de un estado de sitio u otros estados de excepción.[20]
- La justificación de la utilización de cualquier medio para combatirlo.

Por otro lado, la ambigüedad del concepto también ha tenido repercusiones negativas en el ámbito de la cooperación internacional para enfrentar al terrorismo:

- En los intentos por sancionar legalmente al terrorismo, tanto en las legislaciones nacionales como en los instrumentos internacionales, los cuales adolecen de vaguedad o caen en una casuística arbitraria.
- En el diseño y aplicación de políticas destinadas a hacer frente al terrorismo.[21]

A pesar de las diferencias en las propuestas de definición, algunos analistas identifican consensos en las mismas, los cuales pueden servir para acotar el problema. Citamos dos:

> Todos los autores coinciden, al referirse al terrorismo, en la extralimitación del uso de la fuerza con el propósito de infundir terror en la población, para condicionar la conducta de determinados actores sociales, crear un clima de inestabilidad e inseguridad generalizado y obtener un resultado u objetivo político.[22]

---

[20] José Zalaquett, "Conceptualización del terrorismo desde un punto de vista normativo", en Augusto Varas, ed., *Jaque a la democracia: orden internacional y violencia política en América Latina* (Buenos Aires: Grupo Editor Latinoamericano, 1990), 94.

[21] José Antonio Viera-Gallo, "El terrorismo. Un desafío para la comunidad internacional", en Varas, ed., *Jaque a la democracia...*, 126.

[22] *Ibid.*, 136.

La mayoría de los expertos coinciden en que el terrorismo es el empleo o amenaza de violencia, un método de combate o una estrategia para lograr ciertos objetivos, que su propósito es inducir un estado de temor en la víctima, que es despiadado y no se ajusta a las normas humanitarias, y que la publicidad es un factor esencial de la estrategia terrorista.[23]

Si bien el terrorismo es un tipo de violencia política extrema, no toda violencia política es terrorista, por muy ilegal que sea, como serían, entre otros casos, "las llamadas luchas de liberación nacional, los enfrentamientos sociales tras el reconocimiento de determinados derechos, los actos de resistencia contra un ejército agresor que ha invadido un país". Cuando en situaciones de guerra contra Estados, guerra civil o guerra de guerrillas "las partes beligerantes cometen actos terroristas, éstos son considerados como crímenes de guerra y como tal sancionados".[24]

Dentro de los esfuerzos que existen por precisar qué actos de violencia política pueden ser tipificados como terroristas, el aporte de Zalaquett resulta muy ilustrativo, el cual presentamos de forma resumida:[25]

1. Conducta terrorista por antonomasia: atentados como la colocación de bombas en lugares públicos que causan un alto número de víctimas de forma indiscriminada, contribuyendo a crear un estado de terror, del cual se espera obtener resultados políticos. Son actos de violencia indiscriminada absolutamente condenables e impermisibles.

2. Terrorismo selectivo, dirigido a determinados grupos de personas, de acuerdo a cierta racionalidad. Es similar al anterior en cuanto al carácter inhumano del ataque, al propósito político y al objetivo de inducir un estado de miedo, pero de forma discriminada (circunscrito a los blancos seleccionados). Como ejemplo característico señala los ataques contra funcionarios del Estado en general.

---

[23] Walter Laqueur, "Reflections on Terrorism", *Foreign Affairs* 65, no. 1 (1986): 88.
[24] Viera-Gallo, "El terrorismo...", 138 y 155.
[25] Zalaquett, "Conceptualización del terrorismo...", 111-118.

3. Sabotaje nuclear, como hipótesis que no ha sido puesta en práctica, que se ajustaría al tipo de conducta terrorista descrita en primer lugar.

4. Diversos actos de impacto mundial, considerados terroristas por las normas internacionales, independientemente del motivo que los provoque: secuestro de aviones y otros actos contra la seguridad de la aviación civil; el secuestro, homicidio y otros atentados, así como la extorsión conexa contra personas protegidas internacionalmente (por ejemplo diplomáticos); y la toma de rehenes.

5. Otras atrocidades sometidas en la conducción de un conflicto armado no regido por el derecho internacional, por ejemplo, acciones de violencia indiscriminada como las descritas en el primer punto, perpetradas por grupos de guerrilla urbana.

6. El tiranicidio y el asesinato político. Al respecto, el autor precisa que no cabe considerar al tiranicidio en sí mismo como un acto de terrorismo; la calidad del acto estaría definida por la forma de violencia empleada o por su intención (más allá del propósito de acabar con el tirano). En relación con otras formas de asesinato político, éstas pueden ser calificadas de acción de guerra, pero también como acto terrorista o simplemente delito político, dependiendo de las circunstancias (precisión que también sería válida para el segundo tipo).

7. Sabotaje, si se trata de actos contra la propiedad que creen un peligro colectivo para las personas, según la Convención Europea sobre Supresión del Terrorismo; por exclusión, no se considerarían actos terroristas los que se realizan con las precauciones necesarias para circunscribir sus efectos.

8. Terrorismo de Estado, que tendría dos acepciones: el de la organización, fomento o instigación de tales actividades dirigidas contra otro Estado, mencionado en la Declaración de Naciones Unidas sobre Principios de Derecho Internacional Relativos a las Relaciones Amistosas y Cooperación entre los Estados de 1970; y, otra diferente, relativa a la opresión terrorista por parte del Estado en contra de sus propios ciudadanos.

9. Actos terroristas que se cometen dentro del contexto de un conflicto armado o violencia política más vastos. Teniendo como

base las Convenciones de Ginebra y el Protocolo Adicional I que tipifican como "graves violaciones" a sus normas, se podría derivar una taxonomía de actos terroristas: el carácter indiscriminado de los ataques, convertir en víctimas a civiles, generar grave riesgo contra poblaciones, y las ejecuciones sin juicio y toma de rehenes.

La nueva coyuntura internacional aumenta los desafíos que enfrentan tanto académicos como políticos para definir el terrorismo con la mayor objetividad posible y evitar distorsiones que tendrían impactos negativos en el ámbito político y en el de la cooperación internacional para combatir el fenómeno. Hoy, el debate sobre el terrorismo está más abierto que nunca y la cantidad de análisis, críticas y propuestas son afortunadamente abrumadoras.

El *terror del terrorismo:* cambios sustanciales en el debate migratorio estadunidense. Consecuencias para México

*Mónica Verea C.**

INTRODUCCIÓN

Los actos terroristas del 11 de septiembre constituyen una de las ofensivas más crueles de la historia contemporánea estadunidense, que estableció un partcaguas en la historia de las relaciones internacionales. Si bien ya se han sentido sus repercusiones en el campo de la política exterior, en cuanto a seguridad nacional se refiere, se ha adoptado una posición aún más defensiva que en el pasado, en aras de combatir el terrorismo.

Osama Bin Laden y las organizaciones terroristas internacionales han despertado vehementemente la conciencia estadunidense sobre

* Investigadora y ex directora del CISAN (1989-1997). Profesora y ex coordinadora fundadora de la Maestría en Estudios México-Estados Unidos, ENEP Acatlán, UNAM (1982-1988). Correo electrónico: <mverea@servidor.unam.mx>. Un resumen de este trabajo se publicó en *Voices of Mexico* (octubre-diciembre de 2001). Asimismo, en su primera versión fue presentado como ponencia en el coloquio "Globalidad y conflicto: Estados Unidos y la crisis de septiembre", organizado por el Centro de investigaciones sobre América del Norte, la Facultad de Ciencias Políticas y Sociales y el Instituto de Investigaciones Jurídicas de la Universidad Nacional Autónoma de México, 27 y 28 de septiembre de 2001. Cualquier comentario enviarlo al correo electrónico.

su inmensa "vulnerabilidad", y hoy se cuestiona la eficiencia del manejo de su seguridad nacional. Su preocupación por su indefensa y fácilmente quebrantable seguridad nacional ha tenido un efecto directo sobre la política migratoria, poniendo en duda a quién y a cuántos admitir.

Desde entonces, el debate interno sobre inmigración ha cambiado radicalmente y han surgido propuestas importantes con el fin de modificar algunos aspectos de su política y legislación migratorias. Es posible que su percepción hacia los inmigrantes y su actitud hacia lo "foráneo" o lo "externo" cambie. No sólo los inmigrantes provenientes de los países árabes resentirán la actitud antiinmigrante, sino también los mexicanos serán afectados en forma negativa por esta xenofobia, tendencia que tendrá un impacto sobre sus fronteras y, por ende, probablemente sufran descalabros las relaciones bilaterales con nuestro país.

Sabemos que hubo más de tres mil muertos o desaparecidos, víctimas del ataque terrorista en Nueva York, de los cuales había una cantidad importante de extranjeros de 65 diferentes países, algunos de ellos mexicanos. En algunos casos, su clandestinidad migratoria provocó que ni sus propios familiares conocieran su trágico destino hasta mucho después. Este hecho nos permite reflexionar sobre los múltiples nexos que nos unen con los estadunidenses, lazos que no corresponden a la actitud que muchos mexicanos adoptaron al respecto.

Mientras que en algunos países europeos mostraron señales de solidaridad con expresiones tales como tres minutos de silencio o manifestaciones y celebraciones religiosas, en México, nuestros representantes gubernamentales reaccionaron muy lenta, tibia y timoratamente, entrampándose en discusiones internas que fueron más allá de una simple expresión solidaria a nuestros amigos, vecinos, socios regionales y, querámoslo o no, aliados. A la fecha, muchos de los mexicanos de allá y acá seguimos confundidos, temerosos y algunos tristes no sólo por la muerte de nuestros connacionales, sino por las repercusiones que los ataques terroristas tendrán en México y en nuestras relaciones bilaterales en el corto y largo plazo, que nos hará aun más vulnerables.

De esta manera, a partir de los ataques terroristas, en Estados Unidos la opinión publica en general, aunque particularmente la rama ejecutiva y ambas cámaras del Congreso han venido discutiendo una buena cantidad de propuestas con el fin de elaborar una reforma integral a su sistema migratorio. Simultáneamente, ha quedado pendiente el Acuerdo Migratorio propuesto formalmente por la administración de Fox en Washington poco antes de los ataques terroristas. Y es precisamente el debate que se ha generado y su respuesta en México lo que intentaré describir a través de este trabajo.

EL DEBATE ESTADUNIDENSE

Hasta el martes 11, el debate estadunidense en torno a las reformas migratorias tanto por el gobierno como por el Congreso estaba básicamente centrado en el efecto de los inmigrantes sobre su economía, principalmente lo que ocurre con los trabajadores menos educados o desempleados; con los sectores laborales que buscan inmigrantes temporales tanto agrícolas como de servicios, ya sea indocumentados o con documentos; sobre la ecología, entre muchos otros elementos; amén de las tradicionales y recurrentes actitudes xenófobas que han prevalecido durante años entre algunos miembros y sectores de la sociedad estadunidense.

Estoy convencida de que a raíz de los actos terroristas, el debate en torno al tema de la inmigración estará vinculado con el del terrorismo. Un importante segmento de la opinión pública estadunidense, que durante los últimos años había coqueteado con la opción de abrir sus fronteras a mayor cantidad de inmigrantes, hoy ha cambiado de parecer. Las últimas encuestas demuestran que se percibe una falta de control en las fronteras, por lo que fácilmente han ingresado terroristas a territorio estadunidense, y estiman que, por ende, se requiere de un más severo control fronterizo y una profunda reforma de las leyes migratorias. Por lo anterior, es posible que nuevamente surjan las voces conservadoras y extremistas que escuchamos a principios de los noventa, con actitudes nativistas, xenofóbicas y racistas, las cuales se traduzcan en diversas propuestas locales y nacionales al estilo de la 187.

Después del martes de terror, el debate se ha dirigido hacia la demanda de controlar aún más las fronteras como una medida de segu-

ridad nacional, y hacia la necesidad de que ingresen menos inmigrantes, lo cual establece un parteaguas en el tono de la discusión
reciente. Apenas después de unas semanas de los hechos, se inten-
sificó un proceso de militarización en las fronteras como un medio
para controlar aún más su ahora frágil seguridad nacional. Asimismo, se inició una política defensiva o de "puertas cerradas", para la
cual comenzaron las investigaciones necesarias para no permitir
la entrada de nuevos terroristas, así como para prevenir la admisión
de extranjeros que represente un riesgo para la seguridad nacional.
Para llevar a cabo estos objetivos, se puso en marcha un programa
para compartir información entre las agencias de inteligencia y servicios secretos como la Agencia Central de Inteligencia (CIA), la Oficina
Federal de Investigaciones (FBI) y el Departamento de Estado y el Servicio de Inmigración y Naturalización (SIN). Simultáneamente, se gira-
ron instrucciones para que el Departamento de Estado reforzara sus
embajadas y consulados en el exterior, y estableciera una mayor vigilancia en los puertos de entrada.

En el mismo sentido, en el interior del país se adoptaron actitudes nacionalistas, surgiendo con ello el miedo al terrorismo y se ha
llegado a actuar en forma anticonstitucional. Así, tenemos por ejemplo que el procurador general, John Ashcroft, autorizó la detención
de inmigrantes o extranjeros indefinidamente, simplemente porque
parecen sospechosos o se percibe que tienen conexiones con organizaciones terroristas. Al parecer se ha detenido a alrededor de mil
cien inmigrantes no ciudadanos, sin la posibilidad que puedan solicitar un juicio para su defensa.

En virtud de que cinco de los 19 secuestradores[1] ingresaron por
la larga y poco vigilada frontera entre Canadá y Estados Unidos se
ha establecido un cambio de actitud hacia la misma. Mientras que
la frontera sur estadunidense, de alrededor de dos mil millas de lon-
gitud, es patrullada por nueve mil elementos para vigilar 41 puertas
de entrada; la norte de 3987 millas —casi dos veces mayor— con 115
puertos de entrada, sólo era custodiada antes de los actos terroris-

---

[1] Trece de los 19 terroristas entraron a Estados Unidos con visa de turista y sólo tres de
ellos habían violado su permiso de estancia en territorio estadunidense, es decir, se habían
convertido en *visa abusers*.

tas por 340 oficiales.[2] Se ha estimado la urgencia de reforzar la frontera norte —prácticamente abierta— y, se ha autorizado trasladar a varios agentes de la de México hacia la que linda con Canadá.[3] Los proyectos de ley antiterroristas aprobados en ambas cámaras no incluyen provisiones encaminadas a reforzar su frontera sur, y tan sólo se aprobó un monto de 609 millones de dólares para contratar personal en la frontera canadiense.[4] No cabe duda de que controlar a quinientos millones de personas que ingresan anualmente por ambas fronteras —180 millones por la canadiense—, es una tarea complicada.

Por su parte, Canadá ha detectado que existen múltiples grupos de terroristas en las diversas provincias, que constituyen amenazas potenciales no sólo para su país sino para Estados Unidos. El presidente Bush ordenó a varios de sus secretarios de Estado trabajar más cercanamente con sus contrapartes canadienses, e incluso, ha propuesto el establecimiento de un "perímetro norteamericano" (*North American perimeter*) con el fin de armonizar las políticas migratorias y de seguridad fronteriza, así como el establecimiento de normas aduanales entre ambas naciones.[5] La administración del primer ministro Jean Chrétien ha manifestado su preocupación de que el establecimiento de dicha propuesta implique una cooperación extraordinaria y costosa al estilo europeo. Cabe destacar que para ingresar a los países miembros de la Unión Europea es necesario presentar un pasaporte, y una vez dentro, pueden cruzarse las fronteras al gusto del visitante.[6] Mientras tanto, el gobierno canadiense se ha pronun-

---

[2] "Canadá no cederá soberanía para mejorar su relación con Washington", *El Financiero*, 12 de octubre de 2001, 37.

[3] Gregory Alan Gross, "100 Border Agents Going North Canadian Crossings a Growing Concern", *The San Diego Union-Tribune*, 25 de octubre de 2001, en <www.uniontrib.com/news/uniontrib/thu/news/news_1n25bpnorth.html>.

[4] Dante Chinni, "Tightening the Rules on Legal Immigrants Visa Requirements Draw New Scrutiny as Authorities Seek to Keep Terrorists Out", *The Christian Science Monitor*, 22 de octubre de 2000, en <http://www.csmonitor.com/2001/1022/p2s1-usgn.html>.

[5] Rahman, quien está relacionado con Osama Bin Laden, presunto autor intelectual de los actos terroristas del 11 de septiembre. Véase Mark Clayton y Gail Russell Chaddock, "Terrorists Aided by a Leaky U.S.-Canada Line", *The Christian Science Monitor*, 19 de septiembre de 2001, en <http://www.csmonitor.com/2001/0919/p3s1-woam.html>.

[6] Para mayor información sobre la política migratoria europea, véase Mónica Verea, "Los inmigrantes ante los procesos de desfronterización *vs.* la refronterización en la frontera

ciado en favor de la lucha estadunidense contra el terrorismo, apoyando a sus vecinos con infraestructura bélica, tropas, barcos e intercambio de inteligencia, además de colaborar en forma simultánea en
las misiones de ayuda a la población afectada.

El presidente Bush, quien hacía unos meses había coqueteado
con la posibilidad de establecer un programa de trabajadores huéspedes y una "normalización" del estatus de indocumentados mexicanos, hoy sus prioridades parecen haber cambiado drásticamente,
de hecho tiene la intención de restringir el número de visas emitidas
anualmente. Alarmado por lo acontecido, Bush ha solicitado al Congreso que revise la política migratoria, con el fin de contar con los
instrumentos necesarios para combatir el terrorismo.

A fines de octubre, el presidente Bush creó el Foreign Terrorist
Tracking Task Force,[7] con el propósito de revisar los lineamientos
de la política migratoria, principalmente la asignación de visas temporales, en virtud de que muchos de los terroristas ingresaron a territorio estadunidense con éstas. Asimismo, dio órdenes para que
dicho grupo coordine, junto con los gobiernos de México y Canadá,
la posibilidad de establecer medidas pertinentes para prevenir la
posible entrada de terroristas sospechosos por sus países. Incluso,
se han girado instrucciones para limitar la entrada a miembros pertenecientes a 46 grupos de terroristas dispersos en el mundo y se ha
propuesto la posibilidad de trabajar conjuntamente para compartir
bases de datos, con el fin de agilizar la detección de posibles extranjeros terroristas.

En tanto, los congresistas estadunidenses han mostrado su preocupación y se ha desatado un álgido debate en ambas cámaras,
cuyo fin es establecer nuevas reformas a su legislación migratoria en
general, así como nuevas formas de solución al problema de seguridad en sus fronteras con México y ahora, particularmente, con Canadá. Algunos han culpado a las diversas ramas del Ejecutivo por
no cumplir con su función de resguardar las fronteras debidamente,
señalando que los ataques terroristas muestran la facilidad para in-

---

México-Estados Unidos", en Elizabeth Gutiérrez y Alejandro Mercado, coords., *Fronteras y
comunidad latina en América del Norte* (México: CISAN-UNAM, en proceso de edición).

    [7] "President Tightens U.S. Access", *United Press International*, 29 de octubre de 2001.

gresar a territorio estadunidense. Otros están preocupados por el posible efecto que tendrá en la economía la disminución notable de trabajadores inmigrantes —sean éstos documentados o no—, ya que es evidente que tendrán mayor dificultad para ingresar por un aumento sustantivo en el reforzamiento fronterizo. Y, en general, están alarmados por la depresión económica, pues es factible que se precipite aún más de lo previsto, o impacte negativamente con más vehemencia en la región fronteriza.

Por lo anterior, tanto la Cámara Baja como la Alta han venido debatiendo múltiples propuestas con el fin de establecer nuevas reformas a su legislación migratoria en general, y novedosas soluciones al problema de seguridad en sus fronteras. A continuación describo las principales políticas, proyectos e iniciativas de ley que se discuten en ambas cámaras, todas ellas de corte altamente restrictivo:

a) *Reforzar la seguridad nacional.* En forma extrema, se ha propuesto utilizar a guardias nacionales como capacidad protectora para llevar a cabo la tarea de reforzar las fronteras y/o proveer entrenamiento militar a la patrulla fronteriza. La gran mayoría ha demandado que se aumente sustancialmente el número de agentes de la patrulla fronteriza. En este sentido, el clima actual es semejante al que prevalecía a principios de los noventa, cuando la opinión pública, agobiada por una crisis económica severa, insistía en que el gobierno tomara los pasos necesarios para controlar la inmigración indocumentada que estaba fuera de control, lo cual llevó a aprobar un presupuesto importante no sólo para calmar dichas angustias, sino a poner en marcha una de las leyes más restrictivas de la historia de la inmigración estadunidense: la Ley de Responsabilidad Inmigrante y Reforma a la Inmigración Ilegal de 1996 (Illegal Immigration Reform and Immigrant Responsibility Act of 1996, IIRIRA). Se aprobaron medidas tendientes a establecer un mayor control o sobreprotección en la frontera a través de costosas operaciones fronterizas, para controlar el flujo de inmigrantes sin documentos. Dichas iniciativas prácticamente han sellado la zona fronteriza entre México y Estados Unidos, producto de una política de "refronterización". De esta manera, desde 1992, el presupuesto del SIN se ha cuadruplicado, pasando de mil cien millones a alrededor de cuatro mil millones de dólares y, por ende, el número de empleados pasó de 17 000 a cerca de treinta mil. Incluso, la patrulla fronteriza se ha convertido en la agencia federal ejecutiva más grande, sobrepasando al FBI y a la DEA. Para muchos, la situación sigue semejante que a principios de los noventa, pues las aprehensiones que reporta el SIN, de alrededor de 1.5 millones anualmente, los hace sentir que la frontera todavía se encuentra sumamente porosa.

Una voz muy influyente en el Congreso, el republicano James Traficant, ha propuesto un plan piloto de cinco años para echar a andar un proyecto de entrenamiento militar para la patrulla fronteriza con el fin de detener el flujo de terroristas y narcotraficantes.[8] En virtud de las presiones, se ha asignado un mayor presupuesto para contratar a un número mayor de patrullas fronterizas. La Oficina de Administración y Presupuesto (Office of Management and Budget) autorizó una partida extraordinaria de 114 millones de dólares para mejorar la seguridad tanto en los aeropuertos como en los puntos fronterizos de alto riesgo.

Otros congresistas habían venido discutiendo la necesidad de reformar la estructura inoperante del SIN y para ello se habían elaborado múltiples proyectos tendientes a dividirlo en dos agencias, en virtud de su inherente inefectividad. Una estaría dedicada exclusivamente a aplicar la ley y la otra a la administración del proceso de admisiones a la inmigración legal. No obstante, el comisionado del SIN, James Ziglar, ha señalado que no existe una buena disposición para llevar a cabo una reestructuración de fondo, reforma que se estima indispensable, más aún después de los actos terroristas. Es probable que, en el futuro cercano, se lleven a cabo acciones de esta naturaleza con el fin de dar mayor congruencia a los objetivos de reforzar su seguridad nacional.

---

[8] Víctor H. Michel, "Plantean militarizar la frontera México-EU", *Milenio*, 15 de octubre de 2001, 4.

b) *Vigilar la emisión de visas.* Revisar y mejorar los procedimientos que se utilizan para la emisión de visas para ingresar a territorio estadunidense, y vigilar la calidad del personal encargado de ello en el extranjero, principalmente en las embajadas y consulados, así como al interior del país (los burócratas del SIN). También, se ha propuesto computarizar, a través de una base de datos, los registros de visas emitidas a turistas, trabajadores temporales y estudiantes. Al mismo tiempo, se ha aprovechado para revisar propuestas que se discutieron con anterioridad a propósito de los actos terroristas anteriores, como fue el perpetrado al mismísimo World Trade Center, en Nueva York, en 1993. En ese entonces, la senadora Olimpia Snowe[9] proponía que se le negaran las visas a cualquier miembro de grupos y organizaciones terroristas, que se iniciara un programa para compartir información con servicios de inteligencia de otros países, y que se computarizaran los registros de las visas emitidas. Hoy muchos congresistas consideran que su propuesta era sumamente atinada y realista, y citan continuamente como ejemplo al conspirador Rahman, quien participó en el primer ataque a las torres gemelas, y quien no sólo había visitado en cinco ocasiones territorio estadunidense sin problema alguno, sino que había obtenido la residencia permanente.[10]

En este sentido y respecto a la emisión de visas, se ha propuesto llevar a cabo un seguimiento a los visitantes temporales o inmigrantes que ingresaron al país. Muchos congresistas han propuesto restringir las admisiones de estudiantes y prohibir la entrada de quienes provengan de los siete países que apoyan el terrorismo. Preocupados por las debilidades de su sistema migratorio, los senadores demócratas Dianne Feinstein de California y Edward M. Kennedy de Massachussets, al igual que los republicanos Jon Kyl de Arizona y Sam Brownback de Kansas, introdujeron un proyecto de ley sobre seguridad fronteri-

[9] Bart Jansen, "Snowe's Anti-terrorist Visa Work Bearing Fruit", *The Portland Press Herald*, 22 octubre de 2001, en <http://www.portland.com/news/local/011022visas.shtml>.

[10] Rahman solicitó una visa de residencia permanente bajo el nombre de Omar Ahmed Ali y el SIN le otorgó una tarjeta verde en 1991.

za y límites de la emisión de visas temporales. Dicho proyecto plantea que el ingreso de extranjeros con visa de estudiante debe estar condicionado a que la institución educativa receptora comunique a la oficina gubernamental designada, que supuestamente ya debió haber sido informada por el SIN, cuándo ingresó el extranjero a territorio estadunidense.[11] Es decir, se plantea que debe haber una mayor comunicación intersecretarial, con el fin de ejercer un mayor control.

c) *Establecer un sistema de tarjetas de identificación.* Se ha propuesto emitir una tarjeta de identificación estándar o una "tarjeta inteligente" para extranjeros que ingresen a territorio estadunidense. Se está contemplando que dichas tarjetas podrían identificar al portador, mediante identificadores biométricos, ya sea a través de la voz, la huella digital, la geometría de la mano o el patrón de la retina, para lograr una mayor seguridad sobre quien ingresa a territorio estadunidense. Inclusive se ha propuesto un pase emitido por el SIN, denominado "INSPASS", tarjeta que facilitaría a los viajeros frecuentes a ingresar más fácilmente a territorio estadunidense. Más aún y a pesar de lo costoso que sería, se ha propuesto emitir una nueva tarjeta de seguridad social, codificada con información biométrica. Estiman que estas medidas servirían también para controlar la inmigración no documentada, reducir los fraudes en las elecciones, mejorar el cuidado de salud y detectar a quién se otorga y, por supuesto para buscar y dar empleo.[12]

El representante republicano Lamar Smith, miembro del House Judiciary Subcommittee on Immigration, quien fue el principal arquitecto de la Ley de Inmigración de 1996, considera que las reformas a la inmigración deben incluir la emisión de una tarjeta de identificación estándar, la contratación de un número mucho mayor de patrullas fronterizas, la utilización de guardias nacionales como capacidad protectora para llevar a cabo

---

[11] Diana Jean Schemo, "Senate Bill Would Stiffen Some Controls over Visas", *The New York Times*, 6 de diciembre de 2001, en <http://www.nytimes.com/2001/12/06/national/06STUD.html>.

[12] Center for Equal Opportunity (CEO), "Immigration Policy after September 11", CEO Policy Brief, en <www.ceousa.org>, Washington, diciembre de 2001.

la tarea de reforzar la frontera, y la eventual aprobación de leyes que faciliten la deportación de inmigrantes criminales. También estima que se debe revisar la forma como son emitidas las visas para estudiantes extranjeros, dado que algunos terroristas ingresaron a territorio estadunidense como tales.

d) *Reducir la inmigración legal*. Como respuesta a actitudes extremistas, se ha llegado a discutir en ambas cámaras la posibilidad de declarar una moratoria a las admisiones de inmigrantes y/o descender sustantivamente las admisiones anuales. Uno de los principales portavoces de este planteamiento es el propio *chairman* del House Immigration Reform Caucus, el diputado republicano por Colorado, Tom Tancredo, quien ha declarado públicamente que, a partir de los ataques terroristas del 11 de septiembre, ha recibido muchas solicitudes para ingresar a su comisión y discutir iniciativas en esta materia, propone una reducción significativa de la inmigración legal de alrededor de un millón de admisiones anuales a sólo trescientas mil al año. Asimismo, propuso la creación de una base de datos para registrar las entradas y salidas de extranjeros y un incremento en el número de agentes que patrullan la frontera. Recientemente señaló: "la defensa de nuestro país comienza con la defensa de nuestras fronteras. Revertiremos la tendencia que habíamos tomado desde hace veinte años de una política de fronteras abiertas". Aún más, indicó que el programa de amnistía hoy está "muerto". Al respecto, el conservador Dan Stein, director de la Federation for American Immigration Reform, quien ha buscado desde tiempo atrás una reducción drástica a la inmigración y se opone a un programa de amnistía, señaló que "dar estatus de residente legal a los inmigrantes sin documentos es como jugar a la ruleta rusa con nuestra seguridad nacional".

e) *Deportar a inmigrantes que cometen crímenes*. Se ha propuesto establecer medidas más drásticas y eficaces que faciliten la deportación de inmigrantes criminales. Un sistema automatizado podría constituirse en uno muy eficiente para detectar a extranjeros potencialmente terroristas y criminales con el fin de que el Departamento de Estado y el SIN puedan tener acceso electrónico a los archivos del FBI y la CIA. Incluso se ha propuesto compartir

información con servicios de inteligencia de otros países, como
lo hacen los europeos.

Las propuestas enunciadas con anterioridad, indican que para
tener un mayor control de quien ingresa a territorio estadunidense,
necesariamente tendrán que afectar la supuesta confianza prevaleciente hasta entonces, generando una desconfianza a priori hasta
que no se demuestre lo contrario, es decir, un estado de "terror del
terrorismo", que no sólo afectará a extranjeros sino a nacionales y
residentes.

Mientras tanto, los congresistas liberales que tradicionalmente han
defendido políticas migratorias de puertas abiertas, se enfrentan a
un ambiente sumamente hostil y tienen dificultades para influir en
que se discutan iniciativas que han quedado pendientes, tales como
el programa de amnistía para millones de indocumentados y la aprobación de un Programa de Trabajadores Huéspedes. Ambas propuestas, hechas por el gobierno de México durante el primer semestre
de 2001, por razones obvias se han pospuesto, ya que hoy muchos
se oponen a ellas, pues estiman que, de aprobarse, atentarían contra
la seguridad nacional. Incluso algunos opinan que ambos proyectos
están muertos.

No obstante este áspero debate, los congresistas tendrán que establecer un balance entre iniciativas restrictivas para reducir y controlar la inmigración y las permisivas en cuanto a aceptar la entrada de
nuevos inmigrantes, manteniendo una frontera semiabierta para trabajadores, siempre y cuando se implementen medidas que provean
de mayor control y seguridad el ingreso de extranjeros. En algún momento tendrán que darse cuenta de la realidad y dibujar una línea
muy clara, sin confundir a los inmigrantes que van en busca de trabajo con los que utilizan sus visas temporales para realizar actos
terroristas.[13]

---

[13] Es probable que los inmigrantes de origen árabe sean quienes sufran las consecuencias
del martes 11 con un congelamiento de su admisión temporal legal, ya sea para estudiar o realizar algún trabajo. Véase Gary Martin, "Freeze U.S. Admissions of Foreign Students from Arab
Countries. Lawmakers Want Tighter Border", *The San Antonio Express-News*, 19 de septiembre de 2001.

No cabe duda que los mexicanos que viven del otro lado sufrirán las consecuencias de una persecución más agresiva y ahora quizá serán vistos como sospechosos y peligrosos y no como simples personas en busca de trabajo. Es de esperarse que la de por sí ya intensa vigilancia fronteriza —que durante los últimos ocho años pasó de cuatro mil a alrededor de nueve mil patrullas en la frontera sur estadunidense—, será aún mucho más agresiva no sólo para la caza de terroristas, sino para la de indocumentados y la búsqueda de drogas, traficantes, etc. Nuestros connacionales del lado mexicano sufrirán, en un corto plazo, las repercusiones inmediatas del ya no tan dinámico comercio y turismo transfronterizo, producto también de la desaceleración o recesión económica, cuyas consecuencias, de profundizarse, serán aún más graves.

LA RESPUESTA DE MÉXICO

Es importante recordar que una semana antes del martes 11, estábamos celebrando la exitosa visita presidencial a Washington, entre supuestos amigos, y se avizoraba un posible acuerdo migratorio entre ambos países que incluía seguridad fronteriza, regularización de indocumentados, programa de trabajadores huéspedes, desarrollo regional y extensión de cuotas para visas, un proyecto integral que, de haber sido aprobado, hubiera constituido un logro importante para la administración foxista. A pesar de que desde antes de los actos terroristas, era difícil que el presidente Bush y el Congreso estadunidense accedieran a todas las peticiones del presidente Fox, hoy la posibilidad de que se apruebe un paquete migratorio integral que contemple un programa de trabajadores huéspedes, así como la regularización o normalización del estatus migratorio de algunos indocumentados mexicanos, y se abran paulatinamente las fronteras para convertirnos en una "comunidad" real al estilo europeo, parece ser utópica.

En su momento, la ambigua respuesta de México ante los actos terroristas puso en duda la "profundidad" de la amistad con los estadunidenses tan publicitada por Fox durante su última visita a Washington. La visita extemporánea de Fox a Estados Unidos, tres semanas después de los sucesos terroristas, mostró un claro intento por limar las posibles asperezas que hubiesen surgido. Este hecho deja una lección a nuestro presidente: no sólo la forma de acercarse debe ser importante, sino también lo debe hacer en el momento adecuado, el famoso *timing* es determinante para demostrar una buena comunicación. Al respecto, un líder muy influyente entre la comunidad latina y la mexicoamericana en particular, Raúl Izaguirre, presidente del National Council of La Raza, alarmado por la lerda respuesta, escribió una carta al presidente Fox sugiriéndole que "su apoyo total, inequívoco y visible" era indispensable, ya que no sólo aliviaría el ambiente negativo hacia la inmigración que prevalecía después de los ataques terroristas, sino las tensiones que se vislumbran en la complicada relación bilateral.[14]

A pesar de que las conversaciones entre grupos oficiales de mexicanos y estadunidenses designados para negociar el acuerdo migratorio se han reanudado desde noviembre pasado, a mi juicio se vislumbra un lento proceso de negociaciones, que obviamente se verá empantanado por la nueva percepción hacia inmigrantes a raíz de los actos terroristas. De llegar a establecerse algún acuerdo migratorio bilateral, probablemente se verá entintado con un enfoque distinto del que originalmente se concibió, quizá más discreto y con costos más onerosos para los mexicanos.

Es un hecho que el gobierno de México se verá presionado para apoyar la política antiterrorista estadunidense y tendrá que colaborar para salvaguardar sus fronteras. Quizá será indispensable controlar mejor y destinar más recursos a la frontera sur, con el fin de vigilar y posiblemente detener a los inmigrantes "indeseables", si se pretende estar comprometido como socio y recibir una "relación especial" con sus vecinos del norte.

Es importante que el gobierno de México continúe con los intentos de formulación de una "política emigratoria" —necesaria e inexistente por muchos años—. No obstante, dicha política debe ser definida claramente, planteando objetivos específicos y delimitando las funciones de los secretarios de Estado, pues actualmente son mu-

---

[14] Gregory Rodriguez, *Opinion*, 14 de octubre de 2001, en <http://www.lats.com/rights/register.html>.

chos los funcionarios que intervienen, lo que puede llegar a empantanar y ensombrecer proyectos específicos de largo alcance.[15]

Debemos estar preparados para sopesar los costos y beneficios que traería la iniciativa que está todavía flotando en el Congreso estadunidense, sobre la posibilidad de establecer un esfuerzo de colaboración para crear con México y Canadá un "perímetro norteamericano de seguridad nacional". Para llevar a cabo este proyecto, cada país debe evaluar y maximizar la calidad de sus sistemas de admisión de inmigrantes para, a su vez, facilitar no sólo el movimiento de bienes sino el de personas. Quizás es en este punto donde radicará nuestra colaboración antiterrorista, y ésta deberá contemplarse a cambio de la final aprobación de un programa de trabajadores huéspedes, meta que el gobierno foxista debería perseguir, siempre y cuando no vaya en contra de nuestros intereses soberanos. Asimismo, creo que los mexicanos tenemos que insistir en que precisamente un mecanismo como la regularización de indocumentados es uno congruente con una política de refuerzo de la seguridad nacional.

Creo que ha llegado el momento en que los mexicanos deben resolver el ya ancestral conflicto de identidad en relación con Estados Unidos; es decir, reflexionar si queremos figurar como uno de los tres miembros que formarían parte de la comunidad de América del Norte y colaborar en proyectos de interés común con los costos y beneficios que ello implica, o simplemente mantenernos como un importante socio comercial, como un vecino a veces amigo, a veces distante y no siempre comprometido. Para ello es indispensable volcar nuestra mirada hacia la experiencia europea, región donde los trabajadores se mueven libremente.

Hoy más que nunca es inminente la reformulación y redefinición de nuestras fronteras a la luz de los acontecimientos recientes. La "desfronterización", que se había puesto en marcha durante los no-

---

[15] Para mayor información, véase Mónica Verea, "Mexican Migration to the US: Is Regularization Posible?", *Voices of Mexico* (octubre-diciembre de 2000) y Mónica Verea, "¿Hacia la administración bilateral de la migración entre México y Estados Unidos en el siglo XXI?", en Rosío Vargas, Remedios Gómez Arnau y Julián Castro Rea, coords., *Las relaciones de México con Estados Unidos y Canadá: una mirada al nuevo milenio* (México: CISAN-UNAM, 2001), 95-127.

venta, producto del fenómeno de globalización y regionalización, para dar la bienvenida a bienes y servicios foráneos será menos visible, pues se prevé que se reforzará aún más una política de "refronterización", la cual ya desde hace algún tiempo se ha venido aplicando para rechazar a extranjeros sin documentos.[16]

Durante muchos años, hemos luchado en contra de las medidas unilaterales impuestas por nuestros vecinos del norte que han afectado las relaciones bilaterales. Hemos insistido en que el unilateralismo debe dar paso a iniciativas regionales y/o bilaterales con compromisos y responsabilidades mutuas. Reflexionemos si nos encontramos ante este parteaguas. Mientras tanto, es urgente que recalquemos la necesidad de la creación de un sistema migratorio regional, bien manejado, en forma ordenada, legal y segura, en el que se garanticen los derechos humanos y laborales de los trabajadores, de forma tal que se cree una frontera compartida y no divisiva como hoy se vislumbra.

[16] Verea, "Los inmigrantes...".

Seguridad, globalidad, garantías individuales

El nuevo desorden mundial

*Ana María Salazar**

A raíz de los atentados terroristas del 11 de septiembre, nos encontramos en un mundo confuso y extraño. La sensación de seguridad y prosperidad que, en su momento, permitió que los estadunidenses descuidaran el entorno mundial, se derrumbó. Despertaron en un mundo peligroso e inseguro.

El 11 de septiembre fue la "crónica de una muerte anunciada". Seamos claros: a los expertos en este tema no nos extraña que ocurriera este ataque terrorista. Lo sorprendente es que no haya ocurrido antes. A través de los años, un grupo de países, ya sea directa o indirectamente permitió que germinaran y florecieran grupos terroristas cuyo objetivo es traducir al mundo la frustración, el odio y la sed de venganza de los marginados del Medio Oriente.

Para ser terrorista se requieren relativamente pocos recursos, en comparación con los cuantiosos gastos de defensa de un país como Estados Unidos. El arma principal de aquéllos radica en que son individuos dispuestos a matar inocentes y a morir por su causa. Y no hay dinero, tecnología ni recursos en el mundo que protejan con absoluta seguridad a un país de este tipo de ataques.

Las televisión dejó a todo el mundo vivir y atestiguar, minuto a minuto, la muerte de miles de personas. Este macabro uso de la tecnología también nos ha permitido presenciar el nacimiento de un nuevo desorden mundial: ahora vivimos en el que Estados Unidos

* Laboró en la Casa Blanca, el Pentágono y el Departamento de Estado. Se graduó en la Facultad de Derecho de Harvard y es académica en el Instituto Tecnológico Autónomo de México. Además, es directora del portal <www.seguridadnacionalhoy.com.mx>. Correo electrónico: <salazaropina@aol.com>.

pasa de ser victimario a víctima. Los estadunidenses vieron caer su fortaleza como un castillo de naipes. El otrora país orgulloso de la gran libertad y diversidad de sus habitantes, ahora se cuestiona si no fueron esas mismas virtudes las que dejaron la puerta abierta para que los terroristas entraran "hasta la cocina".

A la luz de la era posterior a la guerra fría, parecía que por fin los países enfocarían sus esfuerzos y recursos a la seguridad global, para atacar las desigualdades sociales, la extinción de la pobreza, la lucha por el entendimiento mutuo, el desmantelamiento de los enconos, el fortalecimiento de las democracias y la construcción de puentes de diálogo. Un mundo donde el bienestar de nuestros semejantes aseguraba nuestra seguridad. Desafortunadamente, los hechos del 11 de septiembre nos permitieron ver que es inexistente este mundo color de rosa.

En su momento, la guerra fría fue un choque de ideologías políticas en cuanto a qué sistema favorecía mejor el desarrollo humano. En el nuevo desorden mundial, el conflicto no es ideológico, la guerra gira en torno a los intereses de Estados Unidos y los países desarrollados: proteger el suministro del recurso vital que mueve sus industrias y economías, es decir, el petróleo.

Las operaciones militares de Estados Unidos y sus aliados, en contra de países que en su momento han apoyado grupos terroristas, corren el riesgo de cercenar las venas que conducen el petróleo para su misma existencia. En la nueva era, la paradoja para aquel país y sus aliados será cómo erradicar la capacidad mortal de los grupos terroristas, sin dañar el hogar que los alberga.

La reacción de Estados Unidos

Bush hizo un llamado a la guerra en busca de justicia. Líderes mundiales, amigos y enemigos de este país se unieron a las voces bélicas. Los mismos países del hemisferio, en declaraciones insólitas ante la OEA, expresaron su voluntad de levantar las armas contra el nuevo enemigo común. Y no es de sorprender esta belicosidad latinoamericana. Cuando se concluya la macabra tarea de contabilizar las víctimas del atentado, muchos países del hemisferio recordarán el 11 de septiembre como la fecha en que más ciudadanos de diversas nacionalidades perdieron la vida en un acto terrorista.

Aunque el mundo se viste de guerra en este momento, se debe contener la histeria y darle las debidas dimensiones a lo que está sucediendo. A pesar de las imágenes que ofrece la televisión, *no* estamos en la antesala de una tercera guerra mundial, *no* habrá una guerra santa, Estados Unidos *no* desplegará sus armas nucleares, *no* enfrentaremos una prolongada contienda armada de años y años.

¿Cómo podemos afirmar esto cuando las encuestas indican que 90 por ciento de los estadunidenses apoya una respuesta bélica contundente y mortífera contra los autores y países que perpetraron el atentado? Porque al país que menos le conviene una guerra prolongada es a la misma víctima. Para que no continúe la caída de los mercados, el deterioro de la economía mundial, y se pueda fortalecer la confianza del consumidor y de los inversionistas, Estados Unidos no puede mantenerse en una guerra prolongada e inestable. Las mismas presiones del sistema financiero impondrán las pautas de la duración e intensidad de la respuesta bélica estadunidense.

No es fácil atacar el terrorismo, y los misiles Tomahawks no necesariamente son las armas más eficientes; pero, cuando mueren más de tres mil personas en menos de dos horas, más que eficiencia, se busca contundencia. Aunque no sólo se combate el terrorismo con grandes operaciones militares, parte de la respuesta se concentra en el silencioso mundo de la inteligencia y el espionaje. La efectiva prevención de futuros atentados dependerá de la capacidad de obtener y compartir información sobre las actividades de estos grupos entre los Estados que colaboren para ello.

Los países que se han comprometido a apoyar a la Unión Americana en su respuesta bélica, también tendrán la responsabilidad de modular la magnitud de la reacción. No es gratuito que el presidente de Francia y el primer ministro de Inglaterra viajaran casi inmediatamente para conversar con su homólogo, el presidente Bush. Para los países amigos, la ayuda a Estados Unidos depende en gran parte de que las represalias contra los asesinos y los países anfitriones no sean reacciones descabelladas, de ser así, los países amigos perderían el apoyo político interno.

RETOS PARA MÉXICO

La polémica discusión sobre el apoyo de México, pese a los vínculos políticos, económicos y sociales con su vecino no se cuestiona, y la solidaridad es obvia. Aun así, el Ejecutivo, la clase política, los legisladores y líderes de opinión terminaron con serias diferencias respecto a la masacre del 11 de septiembre y la postura mexicana.

Después de Estados Unidos y Afganistán, México es el tercero más afectado por los atentados en Washington y Nueva York; no obstante, su reacción no sólo fue la más lenta y tibia de todos los países occidentales, sino que hasta la fecha no es clara la estrategia que está emprendiendo para contrarrestar el hecho de que las cinco fuentes de divisas más importantes del país están siendo seriamente golpeadas. Con tantas sorpresas cotidianas en este nuevo mundo, ciertamente es difícil predecir cómo se sucederán los acontecimientos, y uno entiende las dificultades del gobierno de México para desarrollar una nueva agenda como reacción ante tantas incertidumbres.

Sin embargo, hay tendencias claras, y no se requiere ser experto en seguridad nacional para asumir que esto empeorará. Basta mirar hacia el norte, ya que la frontera es la franja más sensible ante estas situaciones; aunque ésta fuera siempre volátil y con frecuencia violenta, antes del 11 de septiembre existía una estabilidad que permitía la coexistencia e interdependencia pacífica, accediendo a que miles de mexicanos y estadunidenses la cruzaran a diario, pero con la seguridad de que esa línea invisible no detendría sus actividades cotidianas.

De ser invisible, se convirtió en una frontera real. Ahora no se sabe cuánto tiempo se tardará en cruzarla, ya que podría ser de media a tres horas. No únicamente se revisa más cuidadosamente a los que cruzan en auto o a pie, siempre existe la posibilidad de que simple y llanamente se cierre. El TLCAN proporcionaba orden y estabilidad para asegurar que 85 por ciento de las exportaciones mexicanas destinadas a Estados Unidos franquearan esa frontera. Cabe recordar que ésta es la primera fuente de divisas para el país. Ahora, al contrario, muchos han olvidado la famosa Cláusula de Seguridad Nacional del TLCAN, que nuestro vecino puede retrotraer en cualquier momento, permitiéndole no poner en marcha el tratado. Por ejemplo, se corre el riesgo de la invocación de esta cláusula para prevenir que el autotransporte mexicano incursione en territorio estadunidense, a pesar de que claramente lo permite el TLCAN y que la decisión del panel arbitral apoyaba la posición de México.

Además, la inestabilidad mundial y la recesión ocasionaron una reducción de la demanda mundial de productos de exportación, petróleo y de los flujos de inversión extranjera directa en México. Cada una representa la primera, segunda y tercera fuente de divisas para el país. Todos conocen las dificultades que los mexicanos padecen para ingresar legalmente a Estados Unidos; es inimaginable, entonces, lo que padecen quienes intentan cruzar sin documentos.

Lo desolador es que se espera un drástico incremento del número de personas que intentarán cruzar la frontera. ¿Por qué? En primer lugar, en la actualidad hay hambruna y desempleo en Centroamérica. Y, por más que se trate de controlar la frontera sur, cuando la gente tiene hambre, está dispuesta a arriesgar todo para adentrarse en Estados Unidos. Además, el desempleo en México aumenta. El turismo, la quinta fuente de divisas para México, descenderá drásticamente este año. En algunas ciudades turísticas ya se prevé que más de 40 por ciento de la planta laboral podría ser despedida.

No sorprendería que el incremento de desempleo fuera de más de un millón de mexicanos. Con tal incremento, se genera un movimiento de personas que migran al norte en busca de trabajo o cruzar la frontera. Pero, debido a la desaceleración económica en Estados Unidos, los sectores de la industria maquiladora son los más afectados, pues existe una disminución de 30 por ciento de exportación de esta industria, con el consiguiente desempleo. En la frontera no hay trabajo. En febrero, en la frontera norte, se esperaba un aumento de una población flotante de mexicanos y centroamericanos, pobres, desesperados, desempleados sin posibilidad de recurrir a la válvula de escape hacia el país vecino. Se prevé que algunos buscarán rutas más arriesgadas para entrar, con mayores posibilidades de morir. Quienes se queden en México será en ciudades fronterizas que no ofrecen empleos ni servicios públicos, como agua potable y servicios médicos. Eso se refleja en un aumento de crímenes, violencia y enfermedades.

También, hay que considerar que el desempleo en Estados Unidos se acrecienta. No se sabe cuánto afectará esto las remesas que envían los mexicanos. Éstas representan una de las fuentes de divisas primarias de México, pero la situación en realidad es complicada. Si la gente no cruza, iguales dificultades habrá para el tránsito de drogas. Debe pensarse que el norte de México en estos momentos se ha convertido en un enorme almacén de drogas. ¿Será posible que México enfrente una oleada de drogadicción y violencia relacionada con el narcotráfico en la frontera, aunado a los demás problemas?

¿Terrorismo en México? Probablemente no. Pero, cuando esos aviones asesinos se incrustaron en las torres gemelas, todos fuimos testigos oculares de la muerte de miles de personas, incluidos muchos mexicanos. Informes de los medios indican que algunos involucrados en tales atentados quizás ingresaron a Estados Unidos por la frontera mexicana. También se informó que intentaron comprar aviones de fumigación en México. De haber usado este país como plataforma para atacar a nuestro vecino, los efectos de la fumigación de las sustancias mortales no habrían reconocido fronteras ni hecho distingos entre Juan López o John Smith, como tampoco ocurrió en el World Trade Center de Nueva York.

Al invocar ante la OEA el Tratado Interamericano de Ayuda Recíproca (TIAR), México, al igual que el resto de los países del hemisferio, reconoció que un ataque proveniente de fuera del continente contra cualquiera de los países de América se considera una agresión contra todos. El presidente Fox hizo bien en no claudicar y reconsiderar sus declaraciones en la OEA, aludiendo a que México estaba a punto de renunciar al TIAR; pero sumarse al resto del hemisferio al amparo de ese tratado puede generar responsabilidades y compromisos que el país no necesariamente desea asumir.

¿Y ahora qué?

En los meses y años venideros, cualquier nueva legislación, prioridad presupuestaria y la política exterior estadunidense reflejarán un Estado en crisis. La clase política ha cerrado filas alrededor del presidente, proporcionándole facultades legislativas, recursos y cobertura política necesaria para continuar con las operaciones militares, incluso más allá de las fronteras afganas. Bush pidió paciencia a sus connacionales, quienes parecen dispuestos a dársela.

En algunas encuestas, 56 por ciento de la población estadunidense aceptaría el uso de las fuerzas armadas hasta por cinco años contra la amenaza del terrorismo internacional. Pero en el segundo frente de combate, la guerra interna, parece que la sociedad no tiene la misma paciencia y fe en la capacidad del equipo presidencial para prevenir y reaccionar ante futuros ataques terroristas dentro del territorio nacional. Además, la recesión económica continúa.

Empiezan a surgir rumores de preocupación. Los republicanos y los demócratas están divididos en cuanto a la legislación destinada a la recuperación económica propuesta por Bush. Además, según algunos críticos, las declaraciones de que el gobierno preveía otra agresión terrorista y la lentitud para reaccionar ante los casos de ántrax, acrecentaron la confusión y desconfianza. Desafortunadamente, cuando se aplican reformas relativas a los ataques terroristas o a los tiempos de guerra, directa o indirectamente afectan a los inmigrantes. El endurecimiento de la seguridad en la frontera México-Estados Unidos afectó a los migrantes, documentados o no. No sorprendería que se militarizara esa zona, debido a las presiones de algunos congresistas. Recordemos que, en 1993, en respuesta al atentado a las torres gemelas, el Congreso aprobó una de las legislaciones más antimigratorias de los últimos quince años.

Es difícil imaginarse que en este momento cualquier decreto puede favorecer a los migrantes. Tampoco se soslaya el drástico efecto de la desaceleración económica en el desempleo de los migrantes, y cómo repercute en las remesas que envían a sus familiares. Para muchos países, éstas son sus fuentes principales de divisas.

En el caso de México, habrá que enfrentar las futuras decisiones en áreas neurálgicas para la política y el pueblo mexicanos; por ejemplo, la política petrolera, protección de las fronteras, apoyo militar, la respuesta hemisférica ante el TIAR e incursiones a México por agentes violentos del exterior y otros son temas neurálgicos. Además, México es uno de los nuevos miembros del Consejo de Seguridad de la ONU, por lo cual tendrá la responsabilidad de votar en decisiones delicadas, como las posibles represalias contra los países que alberguen terroristas, o decisiones fundamentales que incidan en el proceso de paz en Medio Oriente. ¿En México estaremos en la antesala de una lucha campal cada vez que el embajador mexicano dé su voto en el Consejo de

Seguridad? México ingresó al mismo en un momento muy complicado, además, siempre se ha dicho que tendrá un costo en caso de que apoye a Estados Unidos y por pertenecer al club de los países grandes. Nadie imaginó cuál era ese costo (cuyos intereses son elevadísimos), ni que sería por anticipado.

CONCLUSIÓN

¿Acaso en el año 2004 se hablará con añoranza de una época en la que la gente se comunicaba por carta y el abrir paquetes no se consideraba un riesgo para la vida? Estados Unidos fue a la búsqueda, para entregar y juzgar a los autores intelectuales de los atentados, así como para infligir daños a la infraestructura de los grupos terroristas, mediante bombardeos estratégicos con armas como las que se usaron en la guerra del Golfo Pérsico. En el mediano y largo plazo, y a través de los años, se esperaba que Estados Unidos ejecutara acciones estratégicas preventivas de pequeña escala a objetivos que aseguren la destrucción de la capacidad mortífera de los terroristas y así prevenir futuros atentados.

En el 2002, Bush enfrentó el fantasma de los fracasos de su padre, pues éste no logró su reelección, a pesar de los éxitos en el exterior, como la guerra del Golfo. Bush padre no supo cómo reaccionar ante la última desaceleración económica que enfrentó Estados Unidos a principios de los noventa. Al igual que en el caso de su progenitor, la reelección de George W. Bush dependerá sobre todo de su habilidad para trasponer la recesión económica de su país. Políticamente, el reto para este año —y para su amigo el presidente Fox— es el mismo: reactivar la economía en el actual clima de inseguridad e inestabilidad mundial.

Lo que urge en Estados Unidos y el resto del mundo es retornar a una situación de normalidad lo más pronto posible. Según el gobierno del presidente Fox, no todo es negativo para México, pues menciona que tras los atentados del 11 de septiembre, aquí se ofrecen mejores ventajas para la inversión extranjera que en la mayoría de los países. De acuerdo con los funcionarios de la administración de Fox: "Pocas economías puede haber en el mundo en estos momentos como México, que ofrezcan los tres elementos clave: seguridad, certidumbre y confianza". Esperemos que esto sea cierto.

La seguridad mundial y los riesgos de la democracia ante el terrorismo internacional

*Roberto Peña Guerrero**

Han transcurrido meses desde los atentados terroristas en las ciudades de Nueva York y Washington. Durante este lapso, el mundo ha estado pendiente de las reacciones de Estados Unidos, al margen de los discursos y retórica belicista, ha prevalecido hasta el momento la sensatez y la mesura de la Casa Blanca para llevar a cabo una respuesta clara y contundente contra los responsables de las agresiones, la cual se espera que al estar Washington midiendo que la profilaxis que aplique, no se revierta, agudizando la patología del terrorismo internacional.

En este mar de incertidumbres respecto al alcance real de la respuesta de Estados Unidos y sus consecuencias para la paz y la seguridad internacional, surgió desde el mismo 11 de septiembre una preocupación generalizada en el mundo, que ha adquirido mayor presencia en los debates sobre esta crisis; nos referimos a los riesgos para la seguridad y los avances de la democracia en el mundo ante el terrorismo internacional. Pero, ¿por qué éste resulta una amenaza para la democracia —entendida en su concepción amplia de instituciones y Estado de derecho que aseguran mínimos de gobernabilidad

* Coordinador de la Licenciatura en Relaciones Internacionales de la Facultad de Ciencias Políticas y Sociales de la UNAM. Correo electrónico: <rpna@sociolan.politicas.unam.mx>.

mundial—, el respeto a las libertades, los derechos humanos y la promoción de la justicia social? La respuesta la encontramos, desgraciadamente, en los hechos concretos de la reacción inmediata del gobierno estadunidense ante los lamentables acontecimientos; es decir, éste ha reaccionando conforme a los fines que persigue la estrategia terrorista con los actos de violencia perpetrados.

Expliquémonos. El acto terrorista en sí —que gracias a los medios televisivos se pudo apreciar en todo el mundo en el momento mismo de los atentados, con lo que la realidad superó a la ficción— logró su efecto inmediato "simbólico-comunicativo" de consecuencias psicosociales, al generar un sentimiento de vulnerabilidad de la sociedad agredida, cuya existencia se sometió al terror y al pánico. En este sentido, el acto violento como tal logró su objetivo primario: enviar un mensaje amenazador dirigido al entorno social de la víctima, del Estado agredido (en este caso Estados Unidos), al que se le da a entender que le espera un destino vulnerable si no cambia de actitud y adopta medidas correctivas que reorienten sus políticas y las tendencias que ha seguido. Este efecto inmediato ha provocado intensos debates internacionales, ya que, si bien se ha repudiado el nivel de violencia alcanzado y la muerte de civiles inocentes, se ha vuelto a poner en tela de juicio la política de poder de Estados Unidos a lo largo de su historia, particularmente las consecuencias que tal política ha tenido desde el fin de la segunda guerra mundial en el desarrollo de las relaciones internacionales contemporáneas y de manera especial en el Medio Oriente.

Ahora bien, la finalidad última de los actos terroristas los trasciende, ya que se busca que el Estado agredido reaccione con medidas excesivas de protección y someta a su propia sociedad a una campaña de represión; es decir, se pretende que la respuesta inmediata del agredido lo conduzca a establecer medidas autoritarias y endurezca el régimen y, por ende, se trastoque el Estado de derecho democrático y se restrinjan las libertades individuales y de la sociedad, provocando malestar, indignación y resistencia en la población; de manera que, en el cruce entre la escalada de la violencia terrorista y las respuestas de violencia del Estado agredido, se trastoque la estabilidad de las instituciones de la sociedad y se "derrumbe" el régimen en cuestión.

La búsqueda de este escenario hipotético es la finalidad del terrorismo, el cual debe evitarse por todos los medios posibles. Pero las tendencias que se prevén en el gobierno de George W. Bush parecen responder, en una primera instancia de la lucha contra el terrorismo internacional, a la lógica del endurecimiento del régimen y la restricción de las libertades individuales y, por lo tanto, a trastornar las instituciones democráticas de la sociedad. Situación que provocaría una reacción en cadena a nivel mundial, al fijar la lucha contra el terrorismo internacional a partir de las pautas impuestas por el autoritarismo (que se condensa en la frase "están con nosotros o con el terrorismo"), lo que revertiría los avances de la internacionalización de la democracia y la gobernabilidad en el mundo. Más adelante retomaremos este punto, ya que para ubicarlo en su real dimensión, consideramos pertinente precisar el contexto de las ideas y de los hechos.

Concordamos con el principio de que la construcción de un sistema de seguridad internacional efectivo sólo puede lograrse a partir de regímenes e instituciones democráticas, sustentadas en las normas del derecho internacional. Por ello, rechazamos de entrada una concepción simplista de un sistema de seguridad basado únicamente en las capacidades del poder militar, ya que en el umbral atómico y de las armas de destrucción masiva en el que nos encontramos inmersos, las visiones militaristas de la seguridad solamente conducen a una mayor inseguridad.

En el plano de las ideas, la relación entre seguridad internacional y democracia tiene su origen en el pensamiento liberal wilsoniano de finales de la primera guerra mundial, en cuyos famosos catorce puntos se percibe un sustrato ideal, que parte del principio de que la democracia y el libre mercado son los dos pilares que evitarían otra conflagración como la llamada "gran guerra". Esta idea se ha venido reproduciendo en el tiempo y para muchos analistas contemporáneos estos sostenes son el basamento del proceso de integración regional de Europa occidental, que incluye países entre cuyos antecedentes históricos está haber sido enemigos acérrimos, pero que, al compartir los mismos intereses políticos y económicos, es decir, la democracia y la economía de mercado, han podido superar sus diferencias históricas y participar en un proyecto común que se ha concretado en el tiempo en lo que es hoy la Unión Europea.

En este mismo plano de ideas, el binomio seguridad-democracia ha encontrado en el periodo posterior a la guerra fría su fortalecimiento. Al respecto, en el marco de los debates teóricos sobre la seguridad mundial, destaca la corriente denominada como la teoría de la paz democrática, cuyos postulados centrales establecen que los Estados democráticos tienden a no hacerse la guerra, ya que la democracia se percibe como la mayor fuente de paz. Asimismo, en junio de 2000, se convocó en Varsovia a una conferencia internacional denominada "Hacia una comunidad de democracias", en la que participaron ministros de relaciones exteriores de más de cien países del mundo. Entre las conclusiones, se destacó que al inicio del nuevo siglo la democratización será un factor determinante a favor de la seguridad y la paz internacionales.

Sin embargo, en el plano de los hechos nos enfrentamos a una serie de contradicciones en las relaciones internacionales contemporáneas, que obstaculizan el avance del binomio democracia-seguridad. La primera contradicción surge del mismo proceso de globalización, fenómeno que conlleva en su esencia su propia negación, esto es, la fragmentación. La dicotomía globalización-fragmentación se ha manifestado de manera clara en los últimos quince años. Mientras que la globalización, apoyada en la democracia y el libre mercado, tiende hacia la integración, interdependencia, multilateralismo, universalismo y homogeneización; su contraparte, la fragmentación, provoca desintegración, unilateralismo, separatismo y heterogeneidad, cuyo sustento es la anarquía y el conflicto.

Esta contradicción ha provocado el ensanchamiento y profundización de la brecha entre ricos y pobres, entre Estados y regiones, tanto en términos económicos y sociales, como políticos y militares. De ahí que el resurgimiento de los nacionalismos, los separatismos y el regionalismo sea, para muchos pueblos y sociedades, la única vía para preservar y defender su identidad y su cultura, y se luche por la justicia social tanto nacional como internacionalmente. El fenómeno de las manifestaciones de los globalifóbicos es solamente una expresión de las consecuencias del capitalismo salvaje, arropado con la ideología de la libertad de mercado, pero con consecuencias nefastas para el binomio seguridad-democracia. Ante esta situación, surge la interrogante, ¿qué es la democracia y la libertad en la globalización, si esta última ha agudizado la pobreza y la injusticia en el mundo?

La segunda contradicción se inscribe entre la hegemonía y el liderazgo internacional de Estados Unidos. Como es sabido, éste ha forjado a través de la política del poder una posición económica y militar sin parangón en la historia de la humanidad. Se le reconoce su papel hegemónico del sistema capitalista, por los consensos obtenidos a nivel mundial, pero para desempeñarlo requiere mantener vivos esos consensos, en virtud de que sin éstos no hay hegemonía, sino simplemente autoritarismo y abusos de poder. Washington debe traducir su hegemonía en un liderazgo real, asumiendo la responsabilidad que tal liderazgo implica para lograr un mundo más democrático, justo y equitativo, conforme a los cimientos de la democracia y la libertad que tanto pregona.

Si la política exterior de Estados Unidos fuera consecuente con estos principios y tuviera conciencia de que la hegemonía alcanzada debe cultivarse con un liderazgo responsable que permee todas sus acciones a escala mundial, posiblemente no estaríamos inmersos en los niveles de violencia a los que se encuentra el mundo expuesto en la actualidad, ya que lo mínimo que se espera de un líder es que vele por las condiciones de seguridad y bienestar de la comunidad sobre la que tiene prerrogativas. El mundo actual requiere de liderazgos comprometidos con la paz y la seguridad internacional, sustentados en una democracia que vaya más allá de la representatividad electoral, que se refleje en la equidad y la justicia social y promueva la legalidad en el mundo.

El mundo nunca aceptará los supuestos liderazgos incitadores del encono y la violencia entre miembros de una misma sociedad y entre pueblos y naciones, con el fin de obtener ganancias materiales efímeras en beneficio de intereses particulares; por ejemplo, las disputas por el control del petróleo en Medio Oriente y Asia Central. Estados Unidos tiene en sus manos la oportunidad histórica de hacer del XXI un siglo en el que la sociedad internacional dé pasos firmes para erradicar todo tipo de injusticias, y no una centuria que nos acerque al abismo de la nada y al fin de la civilización.

La tercera contradicción radica entre la pretensión del liderazgo estadunidense y su iniciativa de fungir como policía del mundo. Desde el fin de la guerra fría se inició un periodo de transición con supuestos retos y oportunidades para un esperanzador reordenamiento mundial que fortaleciera la seguridad internacional. Pero, como en todo proceso de transición, en la última década del siglo prevaleció la incertidumbre. Sin embargo, este periodo ya concluyó, y no fue a partir del pasado 11 de septiembre, sino con el arribo de George W. Bush a la presidencia de Estados Unidos, en enero del 2001. La misma integración del gabinete y la correspondiente definición de las nuevas prioridades de su interés nacional de política exterior (mediante su endurecimiento) reflejaron que para el nuevo gobierno estadunidense la incertidumbre de la transición había llegado a su fin y se iniciaba la hora de hacer valer su victoria en la guerra fría.

Sorprendió a propios y extraños la integración de un gabinete de guerra en tiempos de paz, pero ahora se justifica ante los atentados terroristas, lo que implica, a su vez, asumir una postura de policía del mundo, ya que la reacción inmediata de Washington fue identificar como agresores potenciales a los grupos extremistas asentados en países y pueblos, los cuales han manifestado abiertamente su rechazo a la política de poder estadunidense y a la imposición de parámetros políticos y culturales de Occidente, principalmente los países musulmanes, en especial los inmersos en el irresoluble conflicto árabe-israelí. Sin embargo, hacer tabla rasa de pueblos y países considerados hostiles en el esquema de seguridad nacional, conduciría a hallar chivos expiatorios, y provocar que sufran las consecuencias de estos actos terroristas personas inocentes, lo cual también sería inaceptable.

Así, con el gobierno de Bush se inicia propiamente el siglo de la *pax imperial americana*, sustentada en el poderío militar y en programas como el sistema de defensa antimisiles, cuyos riesgos para la humanidad no tienen comparación con los actos del terrorismo internacional. Qué mejor pretexto, lamentablemente, que los atentados del pasado 11 de septiembre para justificar el redimensionamiento del complejo militar industrial estadunidense, con incrementos sustanciales al presupuesto del Pentágono y la consecuente nueva generación de armas letales, con la finalidad de mantener a Estados Unidos como la única gran potencia del siglo XXI. De hecho, lógicamente, la reacción inmediata contra el terrorismo ha reagrupado al Congreso y a la opinión pública de ese país en torno a las iniciativas militares de la administración de George W. Bush, pero conforme se vaya desvaneciendo la coyuntura de la crisis, se espera que se reanude el debate democrático de tales iniciativas, en el que prevalezca la razón sobre la fuerza bruta.

La cuarta y última contradicción se halla en la política del poder y la democracia. Existen ejemplos históricos de que todo comportamiento basado en políticas de poder conlleva la negación de las instituciones democráticas. Estados Unidos representa el primer régimen de la democracia moderna, sin embargo, su Destino Manifiesto lo ha conducido a construir sus instituciones democráticas hacia adentro, mediante un comportamiento imperial hacia afuera. Sobran las experiencias históricas que ejemplifican esto último en América Latina, el Caribe, Asia, África y el Medio Oriente, donde Estados Unidos ha promovido, apoyado y sostenido regímenes antidemocráticos y dictaduras militares porque así conviene a su interés nacional y a las instituciones de su democracia interna. Simplemente, hoy en día, Washington apoya a jeques y monarcas de Estados como Arabia Saudita que, a cambio del acceso a sus reservas petroleras, pasa por alto el autoritarismo del régimen, la falta de democracia y la violación sistemática de los derechos humanos. Es el juego de la doble moral de la democracia interior y la política de poder imperial exterior.

No obstante, este juego, tarde o temprano, se revertirá negativamente, y eso ya lo está viviendo Estados Unidos. Por un lado, sus instituciones democráticas resienten el impacto de las turbulentas (por no decir fraudulentas) elecciones presidenciales pasadas, en las que, al final de cuentas, fue una instancia judicial, también cuestionada, la que decidió el supuesto triunfo electoral de George W. Bush y no la sociedad estadunidense. Ante esto, con qué cara se puede presentar Bush ante el mundo como el paladín de la democracia. Por otro lado, las iniciativas del gobierno de Washington ante los lamentables actos terroristas del pasado 11 de septiembre trastocan aún más las instituciones democráticas que ha construido el pueblo estadunidense a lo largo de su historia.

Aquí regresamos a nuestros planteamientos iniciales sobre la finalidad última del terrorismo y la respuesta del Estado agredido, a través de medidas autoritarias lesivas de las libertades individuales y sociales que infringen el Estado de derecho. Las iniciativas de la supresión del hábeas corpus, la detención arbitraria de "sospechosos", la autorización de espionaje de personas e instituciones, las pretensiones de legalizar las acciones encubiertas de la CIA con "licencia para matar", etc., etc., conforman un espectro aterrador contra las garantías individuales y las libertades sociales, sustento de todo régimen democrático.

No se puede atacar al terrorismo con la bandera de la defensa de la libertad, si aplicamos medidas contra ésta. Tal parece que la estrategia de Washington de una pelea sin cuartel contra el terrorismo internacional, que se vislumbra a largo plazo, en los términos en que se articula mundialmente, conducirá a que las libertades democráticas y seguridad de pueblos enteros estén a merced de un peligro mayor que al de antes del 11 de septiembre, incluidos, obviamente, los ciudadanos estadunidenses.

La sociedad de Estados Unidos ha mantenido históricamente una celosa custodia de la libertad individual y los derechos civiles como fundamentos de su democracia. La Primera Enmienda a su Constitución se ratificó en 1791, y constantemente se invoca como una de las principales garantías a la libertad de los individuos, y consagra, entre otros, el derecho a la libre expresión de las ideas, y, por tanto, a la de pensamiento. Sería terrible avanzar hacia un régimen autoritario, en que el combate al terrorismo internacional confundiera cualquier tipo de disidencia (incluso de pensamiento), lo cual significaría también una amenaza para la democracia y la seguridad internacionales.

El dilema de Hobbes: ¿libertad o seguridad?

*Leonardo Curzio Gutiérrez**

En este breve artículo, ofrezco una serie de reflexiones sobre un conjunto de temas que son en cierta manera clásicos en los estudios estratégicos y que se encuentran en este momento en el debate público, debido a los ataques terroristas del 11 de septiembre del año 2001 en Estados Unidos.

Una formulación clásica de la teoría política plantea que, desde Hobbes hasta nuestros días, existe una dualidad, un dilema que enfrentan todas las sociedades y que es el equilibrio entre seguridad y libertad. La tradición hobbesiana establece que los ciudadanos en un momento determinado de su historia, cuando constituyen el pacto de delegación, merced al cual entregan el poder al Estado, renuncian a espacios de su propia libertad individual. Pero, no lo hacen gratuitamente; a cambio de la libertad inmolada en el altar del Estado exigen seguridad. En otras palabras, la creación del Estado tiene como objetivo primario ceder la seguridad a los hombres. Las sociedades cuando forman precisamente las bases del Estado esperan que la libertad que pierden, y que se traduce en el control que el Estado ejerce sobre sus vidas, sea compensada con el valor de la seguridad. El intercambio es, en definitiva, libertad por seguridad.

Desde una óptica liberal —ustedes lo saben perfectamente—, la discusión se ha centrado en el papel del Estado para regular ciertas cuestiones de la vida social. La perspectiva liberal ha abogado a lo

* Investigador del Centro de Investigaciones Interdisciplinarias en Ciencias y Humanidades, UNAM. Correo electrónico: <curzio@servidor.unam.mx>.

largo de los siglos por reducir la intervención del Estado, salvo en temas de seguridad. En este ámbito preciso, aun la visión más minimalista del Estado considera que su obligación irrenunciable e intransferible es velar por la seguridad y desarrollar las capacidades suficientes para garantizarla.

La visión liberal, como es sabido, preconiza que la sociedad civil tiene capacidades de autocontrol en casi todas sus esferas y de manera muy señalada en la económica, por consiguiente no necesita un Estado que intervenga o regule sus actividades. El "mercado libre" y la "sociedad civil" encontrarán, según esta óptica, formas de autorregulación y equilibrio. La frontera de lo estatal y lo social se establece generalmente al momento de hablar de seguridad, lo cual ha sido siempre un campo de actuación exclusivo del Estado y es un tema en el que ha habido consenso a lo largo de los siglos. El dilema entre libertad y seguridad se ha resuelto casuísticamente en cada una de las sociedades, mientras todos los gobernantes se plantean la pregunta de ¿cuánta libertad les quito a mis gobernados para garantizar su propia seguridad, la del Estado y, en formulaciones más recientes, la seguridad de la nación?

La democracia como forma de gobierno se basa en el principio que consiste en garantizar un régimen de libertades y máximos espacios de libertad a los individuos, pero al mismo tiempo que garantiza esto, debe velar por el establecimiento de reglas específicas que den certidumbre y seguridad a los individuos en las relaciones entre particulares, la garantía de la propiedad y finalmente, en la relación entre la sociedad y el Estado.

La legitimación de las democracias modernas se da por la vía de la legalidad, que no es otra cosa que un conjunto de reglas establecidas, que vinculan a gobernantes y gobernados y son respetadas por ambos.

Estas dos grandes ideas, la de libertad y la seguridad, han entrado históricamente en conflicto y, en estos momentos, después de los atentados terroristas de septiembre, es muy claro que podemos ingresar a una espiral restrictiva de las libertades, cuyas consecuencias aún no estamos en condiciones de determinar.

El Estado puede, hoy por hoy y de hecho lo está haciendo en algunas partes del mundo, argumentar que las propias reglas y leyes que garantizan el régimen de libertades son un impedimento para resguardar la seguridad en sus diferentes esferas; esto es, desde la seguridad individual hasta los asuntos relacionados con la seguridad nacional y global, pasando por la seguridad pública.

Estados Unidos se ha visto envuelto, tras el impacto del 11 de septiembre, en una gran discusión que podríamos resumir de la siguiente manera: si las agencias y corporaciones de seguridad tienen las capacidades o facultades suficientes y necesarias para garantizar la seguridad, o bien, el régimen de libertades, transparencia y control de los órganos gubernamentales propios de una democracia, mismos que son un obstáculo para garantizar la seguridad.

El efecto que han tenido los sucesos del 11 de septiembre ha sido demoledor y ha llevado a la sociedad estadunidense a discutir si una democracia basada en las libertades que ofrece por ejemplo, la posibilidad del libre tránsito, que no contempla la expedición o petición de documentos de identidad a sus ciudadanos, es compatible con los niveles de seguridad que se demandan después del golpe terrorista.

El mismo dilema se presenta en el planteamiento del presidente Bush sobre instaurar tribunales especiales para juzgar los delitos de terrorismo o a los cómplices de estas acciones, ya que el entramado jurídico normal se percibe como un obstáculo para perseguir de manera expedita a los grupos terroristas.

Es evidente que estos desafíos expresan un problema central para una democracia moderna, y deben ser vistos en un plano más amplio y sereno, lejos de las secuelas de histeria que un atentado de la magnitud del perpetrado en Nueva York o Washington puede dejar. Es necesario plantear con una gran seriedad, midiendo las consecuencias prácticas que esto pueda conllevar, si una democracia moderna basada en las libertades y la transparencia puede lidiar con las amenazas que hoy enfrentan los Estados, tales como el terrorismo y el crimen organizado, sin recurrir a legislaciones especiales (leyes antiterroristas, de seguridad nacional e inteligencia muy regresivas) que en los hechos reduzcan los espacios de libertad ciudadana.

La preocupación por la seguridad ha resucitado temas clásicos que oponían a constitucionalistas más liberales con otros que asumen posturas de mayor control ciudadano. Por ejemplo, la famosa cédula de identidad, que en muchos países, incluido el nuestro, se ha visto como un instrumento potencialmente perverso en manos del Estado, que bien puede servir para controlarnos, ficharnos o privarnos de la libertad, hoy se percibe como una necesidad insoslayable.

En la actualidad, ya es práctica común en los aeropuertos mexicanos que un empleado de aerolíneas pida un documento de identidad para abordar la aeronave, hecho que se considera normal. Sin embargo, hay aquí un problema de libertad frente a seguridad que en estos momentos vale la pena anotar y analizar profundamente.

El asunto central es, en resumen, el equilibrio entre seguridad y libertad. Para abrir la discusión sobre el futuro, es necesario tener conciencia de que se trata de un problema clásico, un problema que tiene muchísimos años discutiéndose y que en estos momentos es rabiosamente actual. La experiencia histórica indica que es prácticamente imposible determinar con precisión cuál es el equilibrio ideal entre el Estado de derecho, las garantías que el Estado ofrece a sus ciudadanos y la razón de Estado. El Estado de derecho incluye dentro de esta reflexión todo lo que es el régimen de libertades que el Estado, en un sentido general, debe ofrecer a sus ciudadanos, y la razón de Estado es esa máxima del obrar político que le dice al gobernante cómo garantizar la seguridad de sus gobernados y del propio Estado.

La díada Estado de derecho-razón de Estado es un debate sin solución predeterminada. El equilibrio entre estos dos conceptos debe cambiar de un lugar a otro porque los Estados, al enfrentar ciertas amenazas a su propia seguridad, invocan o piden legislaciones especiales que les permitan realizar determinadas actividades fuera de lo que es la legislación general o la garantía que el propio Estado ofrece a los ciudadanos en términos de libertad.

Un ejemplo puede ser útil para esclarecer este extremo. A finales de la década de los noventa en México, ante la gravísima crisis de seguridad pública que teníamos, el gobierno argumentó que era imposible luchar contra la criminalidad organizada sin contar con una legislación especial que lo facultara por ejemplo, para violar en ciertos casos la privacía absoluta en las telecomunicaciones. El razonamiento que se planteó era si el Estado no puede intervenir teléfonos o actuar en determinados casos de forma clandestina, no puede por consiguiente combatir con eficacia el crimen organizado. De estas consideraciones nació una legislación especial para luchar contra la delincuencia organizada. No obstante, de ahí surge un cuestionamiento: ¿el Estado de derecho, en estos momentos, se puede considerar un problema o una especie de camisa de fuerza para que el propio gobierno garantice su propia seguridad y la de la sociedad? Aquí se presenta un magno problema filosófico, pues tenemos que un gobierno democrático descansa en reglas y libertades establecidas por el Estado para legitimarse y otorgar una serie de garantías, como el estadunidense, pero en otro momento, las considera un estorbo que le impide desarrollar sus actividades de inteligencia, seguridad y justicia de manera razonable y expedita y, por consiguiente, contener las amenazas.

Ya lo señalaba antes, es muy difícil establecer un punto de equilibrio entre la razón de Estado y el Estado de derecho porque si bien en teoría las cosas resultan relativamente sencillas, en la práctica y ante disyuntivas delicadas que ponen en peligro la convivencia y la seguridad del país, se pueden generar consensos momentáneos en la sociedad para restringir las libertades al autorizar capacidades de intervención telefónica, cateos administrativos, órdenes de aprehensión prácticamente inmediatas, tribunales especiales, jueces sin rostro, testigos protegidos, en fin, facultades cuestionables, que algunos cuerpos del Estado deben tener asignadas para contener dichas amenazas.

El corolario de este asunto es el debate sobre las competencias de las agencias de inteligencia y los procesos judiciales. Centrémonos en el sistema de inteligencia. Algunos dicen, desde el discurso gubernamental: si se quiere controlar la lucha antiterrorista y se quieren evitar amenazas como las que vimos el 11 de septiembre, se deben autorizar facultades especiales, por ejemplo es necesario permitir revisiones exhaustivas, interrogatorios en condiciones absolutamente humillantes, en fin, todo el conjunto —no lo detallo más—, de operaciones que ejecuta un aparato de seguridad para realizar sus operativos.

Pero, si aceptamos este argumento, ¿qué nos garantiza que no van a cometerse abusos en nombre de la seguridad? Éste es un viejo debate en Estados Unidos que ha variado en el tiempo, según las percepciones de amenaza que tengan el gobierno y la sociedad estadunidense. El dilema del Congreso de Estados Unidos en su relación con los servicios de inteligencia y seguridad ha sido siempre, hasta dónde debe permitir, qué condiciones y con qué supuestos debe dejar que las agencias de seguridad se arroguen facultades que pongan en peligro los elementos fundantes de la convivencia.

Al revisar la información hemerográfica más reciente para analizar el debate en Estados Unidos sobre este tema, me parece un presagio funesto el hecho de que se hayan autorizado quinientos millones de dólares más para la seguridad aeroportuaria.

Me parece igualmente peligroso que se esté planteando, de una manera casi inexorable, que la única forma de garantizar la seguridad en los aviones es que haya *marshalls* armados y subrayo que me parece funesto el presagio, no solamente porque en Estados Unidos se vaya a hacer, sino porque el modelo de seguridad de ese país se exporta a todo el mundo y en México somos muy proclives a la imitación. De seguir así las cosas, en algún tiempo podríamos tener también policías armados en nuestros aviones y no quiero pensar las implicaciones que esto va a tener. Ya tenemos actualmente cateos y controles de identidad en los aeropuertos mexicanos que se legitiman en nombre de la seguridad. Hay que saber dónde se debe detener este proceso, para que no socave la vida normal de una sociedad democrática.

El asunto central sobre el que vale la pena reflexionar más allá de las naturales y comprensibles preocupaciones que han generado los atentados de septiembre de 2001, es que en el pasado reciente cuando las agencias de seguridad e inteligencia, por ejemplo la CIA, pidieron licencias para combatir al "enemigo comunista" argumentando cuestiones ideológicas y de seguridad del "mundo libre", todos recordamos pasajes extraordinariamente negativos de lo que han sido excesos de las agencias de seguridad, excesos que sería largo y relativamente inútil relatar en estas páginas.

No es, desde mi punto de vista, aconsejable, optar por la solución inmediatista de abrir la puerta a las agencias de seguridad para que procedan sin límites o consideraciones de tipo ético para instrumentar su estrategia. El asunto más complicado es, después cerrar la puerta, decir a esas agencias que las condiciones que obligaron a abrirla han desaparecido y, por lo tanto, se deben restablecer los derechos individuales y el régimen de libertades.

Las resistencias burocráticas pueden ser enormes y las inercias corporativas peligrosas. La psicosis que genera el terrorismo lleva a dar mayores capacidades a las corporaciones de seguridad, porque en teoría, su misión es defender el Estado de derecho.

La contradicción filosófica entre libertad y seguridad, insisto, no es un problema nuevo, es responsabilidad de quien solicita facultades extraordinarias establecer que esa legislación especial no vaya en contra del Estado de derecho. Me parece obvio y comprensible que la situación que viven nuestros vecinos esté fomentando la tentación a sobrerreaccionar acerca de la cuestión.

Entiendo también que en México la reacción a los atentados terroristas haya sido un poco distante; sin embargo, hubo gente, entre ésta algunos legisladores, que impertinentemente dijo que en el fondo Estados Unidos se merecía este ataque. Esos argumentos no muestran la conciencia de que miles de inocentes murieron en los atentados de Nueva York y Washington, y que entre ellos había algunos mexicanos, lo cual es un tema que cobra gran relevancia para nuestro país.

Hasta ahora hemos sido incapaces de centrar el problema en ese punto. Considero que la sobrerreacción nos puede llevar a convertir la seguridad en un problema grave para la democracia, ya que restringir, en nombre de la seguridad, un conjunto de libertades y ampliar las capacidades de las agencias de seguridad del Estado —que evidentemente estarán legitimadas por la lucha antiterrorista en estos momentos— puede convertirse con el paso del tiempo en un enorme riesgo para la democracia.

Globalidad, conflicto y el fin de la historia

*Francisco Valdés Ugalde**

Un extremo del islam puso punto final al fin de la historia proclamado por Francis Fukuyama en su libro *El fin de la historia y el último hombre*, pero también ha reforzado la idea de que inició una nueva era, cuya esencia sería el choque de civilizaciones expuesta por Samuel P. Huntington en su obra homónima. Esta afirmación tiene implicaciones considerables sobre las que vale la pena reflexionar.

Quienes perpetraron y ejecutaron los golpes suicidas a los indefensos ocupantes de las torres gemelas en Nueva York han logrado estremecer los cimientos mismos de la certeza de invulnerabilidad de la mayor potencia económica y militar conocida por el hombre y, desde luego, la mayor del mundo occidental.

En su libro, Huntington analizó varias tesis sobre el orden mundial posterior a la guerra fría, y a una de éstas la califica con máxima ironía: "un solo mundo, euforia y armonía" (*one world euphoria and harmony*). Esta tesis es precisamente la que sostiene, entre otros, Fukuyama, a mi juicio su principal exponente, que consiste en esencia en la siguiente formulación: "es *posible* que en la actualidad atestigüemos el fin de la historia como tal, es decir, al punto final de la evolución ideológica de la humanidad y la universalización de la de-

* Director del Instituto Nacional de Estudios Históricos de la Revolución Mexicana. Correo electrónico: <ugalde@servidor.unam.mx>. Agradezco la invitación para intervenir en este importante y oportuno coloquio, dados los acontecimientos y agradecer el honor de haber sido considerado en esta mesa para hablar de filosofía, una de las disciplinas que he abordado lateralmente.

mocracia liberal occidental como la forma final de gobierno humano".[1] En consecuencia, ironiza Huntington, el futuro se consagrará
exclusivamente a resolver problemas ordinarios de la técnica, y la
economía será esencialmente aburrida, dado que el triunfo de la democracia liberal será definitivo y quedarán atrás los conflictos ideológicos y políticos de carácter global.

Si se deja de lado por un momento la dirección argumentativa en
la que se orienta Huntington, se puede analizar el argumento de Fukuyama a la luz de una de las tesis más importantes que se han formulado en la filosofía contra el historicismo, entendido éste como
el tipo de teorías que pretenden ofrecer una interpretación del desarrollo histórico a partir de leyes que se supone que lo gobiernan.
Me refiero a la tesis que postula Karl R. Popper, uno de los más importantes filósofos de la ciencia en el siglo xx, precisamente contra
esta interpretación del desarrollo de la historia, y que se refleja en
varias de sus obras, pero de manera muy pronunciada en *Pobreza
del historicismo*.

En el prefacio de su alegato contra el historicismo, Popper sintetiza
lo fundamental de su razonamiento, estableciendo varias tesis contra la idea de que la historia humana se puede predecir científicamente. La primera tesis sostiene que el desarrollo de la historia humana ha
sido influido fuertemente por el desarrollo del conocimiento. La segunda señala que es imposible vaticinar científicamente el desarrollo
futuro del conocimiento científico; esta segunda afirmación se basa en
lo que Popper denomina "pruebas lógicas que la confirman", mismas que sistemáticamente se presentan en aquel libro, pero innece-
sarias de repetir aquí. La tercera afirmación consiste en que, como
consecuencia de las dos anteriores, resulta imposible augurar el curso
futuro de la historia humana, esto es, es imposible pronosticar qué
nuevos conocimientos aparecerán en el futuro y cómo influirán en
la humanidad; luego entonces, todo intento de predecir la historia
humana con base en leyes científicas es un empeño sin sentido,
intento fallido en el que fracasa por completo el historicismo así entendido. De ahí que Popper arguya que el desarrollo del conocimiento científico de la sociedad debe plantearse en términos com-

[1] Las cursivas son mías.

pletamente distintos a los de la pretensión historicista, y ofrece una base epistemológica rotundamente diferente para las ciencias sociales.

Cabe ubicar a Popper, quien, con un estilo filosófico y dentro de las polémicas y de las corrientes a las que se adhiere, concibe que el conocimiento humano es el mayor milagro del universo. Desde este punto de vista, que propongo como válido, cabría preguntarse si la tesis del fin de la historia sostenida por Fukuyama pertenece a la familia de los historicismos: intentaré responder a esta pregunta afirmativamente y señalar algunas de sus consecuencias frente a la fractura ocurrida a partir de los acontecimientos del 11 de septiembre, cuya importancia es aún difícil de valorar. El argumento de Fukuyama se basa fuertemente en la afirmación, unas veces supuesta y otras explícita, de que lo que él denomina democracia liberal constituye no sólo una forma de gobierno humano, sino una forma de organizar el gobierno de la sociedad, sustentada en el conocimiento acumulado y disponible sobre las formas de gobierno que han experimentado las sociedades. Según su forma de argumentación, este conocimiento ha llegado a un punto culminante, desde el cual él afirma que no habrá evolución significativa de la democracia política y de la economía de mercado tal y como las conocemos hoy. Así, éstos serían puntos terminales del conocimiento científico de la política y la economía, semejantes a la misma pretensión del llamado modelo estándar de la física.

Desde el punto de vista de la crítica de Popper al historicismo, esta premisa y conclusión de Fukuyama contradice la aserción que señala que no hay forma de predecir el desarrollo del conocimiento científico. Cabe recordar que, según Popper, todo conocimiento es científico, es decir, todo lo que puede ser denominado conocimiento y que resista las reglas de la prueba del conocimiento es por definición científico. Lo que no es conocimiento son postulados, cuya naturaleza conjetural sólo se vuelve conocimiento cuando la pierden. Al mencionar que la democracia liberal entendida como la organización de la economía de libre mercado y del gobierno formado a través del voto ciudadano constituye el fin de la historia, de hecho se postula una tesis sobre el desarrollo de la historia que obedece a la ley implícita de que no hay nuevos derroteros posibles para el conocimiento económico y político ni, en consecuencia, para que éste influya en el curso de los acontecimientos, al menos en lo referente a la organización de los aspectos fundamentales de la economía y de la política. Creo, desde luego, que rebatir el sistema de proposiciones de la tesis de Fukuyama rebasa las limitaciones de lo que puedo exponer ahora; sin embargo, en la medida que se trata de una teoría a partir de la premisa de que puede predecir el desarrollo futuro —es decir, que ya no habrá desarrollo— del conocimiento humano sobre la economía y la política, es una tesis historicista y, por lo tanto, falsa, tomando en consideración para juzgarla las bases establecidas por Popper.

Pese a lo erróneo de la tesis de Fukuyama, reviste una importancia primordial en cuanto a que ha influido considerablemente en el desarrollo de los acontecimientos contemporáneos, en especial al afianzar una ideología que identifica una versión simplificada de la democracia y de la economía como puntos terminales de la historia, proveyendo de certezas y creencias a buena parte de las clases dirigentes del mundo occidental.

Pero en un mundo globalizado, donde la democracia y la economía de mercado son una realidad solamente para una minoría de la población global, resulta dudoso que pueda afirmarse simple y llanamente que la evolución política y económica de las formas híbridas del liberalismo o sus antagonistas, como las que surgieron con los Estados religiosos del islam, sean simples reminiscencias destinadas a desaparecer. Por cierto, no todos los Estados musulmanes son religiosos; sólo algunos sostienen una política de guerra santa contra otros Estados y religiones.

El ataque a Estados Unidos, así como su respuesta bélica y la de sus aliados militares, nos han recordado que la historia no ha terminado, por el contrario, es imperativo ponderar los conocimientos adquiridos en política y economía y discutir una agenda para la profundización pluralista de los valores de la democracia y de la libertad. A continuación me distancio por completo de Fukuyama y de Huntington.

Creo que el punto central de la reflexión radica en una innovación en torno al concepto de justicia social que —tal como lo ha formulado John Rawls en *A Theory of Justice* y *Political Liberalism*, y en las correcciones ulteriores de éstas, *Justice as Fairness: a Restatement*—, puede fundarse en los valores políticos del liberalismo, sin que que-

den sujetos a la tiranía de teorías económicas cuyos valores implícitos son inspiradores de políticas públicas o en versiones limitantes
de la democracia, las cuales sistemáticamente recaen en la injusticia.
En este terreno se plantea la problemática de la supremacía de los valores políticos fundamentales sobre los del interés y la organización
económica, asuntos pendientes y marginales en el debate sobre la
construcción de las "nuevas" democracias y del orden internacional
vigente, que lamentablemente dejó de lado la filosofía política.

No quiero decir que el terrorismo ha derivado directamente de la
injusticia. Tal afirmación es una barbaridad insostenible, pero sí creo
que las ciencias política y económica han dedicado poco espacio en
el centro de sus reflexiones a enfrentar los problemas de las cuatro
quintas partes de la humanidad que viven en la desigualdad, la pri-
vación o la marginalidad, es decir, en condiciones de injusticia. Se
trata de situaciones insostenibles desde el punto de vista de lo que
consideraría un contrato social justo que la fórmula que combina democracia política con libertad económica está muy lejos de satisfacer.
La persecución desatada a través del sistema bancario para desar-
ticular económicamente las redes terroristas son un mínimo ejemplo
de ello. Hoy vemos cómo la desregulación prevaleciente en los mercados financieros libres y globales ha facilitado la organización del
terrorismo y el crimen organizado, además de favorecer la concentración del ingreso, que puede verse si no como otra forma de terror,
sí de horror.

Propongo (y dejo abierta la discusión) una definición conceptual
de *contrato social*, que urge perfeccionar y que sería útil en relación
con estos problemas. Tal definición tiene como punto de partida el
modelo de reflexión o de organización de la problemática conceptual
de la justicia propuesta por John Rawls, pero trato de aplicarla. Se
concibe que "un contrato social justo es simplemente un equilibrio en
el juego de la vida que invoca el uso de estrategias que si fuesen
usadas en el juego de la moral no ofrecerían a ningún jugador de dicho
juego incentivos para apelar al artefacto de la posición original".[2]

Como todos saben, la idea de la "posición original" es un construc-
to conceptual fundamental en la confección rawlsiana del concepto

---

[2] Ken Binmore, *Game Theory and the Social Contract*, 2 vols. (Cambridge: MIT Press, 1995).

de justicia, dicha posición es aquella en que real o imaginariamente se ubican los individuos y los grupos (conformados por sujetos con características compartidas), para describir su situación respecto a otros en el entramado de las relaciones sociales.

El contrato social, que puede calificarse como justo en esta aparentemente complicada definición que recurre a la teoría del juego, se resume en la idea de que mientras exista un equilibrio en el juego real de la vida, que invoca el uso de estrategias que si fuesen usadas en el juego de la moral no ofrecerían a ningún jugador de dicho juego incentivos para apelar al artefacto de la posición original, es una definición que no corresponde hoy al orden mundial. Lo que ocurrió y ocurre en el Medio Oriente y en el mundo árabe es una de las culminaciones de un contrato social injusto a nivel internacional, que promueve el recurso de manera permanente a la posición original para transformar ese orden. Por desgracia, no hay instrumentos adecuados ni poder acumulado suficiente para lograr esa transformación.

Después del 11 de septiembre de 2001 es imperativo pensar en las formas de construcción política y organización económica para solucionar los problemas de fondo subyacentes en actos como el de esa fecha.

COMENTARIO FINAL

Quiero agregar dos elementos que sintetizan lo expuesto aquí y que establecen algunas coincidencias con lo afirmado por otros autores de este volumen. El argumento propuesto surge de valores tradicionalmente considerados como parte de la cultura occidental, pero de igual manera ofrece posibilidades interculturales, porque los de Occidente no son los únicos valores válidos en los que podamos pensar, ni los valores no occidentales son, necesariamente, antioccidentales por sí mismos. Mi preocupación como occidental es que una de las consecuencias de esta guerra o de esta situación política interna y externa que se genera en el mundo llegue a cancelar el advenimiento de los avances democráticos y de las reivindicaciones sociales que no son producto de la economía de mercado ni de la democracia liberal stricto sensu, pero que pueden ser abrazados por las mismas.

La propuesta del procurador John Ashcroft al Congreso estaduniden-se, consistente en la limitación de las libertades constitucionales de los ciudadanos y proceder en forma sumaria y expedita en el control de los sospechosos de haber participado en actos terroristas, es un asunto problemático muy delicado sobre el que hay que razonar y pronunciarse, el cual ocupará a varias sociedades —incluida la nues-tra— en los años venideros.

Y la preocupación es intercultural porque esto no es posible com-prenderlo en una forma reduccionista de valores intransmisibles, en este sentido soy partidario de ver la interculturalidad y el diálogo entre culturas a partir de algo absolutamente común y, me atrevo a decir, universal: la racionalidad humana. Más aun, el mundo árabe es sin duda precursor de la razón, antes que Occidente, históricamente hablando, en el desarrollo del conocimiento científico, del pensa-miento humanístico, de la literatura y, como han mostrado varios autores,[3] otros mundos, como el de las diversas etnias de India se an-ticiparon siglos a los planteamientos y formulaciones de la raciona-lidad, posteriormente retomadas en Atenas y que emigraron hacia Occidente. En ese sentido, la diferencia cultural no puede verse como irreductible ni como una postura o un conjunto de posturas no trans-misibles interculturalmente. Creo que la racionalidad ha demostra-do su predominio sobre las diferencias culturales, y me parece que el diálogo racional entre culturas, civilizaciones y agentes de todo tipo se plasma finalmente en contratos y consensos (o disensos y rupturas), como los que estamos viendo en el mundo actual.

[3] Amartya Sen, "East and West: The Reach of Reason", *New York Review of Books*, 20 de julio de 2000.

La seguridad mundial luego del macroterrorismo del 11 de septiembre de 2001: repercusiones y reflexiones

*José Luis Piñeyro**

INTRODUCCIÓN

Resulta muy complicado y aventurado elaborar una proyección sobre las múltiples repercusiones de los actos megaterroristas del 11 de septiembre en Washington, la capital político-militar, y en Nueva York, la capital financiera de la Unión Americana. Cualquier análisis a posteriori resultaría más pertinente y profundo, pues se puede tomar distancia y objetividad sobre los hechos y recabar mayor información, ordenarla y analizarla. Sin embargo, el análisis de coyuntura con todas sus limitaciones pretende ofrecer explicaciones sobre los sucesos inmediatos al combinar los factores histórico-estructurales con los circunstanciales a partir de una determinada correlación de fuerzas, para este caso, entre un conjunto de Estados, agrupados en bloques geopolíticos y geoeconómicos, o bien, en disputa por espacios territoriales con base en su poder nacional o en alianza con otros entes estatales.

No pretendemos señalar las tendencias de la guerra en Afganistán, es decir, si será nacional, regional o peor aún mundial; tampoco

* Profesor investigador del Departamento de Sociología, Universidad Autónoma Metropolitana, Azcapotzalco. Correo electrónico: <jlpineyro@aol.com>; <jlpp@correo.azc.uam.mx>.

indicaremos contratendencias o contraalianzas futuras de potencias medias (como Rusia, China e India), que están relativamente al margen de los tres grandes bloques geopolíticos (el americano, el europeo y el japonés), y contradicciones al interior de los mismos. Sólo apuntaremos inconsistencias generales y responsabilidades de la estrategia de guerra antiterrorista hasta ahora dada a conocer por Estados Unidos. Es decir, señalaremos lo que de momento, el horizonte de visibilidad nos permite aproximar de manera inicial y provisional. Con posterioridad espero poder verificar o desechar algunos señalamientos que a continuación esbozo sobre la guerra en puerta y, como se dice, sobre la marcha de lo que mañana será historia reciente.

CONTEXTO BÉLICO INMEDIATO Y PRECISIONES CONCEPTUALES

A pesar de todo lo antes expresado, cabe acotar que tendencialmente los trágicos acontecimientos del 11 de septiembre pueden afectar al menos a América Latina, como de hecho ya está afectando a México en el plano comercial, económico, diplomático y político-militar. Ahora bien, para abordar los desafíos a la seguridad mundial, voy a hacer una puntualización bastante categórica y provocativa con la intención de abrir un debate respecto a cuáles son las amenazas o desafíos a dicha seguridad. No voy a repetir la caracterización sobre cómo se va a dar la guerra en el territorio afgano, aunque disiento parcialmente respecto de por qué se va a dar en tal forma. Empecemos por una serie de puntos muy generales.

En primer lugar, cabe señalar que el terrorismo de grupo de tipo indiscriminado y masivo es totalmente injustificable en el plano moral y político, pero no es incomprensible.[1] Esto es, el terrorismo de

---

[1] Un experto en terrorismo señala que son tres los niveles crecientes de la acción terrorista: el llamado terrorismo blanco, es decir, que no pretende provocar víctimas ni daños materiales de consideración y sólo busca llamar la atención entre la población y las autoridades gubernamentales, y se manifiesta por medio de atentados dinamiteros; el terrorismo selectivo, dirigido contra funcionarios públicos, policiacos o militares o bien jueces y magistrados, responsables unos de torturas y otros de severas sentencias a terroristas; su acción principal es el secuestro y el asesinato de dichos funcionarios; y el terrorismo generalizado, que consiste en el asesinato de civiles y militares, sin importar responsabilidades directas ni si las víctimas son

grupo en cualquier país o espacio geográfico tiene evidentemente raíces muy concretas que se remiten a la historia, en donde normalmente ha habido presencia de diversas potencias y gobiernos aliados; y por lo tanto hay causas económicas y culturales que nos ayudarían a entender y verlo como algo no incomprensible o, como se ha manejado en la prensa, como simples actos de un grupo de fanáticos.

En segundo lugar, resulta imprescindible destacar que el terrorismo de Estado es igualmente injustificado, pero no incomprensible, o sea, responde a intereses y necesidades económicas de carácter geopolítico y geoestratégico para el caso de las potencias, pero también aparece allí donde existen intereses internos en aguda pugna, en algunos casos con presencia de estas potencias. De alguna manera, ambos tipos de terrorismo responden a cierta racionalidad o, para decirlo de otra manera, a cierta irracionalidad en términos humanos y morales.

En tercer lugar, es preciso subrayar que la amplia aceptación social del terrorismo de Estado como estrategia potencial de Estados Unidos contra Afganistán, según se ha presentado en la mayoría de los medios masivos de comunicación, avanzó mediante una combinación doble, por un lado, impulsando una hipnosis colectiva (la repetición televisiva *ad nauseam* de los aviones estrellándose contra las torres gemelas), combinada con una amnesia histórica en la que no se trató de destacar las causas y raíces concretas del terrorismo de grupo ni los anteriores y actuales nexos de organizaciones gubernamentales de la Unión Americana con el mismo, sino que sólo se resaltó la maldad y cobardías innatas de los fundamentalistas islámicos.

El cuarto aspecto a resaltar consiste en que ambos tipos de terrorismo son, hoy por hoy, los principales retos o amenazas a la seguridad mundial; sin embargo yo creo que corresponde a los que tienen mucho mayor poder, como Estados Unidos y sus aliados europeos, no caer en una espiral de violencia y terrorismo que tienda a la generación de una guerra regional o, aun peor, de amplitud mundial.

Ahora bien, respecto a las características de la guerra por venir, cualquier análisis radicaría básicamente en una articulación específica de tiempo, espacio geográfico y correlación de fuerzas político-

---

niños, mujeres o ancianos. Grant Wardlaw, *Terrorismo político. Teoría, táctica y contramedidas* (España: Ediciones Ejército, 1986).

militares y económicas que nos pudiera servir para definir el tipo de guerra que se librará, pero, por restricciones de espacio, solamente señalará una serie de incongruencias generales que pueden llevarnos a apuntar dos características fundamentales para el mantenimiento de la paz mundial: una proclive inestabilidad y una proclive impredecibilidad de los acontecimientos en curso; ambas características están estrechamente articuladas y se retroalimentan como una especie de círculo vicioso y centrífugo que incide negativamente en la seguridad internacional.

¿Por qué creo que las cosas se están desarrollando así? Porque en cualquier guerra, si partimos del hecho de que es una combinación específica de tiempo y espacio y correlaciones de fuerza, ésta tiene objetivos y recurre a tácticas o medios para llevar adelante su estrategia. Las declaraciones del alto mando civil y militar de Estados Unidos son contradictorias. Es decir, por un lado se plantea a nivel de objetivo principal de esta guerra la aprehensión de Bin Laden y desactivar o destruir las células terroristas de Al Qaeda y otras organizaciones que se cree que existen en sesenta países; pero casi simultáneamente, la asesora de seguridad nacional, Condolezza Rice, agrega que se está pensando como otro objetivo derrocar el régimen de Kabul. Lo anterior nos lleva a abrir un espacio geográfico mucho más amplio que el de Afganistán: si no estamos hablando solamente de este país, a ver si "de pasada" derrocamos al régimen de Sadam Hussein en Irak. De alguna manera se manifiestan contradicciones en términos de objetivos entre Colin Powell, secretario del Departamento de Estado, y Donald Rumsfeld, titular del Departamento de Defensa de Estados Unidos.

Respecto a los medios, el gobierno estadunidense ha declarado que se reserva el uso de armas y de operaciones militares de cualquier tipo. Es decir, si estamos pensando en el uso de medios de destrucción masiva, como armas químico-bacteriológicas, incluso se ha reivindicado el "derecho" al uso de armas nucleares, los cuales son instrumentos bélicos que tienen una explosividad geográfica y política muy amplia, sobre todo en Asia Central, dada su ubicación geoeconómica (recursos energéticos estratégicos) y geopolítica, vecindad con potencias nucleares medias (China, Rusia, India y Pakistán) y aliados para el control y suministro de dichos recursos petrolíferos, como Arabia Saudita, o gobiernos enemigos como Irán e Irak. Sin embargo, se ha dicho que la tendencia de esta guerra es hacia la combinación de básicamente tres medios de acción: en primer lugar, operaciones de tropas especiales compuestas por los *rangers*, los *marines*, los grupos Delta y los Boinas Verdes; en segundo término, intensos bombardeos aéreos y navales y no bombardeos de artillería terrestre, considerando que un avance más o menos amplio por tierra, a nivel de infantería, para Estados Unidos sería altamente costoso. Es probable que el último escalón de acción consista en el apoyo a los destacamentos de la rebelde Alianza del Norte para el avance territorial, como primera línea de fuego.

Es muy difícil saber cuáles van a ser los límites geográficos y temporales de esta guerra porque se han subestimado los elementos materiales y morales. Aquí retomo básicamente un breve y sugerente artículo del general Wesley Clark, quien menciona que sin duda esta guerra va ser diferente a todas las demás en tiempo y espacio, y que por lo tanto se requieren varias acciones de forma urgente por parte de las fuerzas armadas de Estados Unidos. En primer lugar, labores de inteligencia y de carácter policiaco para ubicar a los grupos terroristas; segundo, el uso de la violencia de forma selectiva; en tercer lugar, la estrategia requiere métodos de recopilación de información por parte de la inteligencia de manera sistemática. En cuarto lugar, la tecnología resulta ser crucial tanto desde el uso de visores nocturnos hasta la dotación de equipo de armamento ligero para acciones rápidas, combinado también con el recurso de artillería aérea con acciones de comandos de fuerzas especiales. Pero lo importante es su opinión en cuanto a que, si bien la fuerza aérea estadunidense no requiere de mayor rearticulación, considera que hay que reequipar las fuerzas de tierra y organizarlas para la nueva guerra.

Concluye Clark con algo muy importante:

> pero la mayor transformación debe ser, para el caso de esta guerra, transformar la actitud. Después de la guerra de Vietnam, Estados Unidos se ha vuelto extremadamente sensible a las pérdidas humanas. De todos los obstáculos que mencioné, los generales deben enfrentarse a eso, y deben saber que éste puede ser el obstáculo mayor.[2]

---

[2] Wesley Clark, "How to Fight this War", *Time*, 22 de septiembre de 2001.

Esto quiere decir que, a pesar de que las fuerzas armadas estadunidenses funcionan hoy no con base en un sistema de reclutamiento obligatorio sino voluntario, el aspecto moral de esta guerra será muy importante.

Aunque el enfoque de Clark es fundamentalmente militar, pues está pensando en cómo reaccionarán moralmente las fuerzas armadas, en una perspectiva más amplia debemos pensar cuál va a ser la reacción moral de la nación estadunidense en su conjunto frente a un conflicto sangriento, largo y costoso. Si bien hoy por hoy nos dicen que está dispuesta a la guerra, ya empiezan a darse combativas manifestaciones de carácter pacifista. Si seguimos la lógica cerrada que planteó el presidente Bush de que "están con nosotros o están con el diablo, están con la guerra o son terroristas", se tendría que admitir que algunos pacifistas estadunidenses se catalogarán como enemigos y esto, evidentemente, complica la situación del frente interno, de cara a una campaña bélica prolongada y con bajas numerosas.

Por último, abordemos las potencias regionales cercanas a Afganistán. Algunos analistas dicen que, por ejemplo, a Rusia "le conviene" esta guerra por cuatro razones fundamentales: primera, porque es un ajuste de cuentas atrasado con los talibanes, que expulsaron a los rusos de Afganistán hace una década; segunda, porque una guerra prolongada aumentará el precio del petróleo, lo que va a beneficiar a Rusia como país petrolero; tercera, porque en caso de que se pueda pacificar a los musulmanes radicales, esto serviría de manera indirecta para pacificar a los millones de musulmanes rusos, y cuarta, la coyuntura serviría para justificar una mayor represión a los musulmanes en la república separatista de Chechenia, enclavada en territorio bajo dominio ruso.

Sin embargo, las cosas pueden llegar geográficamente más allá de Afganistán y Estados Unidos al adquirir mayor preponderancia geopolítica y económica en Arabia Saudita,[3] dado que el objetivo fundamental de Bin Laden es la desocupación militar estadunidense de este país, considerado tierra santa musulmana. Por otra parte, el re-

---

[3] Para una excelente síntesis histórica de la presencia estadunidense en el Golfo Pérsico y en particular en Arabia Saudita, así como el aspecto estratégico de la misma y el porqué del sentimiento antiestadunidense, consúltese Michael Klare, "Preguntándose por qué", *La Jornada*, 22 de septiembre de 2001, 6.

forzamiento de la presencia militar estadunidense en Asia Central y
Arabia podría incomodar a otra gran potencia que hasta ahora no
se ha manifestado de manera clara: China. Doy un dato muy concreto de carácter estratégico: algunos analistas señalan que se ha mencionado muy poco el hecho de que China, en muy corto plazo, va a
ser un consumidor de petróleo en cantidades similares a las que hoy
consume Estados Unidos. Evidentemente, desde una perspectiva
geopolítica inmediata, China está más cerca de Arabia Saudita que
Estados Unidos, y puede reclamar "derechos" para el uso o suministro preferente del petróleo saudita, que además representa 25 por
ciento de la reserva mundial de tal energético. Entonces, sintetizan-
do, hay una serie de contradicciones entre medios a utilizar, objetivos
por conseguir y repercusiones geopolíticas del corto y mediano plazos que, insisto, nos llevan a reiterar las dos características fundamentales como desafíos a la paz o seguridad mundiales: la inestabilidad
y lo impredecible de las repercusiones de esta campaña bélica dirigida por Estados Unidos y secundada por Inglaterra. Guerra antiterrorista que, sin duda, generará una carrera armamentista o al menos
serias fricciones con Rusia y China al reforzarse el predominio geopolítico estadunidense en Asia Central (y el Golfo Arábigo), además
de que apuntalará la iniciativa del escudo antimisiles estadunidense,
concebido como una amenaza real para las dos potencias nucleares
mencionadas.[4]

Habría que tomar en cuenta también a la población como parte
de los factores materiales y morales de la guerra. Se dice que a nivel

---

[4] Una semana antes de los atentados terroristas en Washington y Nueva York, el general
ruso Fiodr Ladyguin, ex jefe de la Dirección General de Inteligencia, señaló que el escudo
antimisiles propuesto por Bush, aunque supuestamente estaba dirigido para protegerse de
Estados "bribones" como Irak, Libia y Corea del Norte, en realidad amenazaba la capacidad
de respuesta nuclear de China y Rusia, y obedecía más a consideraciones geopolíticas estadunidenses de largo plazo (imponer de forma inapelable un orden mundial —incluso a sus aliados europeos—, a partir de una superioridad militar indiscutible), que a presiones del complejo industrial militar. Para Rusia la ampliación de países miembros de la OTAN a la frontera
rusa era otra provocación estadunidense. Juan Pablo Duch, "Con el sistema antimisiles EU sería invulnerable: preocupación incluso entre sus aliados", *La Jornada*, 3 de septiembre de 2001,
33. Dos días después de los atentados aparecían dos notas, una de Juan Pablo Duch, "Teme
el gabinete de seguridad ruso que ahora nada detendrá a EU para el escudo antimisiles", *La
Jornada*, 13 de septiembre de 2001, 13, y otra más de Jim Cason y David Brooks, "La respuesta militar no frenará ataques: expertos; necesario analizar por qué somos tan odiados, EU,
el mayor exportador de violencia en el mundo", ídem, 6.

mundial hay entre mil y mil doscientos millones de musulmanes, re-
partidos geográficamente de forma muy irregular, pero a la vez con-
centrados en algunos países. Por tanto, a pesar de que se privilegia
un bombardeo aéreo, supuestamente preciso o quirúrgico, se prevén
costos en numerosas vidas civiles; si bien la mayoría de los musulmanes no son fundamentalistas, no creo que estén dispuestos a que
la población afgana sufra un bombardeo masivo de ese tipo.[5]

POSCRIPTUM Y ¿POSGUERRA?

Con la ventaja que otorgan la distancia temporal inmediata, el acceso a mayor información, análisis y sobre todo la rápida y sangrienta
conclusión de la guerra contra el pueblo y gobierno de Afganistán,
resulta posible corroborar o desechar algunas afirmaciones categóri-
cas anteriores y agregar nuevas reflexiones sobre la temática de la
paz mundial y la guerra supuestamente sólo antiterrorista.

Afirmamos antes que el principal responsable de no producir una
espiral de guerra regional o mundial era Estados Unidos, así como
el recurrir al terrorismo de Estado como respuesta al terrorismo talibán
afgano. La masiva guerra estadunidense contra el régimen de Kabul
se basó en una supuesta legalidad (el derecho a la legítima defensa,
artículo 51 de la Carta de las Naciones Unidas) y una real legitimidad nacional (no así internacional) otorgada por el sentimiento de
rabia y revancha del pueblo estadunidense, debido a las miles de víctimas provocadas por los atentados terroristas. Sentimiento excelen-
temente manipulado por los medios masivos de comunicación y los
voceros gubernamentales del presidente Bush, al grado de desechar
cualquier otro tipo de respuesta legal y legítima como la policiaca-
judicial internacional, y repensar sobre las diversas causas del terro-

---

[5] Al margen de consideraciones morales o beneficios inmediatos, un ex presidente del Consejo Nacional de Inteligencia de la CIA advierte sobre el enorme riesgo de inestabilidad regional
provocado por la arrogancia estadunidense: "[...] casi todas estas potencias regionales —India,
Irán, Rusia, China y Uzbekistán— recibirían con agrado la noticia del fin del régimen talibán.
[...] Pero estos países tienen una tolerancia limitada a las metas de Washington [...] casi todos se
muestran hostiles a cualquier tipo de hegemonía estadunidense en Asia, así como al unilateralismo". Graham E. Fuller, "Afganistán y el terrorismo", El Universal, 21 de septiembre de 2001, 7.

rismo transnacional[6] y los evidentes intereses geopolíticos y geoeconómicos estadunidenses en Asia Central y el Golfo Pérsico.

Ahora bien, el derecho a la autodefensa de un Estado frente a otro
tiene varias limitantes desde la perspectiva del derecho internacional público, mismas que están contenidas en los principios jurídicos
de las llamadas tres "P" mayúsculas. *Pronta*, como reacción de autodefensa frente a la agresión externa, cuestión que no sucedió pues
las operaciones bélicas contra Afganistán iniciaron el 7 de octubre,
casi un mes después del 11 de septiembre, día de los atentados terroristas.[7] *Provisional*, como respuesta del Estado agredido mientras
las Naciones Unidas toman medidas correctivas o punitivas, según
el caso, para restablecer la paz e iniciar las negociaciones para superar el conflicto interestatal. Desde un principio el gobierno de Bush
declaró que la guerra sería muy larga en el tiempo y amplia en el
espacio. La corta duración de la misma, por tanto, no obedeció a consideraciones legales sino a la derrota casi fulminante del régimen
afgano. *Proporcional*, es decir, a la medida de la agresión sufrida por
el Estado atacado. No existió la más mínima proporcionalidad de
respuesta, pues sólo las miles de bombas arrojadas, al menos ochenta mil,[8] las decenas de misiles lanzados, la destrucción de cientos de
construcciones militares y civiles, así como el desplazamiento de mi-

[6] Los medios de difusión exaltaron algunas de las supuestas causas del terrorismo apun-
tadas en el manual de campaña 100-20 del ejército estadunidense. Éste señala como causas
que contribuyen al desarrollo del terrorismo: el éxito del mismo magnificado por los medios de
comunicación, la existencia de apatía social y gubernamental, la fascinación popular de concebir al terrorista como héroe y el ser instrumento de apoyo a la guerra regular. Carlos Ramírez, "Indicador político", *El Universal*, 21 de septiembre de 2001, 58(A). Sin duda, el terrorismo avanza si no hay voluntad social y gubernamental, o bien lo contrario, si cuenta con
legitimidad popular, pero no son las causas básicas del mismo.

[7] Así lo plantea, entre otros, un analista al referirse a la autodefensa: "Su licitud requiere,
amén de la identificación precisa del agresor, la ausencia de cualquier otro medio para paliar
el mal, la contemporaneidad de la respuesta ofrecida y su proporcionalidad". Martín Lozada,
"¿Qué dice el derecho internacional? una reflexión sobre los atentados", *Memoria*, no. 154,
(diciembre de 2001), 42. Una argumentación histórica y jurídica sobre la autodefensa y la simple represalia aparece en Michael Mandel, "Digan lo que digan esta guerra es ilegal", y Asociación Americana de Juristas, "La ilegalidad de la guerra", ídem, 39-45.

[8] Luis Hernández Navarro, "Bajas colaterales", *La Jornada*, 19 de noviembre de 2001, 31.
Privó la lógica del terror y arrasamiento sintetizada en la frase: "si tú me tiras una piedra, yo
te arrojo una montaña", pronunciada por la ex subsecretaria de la Defensa. Ana María Salazar,
"El terrorismo", *Arcana*, no. 8 (diciembre de 2001).

les de soldados, buques y aviones alrededor de Afganistán fue del todo colosal y aterrorizante.

Otra crítica desde la perspectiva del derecho internacional es que fue una guerra declarada no contra un Estado específico como cualquier guerra, sino contra un actor no estatal, el terrorismo transnacional. Si la acusación estadunidense de que el Estado y el gobierno afganos auspiciaron a Bin Laden y Al Qaeda, no implica que ellos hayan sido responsables directos, y mucho menos la población civil. Según esta óptica antiterrorista abstracta, los gobiernos de Libia, Irán, Irak y Corea del Norte catalogados desde hace dos décadas como Estados "bribones", o bien la organización vasca Euskadi Ta Azkatasuna (ETA), el Ejército Republicano Irlandés (ERI) y las Fuerzas Armadas Revolucionarias de Colombia (FARC), entre otras agrupaciones guerrilleras, debían estar bajo la mira estadunidense.

La lectura objetiva y desapasionada de las recientes resoluciones 1368 y 1373 de la Organización de las Naciones Unidas sobre los ataques terroristas no autorizan, legitiman o legalizan el tipo y amplitud de las acciones bélicas de represalia masiva en el territorio afgano. El recurso a acciones de inteligencia y de tipo policiaco o judicial de carácter internacional para localizar, arrestar y extraditar, y posteriormente enjuiciar a los terroristas responsables mediante la Corte Penal Internacional[9] sin duda habría significado para la comunidad mundial una acción con verdadera legalidad y legitimidad e implicado muchos menos afganos muertos, cifra que se calcula en alrededor de tres mil personas, además de los cientos de heridos y los miles de desplazados, la destrucción masiva de infraestructura carretera, hospitalaria y habitacional que, como hoy se comenta con

---

[9] Una sólida argumentación jurídica de por qué el gobierno de México debería ratificar el Estatuto de la Corte Penal Internacional, así como una crítica a las argumentaciones de Henry Kissinger sobre la supuesta "tiranía de los jueces" representada por dicha corte, aparecen, respectivamente, en Loretta Ortiz Ahlf, "La Corte Penal Internacional (CPI) y el terrorismo", Este país, no. 128 (noviembre de 2001), y Benjamín Ferencz, "Estados Unidos contra la Corte Penal Internacional: un fiscal de Nuremberg responde a Kissinger", Memoria, no. 154 (diciembre de 2001). Ortiz Ahlf respecto a la CPI señala: "Es preferible contar con instancias como la CPI que gocen de competencia para castigar hechos como los del 11 de septiembre en Estados Unidos. En caso de no consolidarse este esfuerzo universal, dos podrían ser las consecuencias: una impunidad ante estos crímenes o la aplicación de la ley del más fuerte". Ortiz Ahlf, "La Corte Penal...", 42.

humor negro, regresó a Afganistán a la edad de piedra. Al respecto se ha afirmado que Estados Unidos ha tenido gran responsabilidad histórica reciente en la no pacificación de Afganistán.[10]

Los atentados terroristas de septiembre han despertado sospechas en cuanto a su precisión, indetección, sigilo y temeridad, considerando las múltiples corporaciones policiacas y agencias de inteligencia responsables de la seguridad nacional estadunidense. El enfoque analítico de la gran conjura va desde suponer la confabulación de grupos de poder económico-político civiles y militares, pasando por la articulación de los extremistas islámicos con los grupos de odio internos, hasta la casual y sincronizada negligencia de los servicios de inteligencia estadunidenses, a pesar de los avisos de alerta de otros servicios de espionaje extranjeros.[11]

No existen suficientes evidencias para apuntalar la teoría de la confabulación, sólo hay indicios reales que requerirían de investigaciones sistemáticas; sin embargo, no podemos olvidar, como dice el sentido común, que "de que hay conjuras, hay conjuras" aunque éstas no siempre sirvan para explicar la totalidad de situaciones concretas. Lo cierto es que, como con anterioridad señalamos, existen nexos entre los funcionarios estadunidenses con los talibanes y otros grupos extremistas islámicos, y éstos no terminaron hace una década

[10] Mahud Mestiri, ex ministro de Relaciones Exteriores de Túnez y funcionario de la ONU, ha argumentado que Estados Unidos ha tenido responsabilidad histórica reciente en la no reconciliación de Afganistán. Los autores franceses Jean Charles Bisard y Guillaume Dasquié, en su libro *Bin Laden: la verdad prohibida*, revelan cómo, un mes antes de los atentados terroristas, hubo pláticas secretas entre el gobierno talibán, el paquistaní y el estadunidense a fin de lograr la extradición de Bin Laden y conformar un gobierno de unidad nacional con la Alianza del Norte. Sugieren los autores que las presiones estadunidenses durante las pláticas precipitaron los atentados previamente planeados. Respectivamente consúltese Anne Marie Mergier, "Con su doble juego Washington frustró la reconciliación en Afganistán", y "Washington-talibanes: negociaciones secretas", *Proceso*, nos. 1305 y 1307, 4 y 18 de noviembre de 2001. Un resumen del porqué del fracaso de las negociaciones posteriores a los atentados terroristas (entre Pakistán-Afganistán-Inglaterra), y previos a la ofensiva estadunidense aparecen en John Pilger, "Guerra contra el terrorismo: una falsa victoria", *La Jornada*, 27 de noviembre de 2001, 8.

[11] Al respecto, consúltese James Petras, "Estados Unidos y Afganistán: una guerra injusta" y "Más allá de la tragedia humana", *La Jornada*, 25 de octubre y 11 de noviembre de 2001, 10 y 25; Manú Dornbierer, "Enigmas americanos", *El Universal*, 20 de octubre de 2001, 24(A); Anne Marie Mergier, "Una sospechosa trama financiera precedió el ataque a Nueva York", *Proceso*, no. 1303, 21 de octubre de 2001; Jenaro Villamil, "El otro gran juego terrorista", *La Jornada*, 25 de noviembre de 2001, 34.

después de la expulsión de los soviéticos, sino que continuaron pocos meses antes de los atentados,[12] a diferencia de lo que se maneja en la prensa y la televisión estadunidenses.

En resumen, conspiración de por medio o no, son hechos inobjetables: el aumento de las ganancias del complejo industrial militar, la reactivación económica en general y en particular de las compañías de aerolíneas y aseguradoras a través de millonarios subsidios gubernamentales y, sobre todo, el fortalecimiento de la presencia geopolítica estadunidense en Afganistán y Asia Central, y por lo tanto la satisfacción de intereses de grupos corporativos, como es el caso de la compañía petrolera Unocal.[13]

Apuntamos antes algunas contradicciones de la estrategia de guerra respecto a los objetivos anunciados y los medios propuestos tanto en el plano espacial como temporal. Dos objetivos fundamentales no se han conseguido: primero, destruir la organización Al Qaeda y arrestar a Bin Laden, y segundo, proseguir la lucha contra grupos terroristas o gobiernos refugio de los mismos en más de sesenta países. Hasta el momento de escribir esto, principios de febrero del 2002, Bin Laden no ha sido arrestado; se ha expresado con insistencia por diversos analistas que de ser capturado vivo aumentaría su imagen de héroe en asociaciones islámicas radicales; y la muerte en combate lo convertiría en mártir para las mismas. Al Qaeda sin duda se ramificará y pasará a total situación clandestina y latente. El tiempo bélico fue breve, los objetivos parcialmente conseguidos a corto plazo; sin embargo, el espacio puede extenderse a Irak, Irán o Libia, o bien hasta las remotas Filipinas, como recién se informó de la presencia de una avanzada castrense táctica de setecientos soldados estadunidenses para combatir a la guerrilla musulmana Abu Sayyaf en la isla de Basilán. La anterior iniciativa alargaría la guerra en el tiempo y en el espacio.

---

[12] Michael Chossudovsky, "Las pistas del Osamagate: Al Qaeda y la CIA: la conexión Macedonia" y "Las culpas del aliado: nexos entre la inteligencia paquistaní y el 11 de septiembre", *La Jornada*, suplemento *Masiosare*, 14 de octubre y 11 de noviembre de 2001, 4-5 y 2-3.

[13] Los vericuetos de la petrolera estadunidense Unocal en Afganistán frente a sus socios sauditas, rusos, japoneses, sudcoreanos y el gobierno talibán aparecen sintetizados en Guillermo Almeyra, "EU buscaría recuperar control de crudo y gas del Mar Caspio: en 98 dejó proyecto para construir gasoducto en la zona", y Jim Cason y David Brooks, "Renovados intereses de Unocal en Afganistán: hoy se evalúa nuevo contrato según libro", *La Jornada*, 2 de octubre de 2001 y 19 de enero de 2002, 7 y 20.

Sin duda, los medios utilizados en la guerra fueron masivos y contundentes, tanto por el número de destacamentos militares desplegados, como por la sofisticada tecnología bélica personal y de armamento pesado y transporte aéreo, y por fortuna no se recurrió a armas de destrucción masiva químico-bacteriológicas ni a medios nucleares. No se conformó la alianza estadunidense-europea sino que solamente funcionó Inglaterra como aliado histórico. A lo largo de la campaña contra Afganistán, Michael Klare, especialista estadunidense en geopolítica, elaboró diversas etapas de dicha campaña, con base en recientes declaraciones públicas del alto mando, declaraciones anteriores durante la guerra fría e historia regional del Golfo Pérsico y Asia Central. De acuerdo con la proyección elaborada por Klare, faltaría una ampliación del teatro de operaciones, entendida como ataques a campamentos guerrilleros islámicos establecidos en Líbano, Sudán, Uzbekistán, Tajikistán, Filipinas o bien a Irak, y aun a países que se negaran a colaborar con la cruzada antiterrorista.[14]

Por desgracia, existen claros indicios de la intención de extender el campo de batalla a Irán, Irak y Corea del Norte, según las preocupantes declaraciones del presidente Bush del 30 de enero del 2002, debido a que estos Estados no han cooperado con la batida antiterrorista. La respuesta a la amenaza de Bush de parte de los aliados europeos ha sido cautelosa, incluso la misma Inglaterra; de parte de China y Rusia ha provocado un abierto rechazo a extender el frente de guerra.

Todo lo anterior nos lleva a dos dimensiones del fenómeno terrorista y su relación con la paz mundial: el macro o geopolítico y el micro o nacional. El primero tiene que ver con los desequilibrios geoeconómicos que genera el reforzamiento estadunidense en Afganistán y Asia Central frente a Rusia (e igualmente con China), como potencia nuclear media, a través de dicho reforzamiento, de la ampliación de la OTAN hasta sus fronteras (la inclusión de Letonia, Lituania y Estonia), y de la propuesta de construcción del escudo antimisiles. La visión estadunidense más belicista insiste en la estrategia del uni-

---

[14] Michael Klare, "Cómo puede darse la guerra contra el terrorismo", "¿Estaremos en el atolladero de Bush?", "La geopolítica de la guerra", *La Jornada*, 4 y 8 de octubre y 6 de noviembre de 2001, 4, 8 y 6-8, respectivamente.

lateralismo en estos tres aspectos, además de no hacer ninguna concesión para el pago de la colosal deuda externa rusa de más de 165 000 000 000 de dólares.

La articulación del conjunto de aspectos de presión mencionados lleva a que un profesor estadunidense experto en Rusia concluya de modo categórico que ésta "responderá haciendo lo que Estados Unidos debe esperar que no haga: buscando aliados de confianza en el este, sobrecargando su decrépita infraestructura nuclear con más armamento y vendiendo más armas a Estados que Washington ha acusado de patrocinar el terrorismo".[15]

Otro académico coincide en lo general con lo anteriormente planteado e insiste sobre la imperiosa necesidad de cambiar las actitudes estadunidenses tradicionales de guerra fría de cara a Rusia y China, pero agrega otro elemento básico: el cambio de estrategia de apoyo total a Israel frente al conflicto palestino y el mundo árabe.[16] Esto como táctica para lograr un acercamiento y posterior cooperación con los Estados musulmanes en la guerra antiterrorista.

Desde la perspectiva política, el ex secretario de Defensa, William Perry, comparte los puntos de vista anteriores y después de hacer una férrea crítica a las deficiencias del escudo nacional antimisiles (posibilidad de ataque mediante aviones bombarderos y misiles navales móviles, además de ataques terroristas), asienta que las pláticas de no proliferación nuclear deben incluir a Rusia y China:

> [...] el tema importante es la proliferación, no la defensa antimisiles ni la reducción de fuerzas estratégicas. Moscú y Beijing deben adoptar medidas serias en cooperación con Estados Unidos para frenar los programas de armas no convencionales de Irán, Irak, Libia y Corea del Norte. A fin de lograr la cooperación de ambos países, Washington debe estar dispuesto a hacer *ciertas concesiones* en otras áreas. A ambos gobiernos parece preocuparles menos la no proliferación que la preservación de su poder de disuasión nuclear de última instancia. Estados Unidos debe adoptar el enfoque opuesto.[17]

[15] Stephen F. Cohen, "Por qué Rusia sí importa", *La Jornada*, suplemento *Masiosare*, 28 de octubre de 2001, 12.

[16] Anatol Lieven, "Estrategia contra el terror", *Este País*, no. 128 (noviembre de 2001).

[17] William J. Perry, "La preparación para el próximo ataque", *Foreign Affairs en español* 2, no. 1 (primavera de 2002): 34. El subrayado es nuestro.

Un cambio estratégico de tal magnitud debería ir acompañado de pasos tácticos muy concretos, como la adhesión al Protocolo de Kyoto sobre medio ambiente, el congelamiento del proyecto del escudo nacional antimisiles, la firma de la Convención de Armas Químicas y Bacteriológicas, la ratificación del Estatuto de la Corte Penal Internacional, el abandono de acciones unilaterales, como la reciente invasión a Afganistán y el bombardeo periódico a Irak, entre otros. Pasos todos que hasta ahora se han dado al revés, es decir, hay una fuerte tendencia doble: hacia la unilateralidad diplomática frente al anterior multilateralismo basado en las organizaciones y organismos de la ONU y el juego de poder entre las potencias del Consejo de Seguridad, y hacia el abandono de la "civilidad estratégica", entendida como el nuevo juego entre las potencias termonucleares sustentado en la disuasión a partir de la garantía del aniquilamiento mutuo o global por un ataque nuclear sorpresivo de alguna o algunas de ellas, así como en las limitaciones de rearme contenidas en el Tratado Antibalístico y en convenios sobre el control de armas químico-bacteriológicas.[18]

Al parecer, la tendencia predominante en los círculos de poder estadunidenses es hacia el uso de la unilateralidad en el escenario mundial y la consecución de la invulnerabilidad estratégica militar recién descrita. Tendencia que se fortalece, si tomamos en cuenta el abandono de la estrategia centrada en la capacidad para actuar en "dos conflictos o guerras mayores simultáneos" y vencer en ambos, visión estratégica básica que permeó gran parte del pensamiento militar de los años noventa. En otras palabras, según el *U.S. Quadrennial Defense Review* de septiembre de 2001, la estrategia futura de las fuerzas armadas estadunidenses consistirá en tener capacidad para involucrarse en un conflicto mayor, al tiempo que mantienen la disponibilidad para participar en conflictos menores,[19] y por supuesto triunfar en todos los frentes de batalla.

Podríamos pensar en una guerra mayor con China o Rusia y países aliados, combinada con la proliferación de brotes terroristas, éxo-

[18] John Saxe-Fernández, "Unilateralidad y crisis hegemónica", *La Jornada*, 22 de enero de 2002, 28.

[19] Almeyra, "EU buscaría recuperar...", y Rossana Fuentes Berain, "Guerra y posguerra", *Proceso*, no. 1316, 20 de enero de 2002, 32.

dos masivos, narcoacciones incontrolables, guerras internas o fronterizas, etc. Sin embargo, la apuesta estratégica de algunos analistas se inclina a que el único camino del combate internacional efectivo al terrorismo de grupo y de Estado es mediante acuerdos entre potencias y la cooperación interestatal basada en los mecanismos de la ONU y los preceptos del derecho internacional como estrategia para reducir los desafíos y amenazas a la paz mundial.

Por último, resulta imprescindible pasar de lo macropolítico o internacional a lo microsocial o nacional, esto es, cuáles son las causas reconocidas que generan el terrorismo transnacional. No enumeraremos causas superficiales o aparentes (el fanatismo religioso, el odio antiimperial, la opresión política o racial, la pobreza extrema, el violento líder carismático, el desempleo masivo, el analfabetismo y la escasa educación, la falta de instituciones estatales legítimas y eficaces, etc.), que por lo común se presentan como explicaciones unicausales o bicausales, circunstancias que predominan en más de dos tercios de los países del mundo y donde, por lo tanto, bajo esa óptica explicativa, debería haber múltiples brotes terroristas o al menos grandes y permanentes movilizaciones sociopolíticas. No, el fenómeno terrorista es más complejo y más simple a la vez, esto es, por una parte requiere la conjunción de una serie de condiciones objetivas y subjetivas como las mencionadas (por ejemplo, débil institucionalidad y desempleo masivo; amplia conciencia social y avanzada organización política) y, por otra, requiere el reconocimiento de las raíces económico-sociales estructurales para realmente comprender el complejo fenómeno del terrorismo.

Al margen de explicaciones causalistas simples (causa=opresión racial, efecto=terrorismo), lo indudable es que el terrorismo grupal puede verse bajo dos ángulos: como una reacción inmediata o mediata al terrorismo de Estado, nacional o extranjero, y como expresión sociopolítica a un entorno económico-político específico. Sobre la primera dimensión conviene reproducir lo que desde los círculos de poder militar estadunidense abiertamente se reconoce: "Está plenamente establecida la relación causal entre terrorismo de Estado y terrorismo internacional. Desde 1997, el Defense Science Board informó a la Subsecretaría de Defensa para Adquisiciones y Tecnología que la *información histórica* muestra la existencia de una *fuerte correlación* entre la intervención de Estados Unidos en ultramar y el aumento de ataques terroristas en su contra [...]. Además, la asimetría militar que le niega a otros Estados la capacidad de realizar ataques abiertos contra Estados Unidos les induce a usar actores transnacionales, es decir, terroristas de un país atacando a otro.[20]

Esto se podría argumentar que es más complicado, pues en los casos de países como Irlanda y España, sin abierto intervencionismo estadunidense, sus Estados y gobiernos llevan veinte y treinta años luchando contra el terrorismo del ERI y la ETA, es decir, la respuesta terrorista tiene un componente más nacional que internacional. Empero, son excepciones a la regla general de la ecuación: presencia extranjera=respuesta violenta interna.

La segunda dimensión, las raíces internas del terrorismo, es reconocida sin tapujos por Strobe Talbott, subsecretario del Departamento de Estado durante el gobierno de Clinton:

> En el próximo presupuesto va a haber la tentación de reducir los programas que nos permiten movernos de una guerra defensiva y de reacción contra los terroristas, a una proactiva, a una ofensiva prolongada contra las perversas e intratables realidades que los terroristas explotan y de las cuales obtienen apoyo popular, soldados y refugio político. Ésta es una razón por la cual una frase del pasado político de Estados Unidos necesita ser desempolvada, internacionalizada y puesta en acción: la guerra contra la pobreza. Sólo si en la larga batalla futura se lucha también en ese frente podremos tener éxito.[21]

En otras palabras, la amenaza del terrorismo trasnacional a la paz mundial no pasa solamente por medidas coercitivas sino por un mejoramiento sustancial de las condiciones de vida de la población mundial. Necesariamente implicaría el cambio del modelo económico neoliberal dominante y el impulso de una globalización solidaria y con justicia social.

[20] John Saxe-Fernández, "Globalización del Terror y Guerra", *Memoria*, 10. El subrayado es nuestro.

[21] Strobe Talbott, "The Other Evil: The War on Terrorism Won't Succed without a War on Poverty", *Foreign Policy* (noviembre-diciembre de 2001): 76.

La voluntad política de las diversas potencias occidentales y orientales en el proceso de reconstrucción y establecimiento de un Estado-nación, en el Afganistán de posguerra, constituirá un magnífico y paradigmático ejemplo de qué intereses predominan en el proceso de rehacer un país devastado por más de veinte años de guerra interna, donde rusos y estadunidenses tienen una gran responsabilidad histórica. Por lo pronto, se calcula entre diez y quince mil millones de dólares el costo de reconstrucción para los primeros cinco años, suma que todavía no se completa por los posibles países donantes. Además de los enormes costos mencionados, existe otra serie de obstáculos e interrogantes inmediatos no resueltos mínimamente: la pacificación del país requiere, al menos, de treinta mil efectivos de la fuerza internacional de paz para hacerse cargo solamente de las cinco ciudades principales; hasta ahora sólo han llegado 4 500 efectivos y algunos gobiernos europeos declararon que sus militares permanecerán a lo más tres meses; las disputas entre los poderes étnicos regionales ya recomenzaron, en parte por la falta de reconocimiento del gobierno nacional de transición encabezado por Karzai, en parte por la reducida presencia de tropas internacionales y la inexistencia de fuerzas armadas afganas. En pocas palabras, no existe un Estado-nación en Afganistán.

Empero, lo más preocupante es que Karzai es un viejo personero de los intereses de la petrolera estadunidense Unocal.[22] A la vez, para el año fiscal 2003, Bush propuso un presupuesto militar de 379 000 000 000 de dólares que representan el mayor aumento del mismo en los últimos veinte años; aumento que va acompañado de una disminución de las partidas presupuestales para educación y capacitación laboral,[23] además de una reducción de impuestos que beneficiará principalmente a quienes tengan ingresos mayores a trescientos mil dólares anuales, con lo cual se satisface así a los intereses de una obvia minoría social nacional.

En suma, tanto en Afganistán como en Estados Unidos tiende a seguir prevaleciendo el interés nacional privado sobre el interés na-

[22] La contradictoria trayectoria política de Karzai puede consultarse en Carson y Brooks, "Renovados intereses…".

[23] AFP, Reuters, DPA y PL, "Presenta Bush proyecto de presupuesto y pide al Congreso dar prioridad al gasto militar", *La Jornada*, 5 de febrero de 2002, p. 23.

cional público. Evidencia por demás clara si nos atenemos al último discurso de Bush, quien afirmó que Estados Unidos "siempre se mantendrá firme en las demandas no negociables de dignidad humana: el régimen de leyes, límites en el poder del Estado, respeto para las mujeres, propiedad privada, libre expresión, justicia igualitaria y tolerancia religiosa".[24] Más claro no podía ser el mensaje de Bush hijo: se sustituye la legalidad por la legitimidad, el Estado social por el Estado limitado, la propiedad pública por la propiedad privada, la justicia social por la justicia igualitaria, etcétera.

No cabe engañarse, no aparecen en el horizonte del poder cambios sustanciales al excluyente modelo económico neoliberal ni a la polarizante globalización regional o nacional. La inestabilidad y lo impredecible seguirán presentes en el escenario internacional, repercutiendo negativamente en la seguridad mundial, a menos, por supuesto, que existan resistencias sociales bien organizadas contrarias al paradigma de dominación mencionado. Resistencias que se expresan aquí y allá alrededor del mundo desde el simbólico nivel macro, como las manifestaciones en Seattle o el Foro Social de Porto Alegre, hasta lo microcotidiano y concreto de los pobladores urbanos o rurales de México, Argentina o Venezuela contra la expropiación de sus recursos naturales y productos y por su derecho a la utopía de construir una vida digna, justa y pacífica entre los hombres y las naciones del planeta.

[24] Jim Cason y David Brooks, "Utiliza Bush el miedo para justificar la militarización dentro y fuera de EU", *La Jornada*, 30 de enero de 2002, 28.

El sistema internacional: límites, paradojas y posibilidades

Marcos Kaplan[*]

Los atentados perpetrados el 11 de septiembre de 2001 en Estados Unidos, así como sus secuelas y proyecciones —partes de un proceso activo y de ininterrumpido despliegue— constituyen un cataclismo de insospechada complejidad y velocidad crecientemente acelerada que no tiene precedentes históricos, diferente en muchos aspectos de crisis anteriores.

Por su propia naturaleza y por sus múltiples implicaciones, esta catástrofe suscita la necesidad de un análisis sobre su significado para la totalidad del mundo, así como para sus componentes nacionales, y otro sobre los intentos de responder a las interrogantes que se plantean, imaginando los escenarios más o menos posibles en la evolución futura del sistema internacional.

Como hilo conductor elijo el examen —inevitablemente esquemático por las coacciones de tiempo y espacio— de la llamada *globalización*.

INTERNACIONALIZACIÓN, TRANSNACIONALIZACIÓN, ¿GLOBALIZACIÓN?

El vocablo, si no el concepto de globalización, emerge y se difunde a partir de los años ochenta entre científicos sociales, ideólogos,

* Instituto de Investigaciones Jurídicas, UNAM. Correo electrónico: <mkaplan@prodigy.net.mx>.

periodistas, políticos, gobernantes, administradores, dirigentes corporativos y representantes de grupos de interés y de presión. El término penetra e impregna la opinión pública y los medios masivos de comunicación y se vuelve un elemento significativo del debate político. La popularización, sin embargo, va acompañada de una gran variedad de contenidos y significados atribuidos, imprecisos y contradictorios, ya que se carece de un modelo teórico con el cual confrontar las diferentes manifestaciones e interpretaciones.

Las diferentes posturas coinciden en constatar una tendencia hacia la unión de las poblaciones del planeta en una economía, una sociedad, una cultura, un sistema político y quizás un Estado. Una postura predominante afirma que la globalización se acerca o ha llegado ya con aspectos y efectos buenos o malos, positiva y/o negativa en sus premisas, caracteres y efectos, pero en todo caso inevitable e irreversible. Así, la globalización puede debilitar, volver irrelevante y desvanecer todo lo que sea nacional: economías, sociedades, culturas, Estados, políticas públicas. Impacta en los Estados-nación, en sus economías y sociedades y tanto en sus sistemas políticos como jurídicos, de modos directos e indirectos; condiciona e incluso determina al Estado como su objeto.

Bajo el creciente dominio de incontrolables fuerzas del mercado y de la "mano visible" de las grandes corporaciones, las economías nacionales serían subsumidas y rearticuladas en el sistema global por procesos y transacciones internacionales. Mercados, corporaciones transnacionales sin lealtad a ningún Estado-nación y movidas según los dictados de las cambiantes ventajas ofrecidas por diferentes áreas de la globalidad, organismos internacionales y Estados centrales, serían las principales agencias de la organización y funcionamiento de la economía, así como del cambio social y político. Ellas condicionarían o determinarían la mayor parte de la vida de las naciones; debilitarían, reducirían a lo secundario o disolverían todo lo que es o pretende ser nacional.

Según la variedad más optimista de la hipótesis determinista-lineal y fatalista que ha predominado en el debate, un número creciente de naciones y actores económicos se iría integrando en el mercado mundial. El comercio y las inversiones entre naciones serían centrales como principio organizador del sistema. Las economías y Estados principales predominarían, y uno podría ejercer la hegemonía o varios compartirla. Se avanzaría hacia una economía internacional abierta, a la que podrían incorporarse y en la cual podrían beneficiarse y progresar algunos de los grupos y países del tercer mundo, visto éste como obsoleto e inviable. Los centros de decisión nacionales serían paulatinamente reemplazados por organismos inter o transnacionales.

No obstante y en oposición al postulado en mayor o menor grado prevaleciente sobre el triunfo de una globalización plena e irreversible, se puede afirmar que ésta no se ha realizado como un "fin de la historia". Han existido fases precedentes de alta integración internacional que no desembocaron sin embargo en una verdadera globalización, por ejemplo el periodo de 1875 a 1914. La llamada globalización tiene condiciones, rasgos y efectos de tipo negativo, disolvente y destructivo, que restringen o distorsionan sus premisas, avances y logros. A las fuerzas y tendencias transnacionalizantes y mundializantes en operación, se oponen otras de resistencia y rechazo que las contrarrestan y frenan.

Como se verá, en el mismo proceso, el Estado dista de volverse un mero objeto; se reafirma como sujeto, actor crucial en el sistema nacional y en el mundial; se vuelve coproductor de fuerzas y estructuras, de tendencias y movimientos que forman parte de esa llamada globalización. Impactos mutuos del Estado-nación y la globalidad, nexos e interacciones entre uno y otra se dan en el doble marco de las relaciones entre lo externo y lo interno, lo directo y lo indirecto, y en sus entrelazamientos.

Por consiguiente, la globalización es uno de los escenarios posibles, pero es dudoso hasta hoy que sea el más probable. Si no se ha logrado completamente, y resulta controversial e incierto predecir su advenimiento más o menos cercano, parece que se ha llegado hoy al tránsito de la internacionalización hacia la transnacionalización, que si bien coexisten y confluyen además en la mundialización. Ésta es concebible en el proceso y el resultado de la constitución de un espacio mundial de intercambios generalizados entre diferentes partes del planeta, de interconexiones e interdependencias, crecimientos y desarrollos de todo tipo.

FUERZAS Y TENDENCIAS

Los cambios que conllevan la transnacionalización y la mundialización, que las constituyen y refuerzan, y que se presentan como *factores y componentes* de una globalización problemática pero virtualmente posible, se dan en un contexto estructural cuyos principales *polos-ejes* son sobre todo los siguientes:

1. *Una alta concentración del poder* en la escala mundial que se manifiesta en un sistema internacional *en gran parte piramidal, de interdependencia asimétrica.*
2. Una *mutación* en los centros altamente desarrollados que se identifica con la *tercera revolución industrial-científica*; un nuevo patrón de acumulación y un nuevo paradigma tecnológico-productivo, centrados en la electrónica.

   Las *nuevas tecnologías* basadas en las ciencias transforman las condiciones de los mercados productivos, comercial-financieros mundiales de bienes y servicios, de sus flujos, y de la competencia internacional. Las llamadas ventajas comparativas residen cada vez menos en la abundancia y bajo precio de los productos primarios y de la fuerza de trabajo, y cada vez más en la capacidad para el rápido uso de la información en la producción. El ordenamiento de los sectores productivos cambia, dentro de los países y regiones y entre unos y otras. Los países, sus economías, los Estados y su soberanía, funciones y poderes se jerarquizan según lo que tengan que ofrecer de nuevas ventajas comparativas y costos altos o bajos.
3. Se multiplican y diversifican los actores, las actividades, las organizaciones y los flujos transnacionales; sus interrelaciones y entrelazamientos, y las redes de toma de decisiones dentro de marcos mundiales.

   En los fenómenos y procesos de la transnacionalización y mundialización destacan la primacía de las macroempresas, la integración a escala mundial de sus estrategias, políticas y actividades, el paso de la corporación internacional tradicional a la corporación multinacional (CMN), y de ésta a la corporación transnacional (CTN) y su predominio.

4. La mutación tecnológico-productiva y la transnacionalización están ligadas a una nueva *división mundial del trabajo* (NDMT). Ésta ocurre con base y a través de mercados mundiales (trabajo, empresas productivas, capital, comercio y consumo, ciencia y tecnología, etc.), entrelazados y en avance hacia una creciente integración en un mercado mundial único.

En lo nacional, entre naciones, entre regiones y en lo global, se dan las disociaciones de *a*) la economía primaria y la industrial; *b*) la industria y el empleo; *c*) la economía real y la economía financiera o simbólica. Estas últimas se separan y divergen con el creciente predominio de la segunda sobre la primera. La economía simbólica se encarna y se realiza sobre todo en el *capital financiero transnacional especulativo (Spectronics)* y en el *mercado financiero mundial tecnológicamente integrado.*

La NDMT se da también y se identifica con movimientos a escala planetaria de *redespliegue, reubicación y relevo* que, partiendo de los centros y difundiéndose hacia las periferias, reordenan y redistribuyen los papeles y las funciones, las posibilidades y los poderes de las ramas productivas y empresas, las clases y grupos, las organizaciones e instituciones, de las regiones y naciones, y de los Estados. La reclasificación de ramas y empresas, países, grupos, regiones y Estados tiende a la polarización; a la marginalización de mayorías; al aumento de la brecha diferencial entre los componentes del sistema mundial.

5. Un *proyecto político de las cúpulas* corporativas-transnacionales, nacionales-estatales de los centros y burocrático-internacionales, busca la reestructuración transnacionalizante de los propios centros y de las semiperiferias y periferias, en un sentido de integración de la economía y la política mundiales, de interdependencia y cooperación crecientes. Dicha reestructuración es precondición y rasgo de la variedad elegida de desarrollo. Las condiciones, los fines, las estrategias y las políticas nacionales deben readaptarse de acuerdo con el modelo que se pretende imponer como nuevo orden mundial de propósitos compartidos. El Estado-nación y su soberanía se someten a una revisión restrictiva.

6. La transnacionalización y la mundialización presuponen e incluyen la multiplicación de nexos, interacciones e interdepen-

dencias entre Estados, economías y sociedades, entre fenómenos y procesos que abarcan la mayor parte del planeta. Acontecimientos, decisiones y actividades en una parte del mundo
tienen consecuencias significativas para individuos y comunidades en otras partes del planeta. El mundo tiende a ser estruc-
turado como un todo, a ser concientizado y asumido por diferentes actores como un ambiente continuamente construido.[1]

Estado y transnacionalización

La transnacionalización y la mundialización son resultado del incremento y la diversificación de los actores del sistema internacional, sus
modos de organización y actividad, y a su vez los suscitan o refuerzan.

Al Estado-nación —durante siglos único actor del sistema internacional— se agregan hoy un creciente número de actores: *a*) corporaciones transnacionales; *b*) organismos públicos internacionales
(Organización de las Naciones Unidas y sus agencias, Fondo Monetario
Internacional, Banco Mundial, Banco Interamericano de Desarrollo,
GATT, OMC) y organismos regionales; *c*) movimientos y organizaciones
no gubernamentales multi y transnacionales (étnicas, religiosas, ideológicas, feministas, juveniles, políticas, ecologistas, defensoras de derechos humanos, etc.); *d*) megaespeculadores financieros (Georges
Soros); *e*) firmas calificadoras (Standard & Poors, Moody); *f*) organizaciones del crimen organizado, subversivas, terroristas; *g*) individuos,
grupos nómadas y apátridas (miembros de elites corporativas, ejecuti-
vas, técnico-profesionales, migrantes económicos, refugiados políticos).

El Estado-nación soberano, sus funciones y poderes, su identidad
y su existencia por una parte se debilitan: se colocan y son coloca-
dos en una posición secundaria, y en parte se reorientan en sus supuestos y contenidos, sus fines y medios. Ello resulta de una constelación de factores y fenómenos, algunos ya mencionados, que se
ubican y operan en dos dimensiones (y sus entrelazamientos). Por
un lado, una dimensión externa, supraestatal, que opera desde arri-

---

[1] Anthony A. Giddens, *The Consequences of Modernity* (Stanford: Stanford University
Press, 1990).

ba y desde fuera por la transnacionalización, la mundialización y la suprarregionalización. Por otro, una dimensión interna, subestatal, desplegada desde dentro y desde abajo, está constituida por la crisis, estancamiento y regresión de la economía, la disolución social, los conflictos y desequilibrios políticos. A ello se agregan la disgregación y reordenamiento socioespaciales (metropolizaciones, subregionalizaciones), las políticas de ajuste externo-interno en respuesta a la crisis de la deuda y a los requerimientos de reestructuración interna acordes con el nuevo orden mundial.

El Estado se redefine y se reubica en su respectiva sociedad y en el sistema internacional, a través de los cambios de sus papeles, funciones, poderes y recursos; así como de las tendencias internas y externas hacia su "adelgazamiento" o "desmantelamiento", en un sentido restrictivo de su soberanía y de sus políticas públicas.

Las *fuerzas y dinámicas externas* que convergen en la crisis del Estado y en los intentos por reformarlo abarcan las ya mencionadas y las siguientes:

1. Con las nuevas tecnologías de transporte, de información y de comunicación, las CTN desarrollan redes telemáticas globales a la vez dentro y entre empresas, Estados y países o en su entorno internacional. Ello les permite: *a*) la realización en tiempo real de transacciones comerciales y financieras entre diferentes puntos del planeta; *b*) el desplazamiento de personal técnico y directivo, proveniente de muchos países, a cualquier lugar del mundo en uno o pocos días, para las operaciones de la corporación a escala mundial; *c*) el contacto directo de las direcciones en los centros con las producciones de fábricas de diferentes países; *d*) la alta velocidad y la casi instantánea recepción o envío de fondos, productos y servicios.

2. La CTN tiene su propia balanza comercial y de pagos, y en muchos casos compara favorablemente las cifras de sus negocios, beneficios y activos con la de los productos brutos internos y presupuestos nacionales de la mayoría de los Estados-nación en que se implanta. De esta manera, la CTN crea su propio *macroespacio, tecnológico-económico-operativo*, por encima de las fronteras nacionales, no coincidente con los espacios internos

delineados por aquéllas. Sus estrategias y sus organizaciones, su gestión y su control, sus actividades y sus intercambios son en gran medida internos y autónomos.

La CTN toma en consideración las particularidades nacionales de los países en que se implanta y opera, se adapta a ellas cuando es indispensable, pero busca imponer la unidad de condiciones, comportamientos y resultados en su instrumentación; trata de transformar los ámbitos en que sus filiales operan para uniformarlos y sacar partido de la diversidad.

3. La CTN usa sus capacidades y recursos para influir o dominar a los Estados donde opera; para eludir sus restricciones, contribuir al debilitamiento de su soberanía. Para esto se combinan las consideraciones de los intereses técnico-económicos y las de los objetivos diplomático-estratégicos del Estado de origen.

4. El Estado-nación soberano sufre un desgaste como resultado de una tendencia estructural cada vez más acentuada en las últimas décadas. Desde el fin de la segunda guerra mundial, el crecimiento económico es desigual, se da en conjuntos minoritarios —los grupos altos de las naciones y regiones desarrolladas—, en tanto que se estanca o decae para la mayoría —las clases asalariadas y bajas de las naciones o regiones—, sobre todo del tercer mundo. El crecimiento económico se ha ido logrando cada vez más, en particular desde hace veinte o treinta años, mediante una mayor productividad del trabajo. Ésta ha sido posibilitada por las nuevas tecnologías y no por una mayor ocupación de la fuerza de trabajo. El desempleo ha aumentado, la capacidad adquisitiva ha disminuido, incluso en países miembros de la OCDE. Correlativamente, la oferta de mercancías crece frente a una demanda estancada. Las crecientes dificultades para realizar las ganancias del capital mediante la venta de bienes y servicios obligan a las grandes corporaciones a buscar ganancias en la competencia exacerbada entre empresas productivas en los mercados reducidos, en la especulación financiera y la privatización de bienes y servicios.

5. Los objetivos de productividad, reducción de costos para la competitividad en mercados globalizados e incremento de la rentabilidad y la acumulación llevan a la CTN, a sus Estados y a orga-

nismos internacionales a requerir condiciones favorables para la internacionalización de las estrategias corporativas y para la integración de sus actividades en escala mundial. Esto se busca a través de un doble movimiento de apertura hacia el exterior de los respectivos países y de desregulación en el interior. Por una parte, se procura la reducción o la supresión de barreras y restricciones nacionales a la libre competencia de los flujos y transacciones en los mercados abiertos, que se encuentran fuera del control de agencias nacionales. Por otra parte, se exige el debilitamiento del Estado en sus funciones, poderes y controles, en las empresas públicas que se privatizan y en los sistemas de bienestar social a reducir o a liquidar.

La desregulación y la competencia en los mercados comerciales y financieros, desde los años ochenta, favorecen la movilidad internacional del capital; las fusiones y adquisiciones; el ascenso ininterrumpido del capital financiero internacional especulativo y del mercado financiero internacional tecnológicamente integrado.

A la maximización de ventas mundiales de bienes y servicios, apuntan las estrategias de *marketing y publicidad globales*. Los patrones globales de consumo y *consumismo* compulsivo se transforman en productos o alimentos culturales con mercados mundiales, que favorecen la mundialización de modos de vida.

6. La informática y las telecomunicaciones integradas en la telemática abren posibilidades de acercamiento entre las poblaciones del mundo, así como de recepción instantánea de imágenes lejanas, signos y voces distantes. La cultura accede a la comunicación global, se transforma en su producción, su contenido y sus alcances, se vuelve "alimento cultural". Una cultura en mundialización es producto a la vez que productora de la igualación de patrones globales de consumo y consumismo; del transplante e imposición o la búsqueda de modos o estilos de vida cosmopolitas (modas del vestido, deporte y turismo mundialmente comercializados).

El impacto de los medios masivos de información y comunicación es ambiguo o contradictorio. Por una parte, manipulan, sesgan y distorsionan la información. Por la otra, pueden contribuir a la creación o el fortalecimiento de públicos más informados, reflexivos y participativos. Una telemática globalizante podría contribuir al desarrollo de redes de organizaciones inter o transnacionales, o mundializadas; a movimientos universalistas y de ciudadanos planetarios; a la extensión del concepto de derechos humanos; a la emergencia de las ideas y a los intentos de sistemas políticos mundiales y regionales; a las propuestas de internacionalización de las capacidades de regulación y gobernabilidad globales.

Por ahora, sin embargo, ciencias y tecnologías, en especial los *sistemas de información total y comunicación global* que se centralizan en Estados y empresas transnacionales de las potencias y países desarrollados, penetran y reestructuran o descomponen los espacios internos de la mayoría de Estados y naciones; desvalorizan las fronteras; invaden y ocupan de hecho los nuevos ámbitos oceánicos y aéreos. La soberanía de la mayor parte de los Estados-nación es sometida a restricciones de todo tipo que exceden la resistencia, la voluntad de autonomía y de control de cualquier Estado aislado. Es limitado el poder efectivo y el alcance real de las autoridades políticas nacionales. Se imponen formas de suprasoberanía de hecho o, por consenso, de derecho.

7. La soberanía, en particular la monetaria tradicional de los Estados, es respecto a las facultades de emisión y fijación de valor de la moneda, erosionada por la disminución relativa de la *economía real* y su desplazamiento por y en favor de la *economía simbólica*. Ello se encarna y realiza a partir y con el *capital financiero especulativo internacional* (Spectronics) y el *nuevo mercado financiero internacional tecnológicamente integrado*.

Desde los años setenta, una explosiva expansión del sector financiero y los mercados de valores, su creciente transnacionalización e incremento de su capacidad financiera y tecnológica, permite a las empresas del Spectronics (capital financiero especulativo internacional), explorar y explotar los rincones de las economías nacionales y de la economía global, cada bolsillo y bolsa, cada mercado, contrato y transacción.

El Spectronics se convierte en "megafuerza electrónicamente basada con el valor de un trillón de dólares". En tres décadas, el volumen de contratos sobre derivados con los bancos comerciales de Estados Unidos creció de cero, a principios de los años setenta, a más de 25 trillones de dólares, monto que excede el tamaño de las economías combinadas de Estados Unidos, la Unión Europea y Japón. Las operaciones que se realizan en, desde o hacia Estados Unidos exceden el valor del producto nacional bruto anual de dicho país, y representan un volumen de comercio anual treinta o cuarenta veces mayor que el movimiento en dólares de la "economía real". Cincuenta dólares van y vienen de un mercado de dinero a otro en el mundo por cada dólar del valor global del comercio mundial.

La magnitud del Spectronics y su refinamiento tecnológico sin precedente y la multiplicación de operaciones en funcionamiento 24 horas al día otorgan a este sector una influencia económico-financiera y política sin precedentes, en detrimento del Estado, especialmente a través del mercado financiero mundial tecnológicamente integrado.

La tecnología de la computación y la telemática, que interconecta el planeta y canaliza masas inmensas de flujos financieros, lleva hoy la información sobre las políticas diplomáticas, económicas, fiscales, monetarias, sociales de todos los países a más de doscientas mil pantallas en cientos de oficinas comerciales en docenas de países, así como los juicios del mercado sobre el valor de las monedas. El mundo está unido electrónicamente de modo tal que a partir de las últimas informaciones, los operadores pueden confirmar y juzgar el efecto de nuevas políticas (monetarias, fiscales, laborales, sociales), o tratar de impedir que políticos y gobernantes evadan sus responsabilidades y compromisos por acciones juzgadas imprudentes. El conjunto de traficantes puede decidir sobre los valores relativos de la moneda de los respectivos países, comprar o vender en consecuencia y, en definitiva, traducir las acciones de los gobiernos en modificaciones de los valores monetarios.

Los poderes soberanos de los Estados se ven una vez más afectados. El mercado financiero mundial electrónicamente integrado contribuye significativamente a plantear problemas (generales y específicos) de gobernabilidad. Quienes toman las decisiones, es decir, gobiernos, fuerzas e instituciones sociales y políticas, partidos, organizaciones empresariales y sindicales, pueden poco o nada absorber ni controlar las incertidumbres, las dislocaciones y los desequilibrios.

La autonomía de las políticas económicas nacionales se ve afectada por la creciente insuficiencia de los controles sobre el capital y por la captación y evaluación que los mercados financieros hacen, con retrasos cada vez menores, de lo que se juzga como errores de los gobiernos. Resultan particularmente afectadas la autonomía y la eficacia del Estado, en el manejo de la macroeconomía dentro de un mundo renovadamente pluralista de interdependencia asimétrica. La economía nacional se vuelve menos autónoma como unidad del análisis económico y de la política económica. La economía mundial se torna cada vez más central y determinante de la economía nacional. La tecnología amenaza con la obsolescencia a la noción tradicional de soberanía y a las políticas y legislaciones nacionales.

Al debilitamiento de la capacidad de control de los gobiernos nacionales no sucede una forma superior de control por el mercado financiero internacionalmente integrado. Los mercados y los grandes operadores se revelan ciegos en los años previos a la crisis de la deuda e inclinados a reaccionar en sentidos exageradamente optimistas o pesimistas con base en informaciones incompletas. La integración en una red de los principales países y centros financieros y bancarios internacionales lleva a una situación estructural de menor o nulo aislamiento respecto a los choques y cambios —ocurran donde ocurran—. Esto puede dar lugar a cadenas de colapsos.

Las economías aisladas ya no responden como antes a las medidas gubernamentales de tipo tradicional. El curso de los acontecimientos económicos se vuelve más difícil de comprender y de prever frente a fuerzas, procesos y resultados difícilmente predecibles, interpretables o controlables, en un ambiente de incertidumbre e inestabilidad económica y política sin precedentes, tanto en lo interno como en lo internacional. Se vuelven insuficientes los esfuerzos de ajuste al cambio, de grupos e instituciones nacionales, pero también de los internacionales, lo mismo que las capacidades disponibles para realizar reformas de alcance mundial.

8. El mundo se va cubriendo con una *red o redes de organizaciones internacionales y transnacionales*, referidas a lo económi-

co-financiero, lo militar, lo científico, lo social, lo ecológico y
a espacios (integraciones regionales, terrestres, oceánicas, aéreas).
Su desarrollo contribuye a los cambios en las formas y procesos de decisión en la política mundial, en un sentido transnacional globalizante, y por lo tanto restrictivo de la autodetermina-
ción reivindicada por el Estado-nación soberano.

La difuminación de los límites entre lo externo y lo interno se manifiesta en el área de la *seguridad del Estado*. Las alianzas y bloques generan una preocupación permanente por la estabilidad interna de
sus miembros, condición de la cohesión política y militar de la coalición. Por el temor a los enemigos externos y a los (reales o supuestos) enemigos del interior, que se induce y justifica, las cuestiones internacionales de seguridad invaden las cuestiones políticas internas.
Problemas de indudable interés nacional y alta controversia son co-
locados más allá de la discusión pública, discusión atribuida sólo a
ciertos órganos y cierto personal del aparato del Estado, en detrimento de la participación de otros órganos y otra parte del personal, y en
detrimento del derecho público y del Estado de derecho democrático y soberano.

El impacto de las nuevas tecnologías en el manejo de las *cuestiones diplomáticas y estratégicas* es difuso y multidireccional. Informática y telecomunicaciones inciden en la definición de imágenes,
tendencias y alternativas. Por una parte, pueden sesgar la información, manipularla y usarla para endurecer diferencias entre Estados
y naciones, e incitar a conflictos. Por otra parte, pueden crear públicos informados, políticamente activos y movilizables, y restringir así
la autonomía e iniciativa del Estado, ante todo respecto a la guerra
y la paz, pero también a otros problemas y conflictos nacionales e
internacionales.

El reconocimiento de ciertos derechos y deberes internacionales
aunque todavía sin el respaldo de instituciones con capacidad coer-
citiva, el aumento del número y la diversificación de los actores en
el sistema mundial, los intentos de diseño de una nueva generación
de normas e instituciones, el avance hacia un *nuevo derecho internacional* (público y privado) acotan o trascienden las pretensiones
soberanas de los Estados nacionales.

El Estado-nación soberano: ¿muerte o transfiguración?

La crisis de la deuda de 1982 y su posterior conversión en la carga
de la deuda, los planes de rescate (Baker, Brady), las consiguientes
políticas de estabilización y ajuste de primera y segunda generación,
los intentos de lo que se pretendió como nuevo modelo de crecimiento, dan lugar a diversas variedades de reforma del Estado y sus co-
rrelatos jurídicos.

Se busca la estabilización según algunos indicadores macroeconómicos; la garantía del pago y renegociación de la deuda externa; la superación de la crisis, la recuperación del crecimiento, la
mayor inserción en los nichos disponibles dentro de la nueva división mundial del trabajo. A ello se agrega la necesidad o la pretensión de superar las crisis y limitaciones del intervencionismo
estatal, y de atenuar y controlar los altos costos y conflictos sociales
y políticos.

La *reforma del Estado* bajo el signo de la liberalización económica
apunta a la restricción de su papel interno y externo, con una ubicación secundaria y una función supletoria respecto a las áreas económico-financieras. Se busca el saneamiento y estabilización de las
finanzas públicas; el control de la inflación; el recurso a rígidas políticas monetarias, crediticias y fiscales; la renegociación de la deuda
externa; la reforma fiscal.

La liberalización económica hacia adentro y hacia afuera se busca
mediante la desregulación de la empresa privada, de la competencia y el mercado, y por la apertura externa en lo comercial y
financiero. Considerables poderes de control económico y social se
transfieren del Estado al mercado. Se intenta el desmantelamiento
del Estado, en su aparato y en su personal y recursos, y en sus objetivos y sus modos de operar. Se trata de privatizar empresas estatales. Se reducen los gastos públicos, el aparato gubernamental y el
personal burocrático, las inversiones y actividades productivas, la
seguridad social, las funciones rectoras y promotoras.

Las políticas y acciones del Estado buscan imponer las prácticas
de reducción del empleo y los salarios reales, con miras a la llamada
"flexibilización" del régimen asalariado y del mercado de trabajo, y
a la reducción de la seguridad y el bienestar sociales.

Las políticas y medidas tienen inevitables implicaciones sociopolíticas y jurídicas. No se da una reforma integral in stricto sensu, sino una suma de reformas parciales. Ellas se concentran en la liberalización económica, y en una redefinición restrictiva del papel del Estado y del derecho en la economía, como amistoso hacia el mercado, para complementarlo y facilitar sus transacciones. El marco legal debe crear un medio estable para él uso eficiente de los recursos, la inversión productiva, las transacciones de los actores económicos sin interferencias políticas arbitrarias.

Las recientes reformas del Estado latinoamericano se han diseñado mediante un fuerte intervencionismo estatal y prácticas de autoritarismo. Se han utilizado poderes presidencialistas, regímenes de excepción, instrumentos y mecanismos populistas, corporativistas y clientelistas, así como de control y represión. Se han impuesto así rígidas políticas monetarias, financieras y fiscales, de control de precios y salarios, con fuertes efectos redistributivos y concentradores del ingreso y el poder, claramente regresivos. El intervencionismo se ha manifestado con especial relieve en los procedimientos y estilos de las privatizaciones; el proteccionismo en favor de las grandes empresas; los métodos autoritarios y represivos para el manejo y solución de conflictos.

El intervencionismo estatal perdura y se refuerza por los altos costos económicos y sociales que las reformas realizadas han ocasionado para grupos considerables y en general para las naciones. La liberalización no trae los beneficios esperados, y sí graves tensiones y conflictos. El Estado se reafirma como regulador en reemplazo parcial de un mercado incapaz por sí mismo de cumplir esta función (por ejemplo, operaciones de rescate de la banca y reestatización no explícita y de facto en Brasil, Venezuela, México). Se prometen y se esbozan reformas sociales y políticas requeridas para viabilizar y complementar las reformas económico-financieras, atenuar sus impactos y aumentar la gobernabilidad.

En América Latina, durante las últimas décadas, de un Estado intervencionista-semibenefactor se transita a un Estado gendarme-desarrollista-neoliberal, parcialmente desplazado por el mercado en la regulación y la dinamización del sistema. El intervencionismo estatal no se reduce: se modifica en sus marcos de referencia y objetivos, en sus formas y contenidos. Las reformas crean o refuerzan hibridaciones y dualismos: estatismo/empresa privada y mercado; desregulación y liberación económica/políticas neonacional-populistas. La apertura externa, el adelgazamiento, la desregulación y la liberación de la economía, el libre mercado y las privatizaciones coexisten con las políticas y acciones que pretenden atender las demandas y presiones de fuerzas contrarrestantes, grupos insatisfechos y conflictivos. Parece problemático, si no imposible, prescindir del intervencionismo de Estado, de su iniciativa, control, arbitraje, regulación y promoción, ni tampoco de un derecho reactualizado y refuncionalizado.

En resumen, transnacionalización y globalización conllevan nuevas formas de jerarquización y decisión colectivas que involucran a Estados, organizaciones intergubernamentales, grupos de interés, presión y poder internacionales. Políticos, gobernantes, administradores públicos y empresarios privados ya no controlan muchos de los factores que determinan el destino de un Estado-nación. Fuerzas internacionales limitan las opciones del Estado o lo imposibilitan para realizar determinadas políticas nacionales. Correlativamente y en oposición, avanza la multi o transnacionalización de decisiones y actividades antes internas, y se intensifica el entrelazamiento de redes dentro de marcos multinacionales. En consecuencia, se atenúan las diferencias entre políticas internas e internacionales; cambian las condiciones de toma de decisiones políticas y de realización de las acciones políticas, sus contextos legales, institucionales y organizativos, las prácticas administrativas.

LÍMITES DE LA GLOBALIZACIÓN

La globalización anunciada no ha llegado todavía de modo efectivo ni definitivo para quedarse. Sufre los efectos de sus propios rasgos, capacidades y tendencias destructivas y autodestructivas, así como los de fuerzas contrarrestantes, movimientos de resistencia, barreras y restricciones de todo tipo.

Las tendencias a la globalización comprenden procesos contradictorios de homogeneización y heterogeneización, de inclusión y exclusión, de integración y marginalización.

El mundo no se vuelve más interdependiente, homogéneo, igualitario y unificado; por el contrario se polariza aceleradamente. Países y regiones, clases y grupos, no comparten un mismo destino. La globalización se da por impulso y bajo el control de las elites de los países centrales, según la lógica de la acumulación del capital; es por consiguiente contraria a la redestribución y antisolidaria, generadora o reforzadora de desigualdades. La economía mundializada se organiza oligopólicamente: como mercado de distribución desigual entre países, regiones y grupos, del comercio y de las inversiones e ingresos. Las políticas globales van en detrimento de los países pobres y en favor de los centros desarrollados.

La integración se hace con referencia y en subordinación a los polos y ejes del capitalismo mundial, como incorporación selectiva al crecimiento y la modernización de ciertos países, regiones, ramas y empresas, fracciones de clases y grupos, en conjunto minoritarias, y como exclusión y abandono a su destino de ser un resto tendencialmente mayoritario. Esta integración asume la forma de enclaves que producen o refuerzan la desarticulación de las economías y sociedades.

La reestructuración mundial en marcha tiene rasgos y efectos de subordinación, especialización deformante y descapitalización, que no garantizan las condiciones y los medios para la realización de los fines globalizantes. Por el contrario, se multiplican las víctimas, se destruye a actores y tejidos sociales, se producen conflictos y procesos desestabilizadores y desintegrantes. La crisis, el estancamiento y la regresión de la economía son acompañadas por la disolución social y la desestabilización y anarquización políticas, que se integran en un triángulo diabólico.

En la nueva geografía mundial del desarrollo y el subdesarrollo, coexisten y se entrelazan el primer mundo, los restos del segundo tras su colapso, el tercer y cuarto mundo incesantemente incrementados.

El primer mundo disfruta de una situación privilegiada, sin dejar de sufrir divergencias y contradicciones y conflictos, que se manifiestan en regionalizaciones (supra o infraestatales), posibilidades de bloques económicos, políticas autárquicas y proteccionistas, guerras comerciales. Sus recursos y capacidades resultan insuficientes frente a las virtualmente ilimitadas necesidades y demandas de recursos o de ayuda del ex segundo y de los tercer y cuarto mundos. La población mundial crece en contradicción con el desarrollo insuficiente de la economía mundial, y se distribuye desigualmente en los espacios y estructuras sociales.

Tanto las tendencias como los procesos de transnacionalización y mundialización se despliegan bajo controles oligopólicos y autoritarios, que amenazan con quedar fuera de control, por la carencia de una efectiva regulación política y jurídica y por el debilitamiento del Estado, su soberanía y sus poderes, particularmente en las dimensiones rectoras, controladoras, productivas y socialbenefactoras. Los gobiernos apoyan o aceptan la globalización, sus formas y efectos, costos y retos, sin adoptar estrategias y políticas internas de refuerzo y compensación, que harían la integración internacional más económicamente eficiente y viable, más socialmente deseable y más políticamente gobernable.

Finalmente, la posible globalización se ve amenazada desde ahora por riesgos globales que van y vienen de lo nacional a lo regional y a lo internacional. Entre ellos destacan, en primer lugar, las migraciones internacionales; el deterioro y destrucción del ambiente; los problemas mundiales de salud (drogadicción, sida, nuevos agentes patógenos); la delincuencia organizada y la economía criminal en transnacionalización o mundialización. A ello se agregan los cambios en el equilibrio de seguridad entre el Norte y el Sur; los fundamentalismos y sus inspiraciones e influencias en gobiernos ultraconservadores y teocráticos, dictatoriales, movimientos y regímenes extremistas; constelación, autoritarismo, militarismo, armamentismo, terrorismo (de oposición y de Estado). El entrelazamiento entre estos riesgos globales se expresa y realiza en una multiplicación y diversificación de conflictos (nacionales, regionales, mundiales), con incidencias negativas y destructivas en las relaciones internacionales, el crecimiento económico, el desarrollo social, la estabilidad y democratización políticas, la autoridad y soberanía del Estado.

En conclusión, por la convergencia de las fuerzas y procesos que se analizaron, existen fuertes restricciones al Estado y su soberanía, manifestadas en una gran variedad de modos y grados; de jure, como debilitamiento o pérdida de ciertos aspectos de la soberanía formal; o de facto, como disminución o pérdida de la capacidad autónoma para diseñar y realizar políticas. No obstante, no son totales, definitivas ni irreversibles las fuerzas y tendencias de la transnacionalización, la mundialización y la globalización, ni sus resultantes en el debilitamiento y la declinación del Estado soberano.

Debe tenerse en cuenta que, por una parte, la soberanía nunca ha sido ni es en la realidad lo que pretendió y pretende la idea y la praxis tradicionales y todavía vigentes de los Estados, sus elites dirigentes y sus grupos dominantes: algo monolítico, absoluto e ilimitado, indivisible e inalienable. La cesión, por voluntad y acuerdo de los Estados de ciertas parcelas de su soberanía, y el debilitamiento de algunas partes de sus funciones sustantivas no implican necesariamente una disminución del Estado-nación.

No se debe ignorar, por otra parte, que las restricciones y retos a la soberanía estatal-nacional varían y deben ser calificadas, según los casos, las etapas, los espacios y el interjuego de las condiciones económicas y políticas tanto internacionales como nacionales. Transnacionalización y globalización no se cumplen de manera uniforme en todo el mundo y para todos los Estados-nación, ni tienen un carácter absoluto y definitivo. La economía mundial y el sistema interestatal exhiben desniveles y discontinuidades; crean brechas y nichos; abren espacios de autonomización y refuerzo de la soberanía que los Estados-nación pueden aprovechar.

Desigualmente integrados en la economía mundial y en el sistema político internacional, los Estados pueden seguir ejerciendo grados y formas variables de su soberanía; aceptar restricciones a la misma pero conservar viejas capacidades y funciones, así como adquirir otras nuevas para regular en la medida de lo posible fuerzas y procesos que se den más allá de su control efectivo.

La soberanía de jure y la de facto, como idea y como praxis, sigue siendo una fuerza que compele, especialmente respecto a la capacidad del Estado para ejercer sus poderes coercitivos. Los Estados siguen poco dispuestos u opuestos a someter sus disputas con otros Estados al arbitraje de una autoridad inter o supranacional; siguen preservando celosamente su derecho de hacer la guerra.

Algunos Estados pueden tratar de aislar relativamente sus economías de las redes transnacionales. Pueden ser factores y vehículos del paso, del actual movimiento hacia la desregulación que puede ser coyuntural y no excluir la posible emergencia de nuevas formas de regulación en el futuro. O bien pueden involucrarse en nuevas formas de participación e intervención de tipo político, adoptar políticas e instituciones de cooperación o integración supranacional.

A pesar de las restricciones a su estatus de jure y a su ejercicio de facto, y con las interrogantes planteadas respecto a la idea de un ente absoluto y monolítico, ilimitado, indivisible e inenajenable, la soberanía del Estado y su sometimiento al imperio del derecho siguen siendo cruciales en una economía mundial crecientemente inter y transnacionalizada. La autoridad y la gobernabilidad correspondientes a la soberanía en el sentido tradicional pueden volverse más plurales, localizarse en diferentes sedes, en organizaciones e instituciones públicas y privadas, en foros subnacionales, internacionales y transnacionales.

Los Estados pueden preservar muchos de sus papeles y funciones y adquirir otros nuevos, como voz exclusiva de una población delimitada por el territorio; como legitimación y consenso para las autoridades que se crearon por los otorgamientos de soberanía; como pivotes entre agencias internacionales y actividades subnacionales.

El Estado-nación soberano como fuente y portador del imperio del derecho conserva un papel central, tanto internamente como externamente. El derecho internacional, indispensable en la marcha hacia la mundialización y la globalización, no puede desarrollarse y funcionar sin Estados nacionales que son a la vez sus soportes materiales, sus agentes, sus creadores y quienes acatan la ley.

Por consiguiente, no existe una contradicción fatalmente necesaria e indisoluble entre la integración económica mundial y la soberanía del Estado-nación con imperio del derecho o una relación en detrimento del segundo. La difusión global de la soberanía en la forma del Estado de derecho permitió crear y consolidar una economía internacional como la vigente. Sin embargo, no existe o se retrasa la emergencia de una organización internacional de Estados y otros grandes actores internacionales y un derecho mundial que responda a exigencias de la globalización y sea pasaje obligado a un nuevo orden mundial. Esto requiere el examen crítico de los problemas, de las tendencias negativas y destructivas, de los conflictos, que surgen en el tránsito a la globalización; la determinación de requisitos para la incorporación y supervivencia en condiciones favorables a los procesos y resultados de la globalización; el respeto de las individualidades nacionales, regionales y locales; la combinación de normas supranacionales y nacionales.

Finalmente, no es posible ni deseable mantener las modalidades actuales de un Estado-nación en crisis, pero sí su recuperación y su continuidad transfigurada. Ello podría darse por la convergencia de varias dimensiones:

a) el entrelazamiento de factores externos e internos;

b) los desenlaces de conflictos y crisis;

c) las alianzas de elites, clases, grupos e instituciones (internas, externas, sus entrelazamientos);

d) la redefinición de estrategias y políticas, de crecimiento y modernización y de desarrollo integral;

e) la redefinición y el redespliegue de relaciones entre nación, región, mundo: entre Estado y mercado; entre Estado y sociedad civil; entre los tres sectores, público, privado y social; entre autoritarismo o democratización.

Reflexión histórica, definiciones

El impacto de los ataques terroristas del 11 de septiembre en la naturaleza y conducta del sistema internacional

*Athanasios Hristoulas**

Los ataques terroristas perpetrados contra Estados Unidos el 11 de septiembre de 2001 y la subsiguiente campaña militar contra Al Qaeda y el régimen talibán en Afganistán pueden marcar un punto decisivo en la naturaleza y conducta de las relaciones internacionales. Durante los últimos diez años, la globalización, la democracia, los derechos humanos, la gobernabilidad global y el medio ambiente han sido el foco de atención de académicos, políticos y opinión pública por igual. Hoy, estos temas del periodo posterior a la guerra fría han sido relegados (por lo menos temporalmente) y los Estados, evocando la guerra fría, han comenzado a poner mucha mayor atención en los temas "clásicos" de seguridad, tales como la defensa del territorio contra agresiones externas.

La razón de este cambio en la atención global es, por supuesto, el hecho de que Estados Unidos ha cambiado sus objetivos y orien-

* Profesor-investigador del Departamento de Estudios Internacionales, Instituto Tecnológico Autónomo de México. Correo electrónico: <ahristou@itam.mx>. El autor agradece a la Asociación Mexicana de Cultura, A.C. por su generoso apoyo financiero. El autor también desea agradecer a Stephan Sberro por sus útiles comentarios en un borrador anterior de este documento.

taciones de política exterior. Antes, la política exterior estaduniden-se favorecía los temas comerciales y de desarrollo. Sin embargo, desde los ataques a las torres gemelas, los temas de seguridad han comenzado a dominar la agenda del Departamento de Estado. Y dado el hecho de que Estados Unidos es el actor estatal internacio-nal más importante —el hegemónico del sistema internacional— otros países han tenido que adaptarse a esta nueva realidad "segu-ritizada". Creo que cuatro de las características más importantes de este nuevo sistema internacional son y serán las siguientes:

1. La Organización de las Naciones Unidas como una institución diseñada para mantener la paz y estabilidad mundial ha queda-do debilitada.
2. El refuerzo de las relaciones bilaterales y multilaterales entre Es-tados Unidos y sus aliados tradicionales durante la guerra fría.
3. Estados Unidos ha encontrado una nueva serie de aliados pecu-liares, éstos son *Rusia, China* e *India*.
4. El Estado como institución recobrará su preeminencia en las relaciones internacionales.

UNA ORGANIZACIÓN DE NACIONES UNIDAS MÁS DÉBIL

La reacción de la ONU (o la no reacción) respecto a los eventos del 11 de septiembre y la subsiguiente campaña militar en Afganistán demuestra que esta institución se encuentra en un problema signi-ficativo. Sin embargo, los problemas de la ONU no comenzaron el 11 de septiembre; más bien datan del periodo inmediatamente posterior al fin de la guerra fría.

A principios de la década de los noventa, se tenía una gran espe-ranza en la habilidad de Naciones Unidas para sobreponerse a sus li-mitaciones previas y de este modo funcionar como una institución mun-dial central encargada de la paz y la seguridad. Se tuvo cierto éxito inicial. El Consejo de Seguridad de la ONU autorizó acciones milita-res en el Golfo Pérsico en 1989-1990; negoció la paz en Centro-américa de manera exitosa y tuvo un papel extremadamente activo en reunir a palestinos e israelíes a negociar. Estos éxitos tempranos alentaron a la ONU a lograr un papel más dinámico. Lamentablemente el creciente activismo condujo a varios fracasos decisivos, después de 1993. El bajo financiamiento en general, así como el de las tropas de mantenimiento de paz aunado al problema de su mal equipamiento y a las desastrosas misiones en Somalia, Ruanda y particularmente en la ex Yugoslavia demostraron una falta de habilidad por parte de la Organización de Naciones Unidas para enfrentarse con la clase de asuntos para los cuales sus fundadores la habían diseñado.

Un punto crucial al respecto ocurrió durante la campaña militar de la Organización del Tratado del Atlántico Norte (OTAN) contra la Serbia de Slobodan Milosevic en 1999. En este caso, el fuerte deseo de las potencias occidentales (especialmente Alemania, Francia y Gran Bretaña) de terminar con las dramáticas (y muy públicas) violaciones a los derechos humanos en Kosovo, se enfrentaba con los vetos de China y Rusia dentro del Consejo de Seguridad. La continua obstaculización por parte de estos dos miembros permanentes de dicha entidad llevó a las potencias de la OTAN a tomar la decisión de que políticamente podían implementar su propia solución militar al problema de Kosovo. Tras esta decisión de la OTAN, las potencias occidentales dieron señales de que no consideraban a la ONU como el árbitro final en lo que era considerado como una acción militar "legal". Otra consecuencia fue que, por lo menos en lo concerniente a Europa, la ONU dejó de ser importante.

Los ataques terroristas contra Estados Unidos y la subsiguiente campaña militar en Afganistán ofrecieron a Naciones Unidas la oportunidad de revigorizarse al emprender un papel mucho más proactivo —por ejemplo, en el proceso de construcción de la paz tras la guerra en Afganistán—. Hasta el momento en que este documento se escribió, el comportamiento de la ONU ha sido todo menos activo. Simplemente reaccionó a los eventos del 11 de septiembre y a sus consecuencias sin intentar moldearlos. Así, esta reacción es una indicación más de la debilidad de la institución, por lo menos respecto a su papel principal de mantener la paz y la estabilidad mundiales y de ocuparse de las amenazas a esa paz y estabilidad. Por ello, los ataques terroristas han conducido a una mayor marginación de la ONU.

UN REGRESO HACIA LOS VIEJOS ALIADOS

Inmediatamente después del fin de la guerra fría, Estados Unidos —primero con George Bush y después con William Clinton— comenzó a redefinir su política exterior, poniendo especial atención en los intereses comerciales estadunidenses. Geográficamente hablando, quienes toman las decisiones estadunidenses empezaron a dirigir su mirada hacia América Latina como una zona económica importante con gran potencial de crecimiento. Creo que la llamada "relación especial" entre Vicente Fox y George W. Bush realzó esta nueva realidad de los tiempos posteriores a la guerra fría. En combinación con el hecho de que se había logrado poco progreso respecto a las disputas económicas entre americanos y europeos, Estados Unidos, para bien o para mal, ponía mayor atención a sus relaciones con países de América Latina.

Los ataques terroristas han cambiado esta realidad. Debido al fuerte apoyo de Europa hacia las acciones de Estados Unidos, en un sentido hemos regresado a la guerra fría, en donde las "relaciones especiales" de Estados Unidos se dan con los países que lo apoyan política y militarmente. El cambio en la definición de lo que significa ser un buen amigo para Estados Unidos podría tener consecuencias negativas respecto a América Latina ya que, contrario a su potencial económico, estos países tienen recursos limitados para contribuir a una alianza global contra el terrorismo. En otras palabras, una nueva política exterior "securitizada" deja poco espacio para los temas de desarrollo de América Latina, tales como crecimiento económico, protección ambiental y otros tipos de temas de "baja política".

Este refuerzo de la alianza tradicional entre los europeos y Estados Unidos sugiere varias implicaciones respecto al tema de la seguridad europea en el siglo XXI. Durante casi una década, los europeos han tratado de construir una identidad política y de seguridad separada (de Estados Unidos). Esta meta, conocida como la Política Exterior y de Seguridad Común (PESC), data desde diciembre de 1991, cuando era considerada un logro importante dado el hecho de que por casi cuarenta años de construcción europea, la expresión "Política Exterior y de Seguridad Común" se consideraba un tabú. A causa de su debilidad, Europa necesitaba la ayuda política, económica y militar estadunidense, y el temor, al menos entre algunos de los miembros de la Comunidad, era que una política de seguridad unificada pudiera ofender a Estados Unidos e incluso alentar una política soviética expansionista.

Sin embargo, con el fin de la guerra fría los líderes europeos se encontraron repentinamente preocupados por el hecho de que si bien la Comunidad Europea (Unión Europea después de 1991) había logrado un importante progreso en la integración de áreas económicas (la creación de un gran mercado sin fronteras, una moneda única, etc.), no podía decirse lo mismo respecto a los asuntos político-militares. Esta preocupación surgió en parte a raíz del temor de que con el fin de la guerra fría, Estados Unidos decidiera unilateralmente retirarse de Europa y realizara una política exterior más aislacionista. Esto a su vez dejaría a los europeos políticamente sin preparación para lidiar con amenazas a sus intereses colectivos. Además, una Europa unificada sería poco menos que un jugador global si su política exterior y de seguridad común no complementara la integración económica.

No obstante, la euforia experimentada por la firma del Tratado de Maastricht se desvaneció cuando los líderes europeos se percataron de que alcanzar una PESC sería mucho más difícil de lo esperado. Cuatro factores centrales contribuyeron a esta disminución de expectativas: los debates internos sobre la naturaleza e incluso la necesidad de una PESC; un percibido fracaso de la política europea respecto a los Balcanes; la expansión de la OTAN hacia Europa Oriental; y en relación con esto, la decisión de Estados Unidos de mantenerse activo, por lo menos en el futuro inmediato, en los asuntos europeos.

Primero, los países "atlantistas," entre los que se incluyen Gran Bretaña, Dinamarca y Portugal, si bien estaban dispuestos a firmar un documento que apoyara la PESC, no favorecían tomar los pasos necesarios para lograrla. Para estos países, la continua presencia e incluso dominio de Estados Unidos en los asuntos europeos de seguridad por medio de la OTAN servían como un importante contrapeso a la creciente influencia económica y política de Francia y Alemania. En segundo lugar, la percibida falta de habilidad de los europeos para lidiar con el creciente problema en los Balcanes durante el periodo de 1991 a 1994 puso más en duda la capacidad de los europeos de construir una PESC. En un inicio, gran parte de quienes toman las decisiones estadunidenses, así como la opinión pública, veían el conflicto como un problema puramente europeo. Por ello, Estados Unidos se encontraba reacio a involucrarse. Los líderes europeos consideraban la situación como una oportunidad para que una Europa unida demostrara liderazgo en los asuntos mundiales. Sin embargo, hicieron exactamente lo contrario: por años, los líderes europeos no pudieron decidir cuál era la naturaleza del conflicto y, lo más importante, se quedaron en debatir constantemente la mejor solución al problema. Esta falta de habilidad para actuar contribuyó a la prologada naturaleza del conflicto. Fue sólo hasta que Estados Unidos y la OTAN intervinieron después de 1995 cuando se vislumbraba una solución al alcance. La lección que se aprendió en ese entonces era que Europa era incapaz de actuar coherentemente sin la participación de Estados Unidos.

El éxito de la OTAN en Bosnia, así como su expansión dentro de Europa Oriental, sugería a muchos observadores que el futuro de la seguridad colectiva europea descansaba dentro de la alianza de la guerra fría. La OTAN fue capaz de demostrar con bastante efectividad que todavía tenía un papel importante que jugar —el de sostén regional de la paz—. Además, la OTAN contaba con varias ventajas importantes sobre alguna forma de PESC: la infraestructura se encontraba ya instalada, su estructura de comando facilitaba una respuesta rápida y era la institución política y de seguridad preferida por al menos tres miembros de la Unión Europea.

A diferencia de la declaración de la PESC de 1991, las palabras de la OTAN se llevaron a la práctica. Entre 1992 y 1999, el comportamiento de aquélla parecía más una alineación con los principios de mantenimiento de paz y de seguridad colectiva que una alianza clásica que enfrentara una gran (y estatal) amenaza militar. La OTAN supervisaba el embargo de armas de Naciones Unidas en los Balcanes en 1992; comenzó a poner en vigor la zona restringida al vuelo en Bosnia en 1993; y en 1994 la alianza lanzó sus primeros disparos "de enojo" en Bosnia. Lo más importante fue que en 1999 tomó la iniciativa (sin el apoyo de la ONU) y lanzó una operación masiva de "mantenimiento de paz" contra Yugoslavia. En suma, durante aproximadamente ocho años después de la firma de Maastricht, una PESC se veía, en el mejor de los casos, como objetivo complicado de alcanzar y en el peor de los casos, como un sueño. El futuro de la seguridad colectiva europea parecía descansar en manos de Estados Unidos y la OTAN.

La campaña global contra el terrorismo resalta aún más qué tan lejos se encuentran los europeos de definir una identidad política y de seguridad separada. Al respecto, vale la pena señalar el hecho de que fueron los miembros europeos de la OTAN quienes invocaron el famoso artículo 5 del tratado, que establece que un ataque contra un Estado miembro es considerado un ataque contra todos. Paradójicamente, el artículo 5 fue incorporado al tratado convirtiendo a la OTAN en una garantía de Estados Unidos de que asistiría a sus aliados en caso de un ataque por parte de la Unión Soviética. Aproximadamente cincuenta años después, parece como si los europeos hubieran invocado el artículo precisamente para demostrar a Estados Unidos que estas naciones consideran una prioridad la seguridad nacional de este país. En otras palabras, al invocar el artículo 5, los europeos envían una señal al mundo de que sus intereses de seguridad están íntimamente ligados a los de Estados Unidos y de que la idea de una agenda política y de seguridad separada simplemente no sirve a los intereses de los europeos.

Un segundo acontecimiento importante en este sentido es el hecho de que es Gran Bretaña (y no Estados Unidos) quien ahora está conduciendo la operación de mantenimiento de paz en Afganistán. Al hacer esto, Gran Bretaña está demostrando de manera muy obvia que considera la cooperación con Estados Unidos como un objetivo mucho más importante que el intento de desarrollar una identidad política y de seguridad separada para Europa. Finalmente, los países que están proveyendo la mayor parte de mantenedores de paz en Afganistán son países europeos en general. Esto tiene el efecto de liberar fuerzas estadunidenses mejor entrenadas y mejor equipadas para proseguir con la actual guerra en contra de Al Qaeda globalmente. En suma, el nivel de cooperación entre Estados Unidos y sus aliados europeos no tiene precedentes. Los europeos, dirigidos por Gran Bretaña, están demostrando que valoran la relación atlántica mucho más que alguna clase de identidad política y de seguridad separada.

Más allá de la falta de disposición política existen razones prácticas de importancia que harán de la PESC un objetivo difícil de alcanzar. En primer lugar, los europeos necesitan mejorar su habilidad para proyectar poder militar fuera de sus territorios. Las fuerzas europeas actuales están diseñadas para la defensa territorial contra un potencial agresor territorial (la ex Unión Soviética, por ejemplo). Afortunadamente para los europeos, este escenario continúa siendo poco probable. En su lugar, el tipo de amenazas que los europeos enfrentan en el futuro inmediato (es decir, la inestabilidad localizada en sus fronteras) necesita de una fuerza de reacción inmediata de alguna clase. A la fecha, los europeos no cuentan con ésta, sin embargo, su decisión de desplegar a la mayoría de las tropas de paz hacia Afganistán sugiere que están intentando sentar las bases de tal capacidad militar.

Además, con la excepción de Gran Bretaña y Francia, la mayoría de los países europeos no han logrado invertir en equipo y entrenamiento que los haga capaces de proyectar poder de manera efectiva. Por ello, hasta que los europeos tomen los pasos adecuados para modernizar su capacidad militar, una PESC seguirá siendo insostenible. Esto no implica que la PESC necesariamente vaya a fracasar, pero tampoco sugiere que si logra tener éxito estará vinculada en alguna forma a la OTAN o a Estados Unidos. Tal parece que el interés de los europeos en este aspecto no es "equilibrar" el poder de Estados Unidos, más bien es un intento de elevar a Europa al nivel de un socio igual que Estados Unidos respecto al mantenimiento del orden y la estabilidad en las relaciones internacionales.

ALIADOS PECULIARES

De manera un tanto sorpresiva, Rusia parece haber aceptado e incluso alentado de todo corazón la posición de Estados Unidos en relación con los ataques terroristas. De hecho, Rusia es uno de los principales partidarios de la campaña militar en Afganistán. Esto contrasta en gran medida con la naturaleza de las relaciones bilaterales entre los dos Estados durante el pasado. Múltiples asuntos, que incluyen la defensa antimisiles, la acción militar estadunidense en los

Balcanes y la acción de la Federación Rusa en Chechenia, dañó las relaciones de manera importante. Y aunque nadie habló de un regreso a la competencia geopolítica de la guerra fría entre Estados Unidos y los soviéticos, quedó claro que una relación mutuamente benéfica y cooperativa se encontraba todavía en un futuro lejano.

Los ataques a las torres gemelas cambiaron la naturaleza y dirección de la relación bilateral ruso-estadunidense para mejorarla. Es una de esas pocas ocasiones en que los intereses geopolíticos de Rusia y Estados Unidos han coincidido, otros ejemplos son la segunda guerra mundial y la guerra contra Irak en 1989-1990. Los intereses coinciden debido a la clase de fundamentalismo islámico que durante aproximadamente los últimos treinta años ha amenazado primero a la Unión Soviética y después a Rusia, y que ahora amenaza a Estados Unidos.

Para poder entender adecuadamente esta conexión, parece necesaria una rápida revisión de la historia de la participación estadunidense y soviética en Afganistán en la guerra fría. Durante la mejor parte de su historia moderna, el gobierno de Afganistán fue una monarquía. No necesariamente proestadunidense por designio, este régimen era considerado un amigo neutral de Occidente similar a otros regímenes de dominio islámico-sunita en la región (tales como Arabia Saudita, Kuwait, Irak, Egipto).[1] Hacia mediados de la década de los setenta, este régimen comenzó a colapsarse y fue reemplazado por un liderazgo marxista fuertemente apoyado por la Unión Soviética. Sin embargo, este régimen pronto se vio bajo una tremenda presión de los fundamentalistas islámicos sunitas dentro del país, conocidos entonces como la resistencia muyahidín. La guerra civil que sobrevino entre fuerzas respaldadas por el gobierno y el muyahidín tuvo como resultado el cercano colapso del nuevo régimen marxista. Su líder, mulá Mohammed Omar, pidió y recibió apoyo militar soviético en 1979. Así, se inició la participación militar soviética durante diez años en Afganistán. Las motivaciones soviéticas para involucrarse en el conflicto eran relativamente directas. En pri-

---

[1] El islam se divide en dos facciones básicas: los sunitas y los chiitas. Durante la guerra fría, muchos de los países sunitas se consideraban amigos de Estados Unidos, mientras que los chiitas, como Irán, consideraban a la Unión Soviética como su superpotencia amiga.

mer lugar, los soviéticos estaban ayudando a un supuesto aliado. En segundo lugar, y mucho más importante, los soviéticos se encontraban en Afganistán para combatir el fundamentalismo islámico sunita que podría exportarse fácilmente a las repúblicas y provincias del sur de la entonces Unión Soviética (principalmente Tajikistán, Uzbekistán, Chechenia, Tartarstán, etc.) En ese entonces, para los soviéticos, la intervención militar en Afganistán era vista, por lo menos inicialmente, como un movimiento defensivo contra la expansión del fundamentalismo islámico dentro del sur de la Unión Soviética.

No obstante, Estados Unidos percibía la intervención militar soviética directa en Afganistán como el comienzo de una incursión dentro de Asia y el Medio Oriente. A su vez, Estados Unidos reaccionó proveyendo al muyahidín ayuda militar directa e indirecta. Así, en la última década de la guerra fría se formó una alianza entre Estados Unidos y los extremistas islámicos sunitas. Se rumora que la cooperación entre Estados Unidos y el exiliado saudita/yemení, Osama Bin Laden, comenzó en los primeros días de la intervención soviética en Afganistán. El interés de Osama Bin Laden en Afganistán era similar pero no idéntico al de Estados Unidos. Ambos querían a los soviéticos fuera de Afganistán, sin embargo, para Bin Laden las razones no eran geopolíticas como en el caso de Estados Unidos. En vez de esto, Bin Laden estaba interesado en la creación de Estados islámicos sunitas fundamentalistas a lo largo del Medio Oriente. Sin embargo, entonces esto no necesariamente molestaba a Estados Unidos. De hecho, muchos de los Estados árabes amistosos con Estados Unidos eran precisamente sunitas regidos por la ley islámica, tales como Arabia Saudita y Kuwait.

La Unión Soviética se retiró de Afganistán en 1989, dejando al país en ruinas tanto política, como económica y socialmente. Más aún, la guerra civil en Afganistán no terminó con el retiro soviético: a inicios de 1990, las propias facciones de los muyahidín comenzaron una lucha interna por el control del país. Hacia 1995, esta lucha interna de poder se resolvió con el ascenso de un grupo formado en 1992 llamado el talibán. El talibán fue capaz de capitalizar la incertidumbre generada por el retiro soviético y el subsiguiente colapso del régimen marxista llevó a que Kabul, la capital de Afganistán, fuera capturada en 1996. Por lo tanto, resulta falso acusar a Estados Unidos de haber apoyado al talibán durante la campaña soviética en Afganistán. Esta organización islámica no se formó sino hasta inicios de los noventa, mucho después de que los soviéticos y Estados Unidos abandonaran política y militarmente el país. Además, no está claro si Estados Unidos y la CIA realmente entrenaron a Osama Bin Laden como terrorista. Sin embargo, lo que queda claro es que tanto Bin Laden como Estados Unidos tenían un enemigo común: la Unión Soviética.

Con el retiro soviético de Afganistán, Osama Bin Laden regresó a Arabia Saudita a principios de los noventa. Al mismo tiempo, Estados Unidos y sus aliados, por supuesto, se encontraban en medio de la campaña militar para echar a Sadam Hussein de Kuwait. La guerra del Golfo de 1989-1990 es lo que convirtió a Osama Bin Laden en la principal amenaza a la seguridad nacional e internacional estadunidense en la época posterior a la guerra fría. Para decirlo de otra manera: Bin Laden estaba completamente molesto por el hecho de que Estados Unidos, aliado con otros Estados islámicos sunitas (específicamente Arabia Saudita), hubiera atacado Irak, otro Estado islámico sunita. Para Bin Laden, la operación Tormenta del desierto probaba dos cosas: la primera, que Estados Unidos no era mejor que la Unión Soviética y, la segunda, que los líderes de su propio país eran traidores al islam. Las raíces del ataque del 11 de septiembre se encuentran entonces en la decisión de sacar a Sadam Hussein de Kuwait hace doce años.

Antes de continuar, vale la pena resaltar lo que Bin Laden es y lo que no es, dada la anterior discusión. En primer lugar, él no está luchando por la condición de los pobres en el mundo y el Medio Oriente. La pobreza nunca ha sido parte de su discurso político. De hecho, Bin Laden proviene de una familia saudita/yemení bastante acomodada, que acumuló millones mediante proyectos de construcción a lo largo de la región. Asimismo, se estima que él tiene una fortuna personal calculada entre cien millones y trescientos millones de dólares. En segundo lugar, Bin Laden y su familia se beneficiaron en gran medida de la globalización. La firma de su familia no habría podido hacer esa fortuna sin el dinero que se generó en la región gracias a las ventas petroleras a Occidente y Japón. De forma más precisa, la riqueza personal de Bin Laden, así como la de su familia, es un producto directo de la economía global neoliberal. Finalmente, el prolongado conflicto árabe-israelí fue colocado en su agenda política sólo hasta fechas recientes. Es parte de *su* campaña propagandística para unir al mundo árabe contra Estados Unidos y otras naciones occidentales. Por todo esto, Bin Laden es simplemente un fanático religioso con una gran fortuna que ostenta un resentimiento personal contra Estados Unidos debido a lo que éste hizo a Irak a principios de los noventa, *y nada más que eso.*

Esto nos trae de vuelta al enfoque original de este apartado del artículo: las razones de las nuevas bases de la amistad estratégica entre Estados Unidos y Rusia. Irónicamente, el enemigo al que los soviéticos combatieron en los años setenta y ochenta es el mismo contra el que Estados Unidos pelea hoy: el fundamentalismo sunita. Los rusos pueden mirar cínicamente hacia las últimas décadas anteriores y argumentar: "¡Lo ven, estábamos en lo correcto!". Sin embargo, más allá de esto, Moscú sigue considerando al fundamentalismo islámico en la parte sur del país como una amenaza real, particularmente del tipo que estaba penetrando a aquellas regiones de Rusia gracias al régimen talibán. Así, un Afganistán reconstituido sin el talibán sirve no sólo a Estados Unidos sino a Moscú por igual. Por lo tanto, no es una coincidencia que Rusia haya probado ser uno de los partidarios más fuertes de Washington en la guerra internacional contra el terrorismo.

Estados Unidos parece haber adquirido dos aliados peculiares más en esta campaña: China e India. Históricamente ambos países han tenido algo menos que una relación diplomática perfecta con Estados Unidos, a pesar de lo cual, en la guerra contra el terrorismo, ambos han demostrado una disposición de tolerar (China) e incluso alentar (India) la actividad militar estadunidense en la región. La motivación de China no queda aún del todo clara. Si bien ha apoyado las resoluciones del Consejo de Seguridad de la ONU en favor de la campaña estadunidense contra el terrorismo en su patio trasero, se opuso vehementemente a la acción de Estados Unidos en los Balcanes dos años atrás. La explicación de este peculiar comportamiento de Pekín es el hecho de que, por una parte y en forma similar a Rusia, China enfrenta una amenaza islámica fundamentalista en algunas de sus provincias del noroeste, y por otra, pudo haber considerado su ingreso a la OMC. La membresía había sido un importante objetivo de la política exterior de China en años recientes y sus funcionarios que toman las decisiones pueden haber calculado que tomar una posición antiestadunidense en la guerra contra Afganistán comprometería la entrada de China a la OMC. La decisión de India de apoyar las acciones estadunidenses en Afganistán pueden explicarse de manera más expedita: su enemigo tradicional, Pakistán, había mantenido fuertes vínculos diplomáticos y políticos con el régimen talibán en Afganistán, y ambos, creía India, entrenaban combatientes separatistas islámicos en los estados indios de Jammu y Cachemira. Las fuertes declaraciones de India en favor de Estados Unidos tienen sus raíces en la disputa territorial de cinco décadas con Pakistán sobre la posesión de dichos estados.

De esta manera, en su actual campaña militar, Estados Unidos se encuentra en una posición envidiable respecto a alianzas estratégicas. No sólo cuenta con el fuerte apoyo de sus aliados occidentales tradicionales como Canadá, Japón, Gran Bretaña y otras potencias europeas, también cuenta con el aparentemente sorpresivo y peculiar apoyo (o por lo menos complacencia) de tres potencias críticas en la región: China, Rusia e India.

El Estado todavía importa

El Estado como unidad central de análisis en el estudio y comprensión de las relaciones internacionales se ha vuelto importante otra vez. En años recientes, tanto académicos como políticos habían comenzado a argumentar que los actores no estatales, tales como las organizaciones no gubernamentales (ONG) y las organizaciones internacionales, habían ganado importancia en la conducta y desarrollo de las relaciones internacionales. Otros argumentaban que la globalización había hecho a las fronteras geográficas un tanto irrelevantes. Algunos incluso iban más lejos al argumentar que, en importantes y diversas formas, el Estado como institución estaba perdiendo soberanía o de manera más precisa que había tenido que redefinir la soberanía para tomar en cuenta la siempre creciente importancia de la globalización y los actores no estatales. La lección de los ataques del 11 de septiembre fue que estos planteamientos eran, en cierta medida, exagerados. Tanto políticos como académicos habían olvidado que si bien la globalización —y su capacidad para unificar políticas, culturas y economías— es importante, no es tan relevante como una amenaza a la seguridad del Estado, ya que éste es la institución mejor diseñada para defenderse a sí misma contra amenazas a su seguridad, en cierto sentido ha renacido como resultado de los ataques terroristas.

¿QUÉ ES LO QUE SIGUE?

Resulta extremadamente improbable que las fuerzas estadunidenses y británicas logren localizar a Osama Bin Laden en la intrincada red de cuevas en Afganistán. De hecho, existe cierta evidencia para sugerir que él ya no se encuentra en este país. A causa de la porosa naturaleza de las fronteras entre Afganistán y sus vecinos inmediatos, con toda probabilidad, ha escapado a Pakistán. Su siguiente paso quizá será tratar de dirigirse a algún Estado cercano que albergue terroristas (o por lo menos un Estado neutral), tal como Irak o, más probablemente, Somalia.

Sin embargo, esto no significa que la guerra global contra el terrorismo internacional haya fracasado. Aun cuando Bin Laden todavía esté libre, su red terrorista, Al Qaeda, ha quedado fuertemente debilitada mediante los esfuerzos combinados de actividades policiales, de inteligencia y militares. Los terroristas y las cuentas bancarias relacionadas con ellos han sido identificadas y congeladas, múltiples sospechosos han sido arrestados y, por último, Al Qaeda ha perdido su "seguro cielo" afgano, base de sus operaciones; virtualmente, es una organización "en fuga". Esto sugiere que, al menos por el momento, la probabilidad de otro ataque terrorista de la magnitud del 11 de septiembre se ha reducido de manera importante.

Aunque Bin Laden ha amenazado con utilizar armas de destrucción masiva contra Estados Unidos y sus aliados, no creo que esto ocurra, ya que es extremadamente improbable que Al Qaeda posea tales armas. La lógica aquí es relativamente directa. Si Bin Laden tiene armas de destrucción masiva, ya las habría utilizado, por dos razones: la primera es que si él es capaz de matar a tres mil civiles inocentes, entonces por qué detenerse; en otras palabras, un hombre que es capaz de asesinar a tanta gente utilizando aviones como misiles contra rascacielos, en realidad no debería tener ningún problema en ir un paso más adelante empleando armas de destrucción masiva. En segundo lugar, asumamos que por el momento Al Qaeda en verdad cuenta con este tipo de armas, si éste es el caso, no tiene sentido dejar de utilizarlas en la actual campaña contra ella. Cada día que pasa, la organización se debilita y existe una posibilidad real de que en cualquier punto en el futuro inmediato, los esfuerzos combinados de la campaña policiaca, de inteligencia y militar termine destruyendo la organización. La única explicación posible, dadas las circunstancias, es que Al Qaeda simplemente no posee el tipo de armas que proclama.

¿Un nuevo "nuevo" orden mundial?

Sólo el tiempo podrá decir si este nuevo sistema internacional "seguritizado", sus consecuencias sobre el Estado como institución, así como la naturaleza de las "relaciones especiales" de Estados Unidos, perdurarán. La última vez que los analistas hablaron de un sistema internacional "seguritizado" fue durante la Guerra del Golfo en 1990. En un año tanto políticos como académicos se referían una vez más al nuevo orden mundial que estaría caracterizado por la búsqueda de la paz mundial, la prosperidad y el desarrollo. Ciertamente es posible que dentro de un periodo relativamente corto, después de que la campaña militar en Afganistán termine formalmente en algo, pueda suceder algo similar. Sin embargo, lo que hace diferentes a los eventos del 11 de septiembre de 2001 de la invasión de Sadam Hussein a Kuwait es que en 1990 Estados Unidos no fue atacado. Una segunda, y tal vez más importante, diferencia es que durante la guerra del Golfo el enemigo fue fácilmente identificable y relativamente fácil de derrotar. En la presente guerra contra el terrorismo, el enemigo no es un Estado per se. En vez de esto, se trata de una red internacional de individuos criminales bien financiados y bien escondidos, con bases en múltiples países. Identificarlos será difícil; neutralizar sus actividades, tal vez imposible.

Sin embargo, una de las características más importantes de este nuevo sistema internacional "seguritizado" es el hecho de que Estados Unidos ha demostrado nuevamente que cuenta con la capacidad de generar una coalición de proporciones sin precedente. Para ello ha reunido a uno de los conjuntos de naciones más diversos bajo su ala. Sin duda alguna, Estados Unidos continuará siendo el país hegemónico "por excelencia" del sistema internacional.

Terrorismo y globalización a principios del siglo XXI: dilemas para la seguridad internacional

Raúl Benítez Manaut*
Andrés Ávila Akerberg**

INTRODUCCIÓN

El presente artículo expone un panorama del terrorismo y su ascenso durante los años noventa, como una de las principales amenazas al nuevo orden internacional. Las organizaciones terroristas en el mundo, básicamente las de inspiración religiosa islámica, se convierten en los desafíos fundamentales de la estabilidad de los países. En la segunda parte, se analiza cómo, poco a poco, los movimientos islámicos se radicalizan y organizan para enfrentar a Occidente. Aquí se describe el ascenso de Al Qaeda y de Osama Bin Laden, a la par de la llegada al poder del gobierno talibán en Afganistán. Por último, se presenta la respuesta de la comunidad internacional para enfrentar el terrorismo, y en particular cómo recibió este fenómeno Estados Unidos. Esta reflexión comprende tanto los esfuerzos previos al 11 de septiembre de 2001, como el impacto de los atentados terroristas a las torres gemelas de Nueva York y al Pentágono.

* Investigador del Centro de Investigaciones sobre América del Norte (CISAN). Correo electrónico: <manaut@servidor.unam.mx>.

** Maestro en Relaciones Internacionales, Johns Hopkins University, Washington, D.C. Correo electrónico: <aaandres@hotmail.com>.

El terrorismo

Los analistas del terrorismo han encontrado más de cien definiciones de este concepto.[1] Una de ellas señala que:

> [El] terrorismo es violencia premeditada, políticamente motivada y perpetrada contra objetivos no combatientes por grupos subnacionales o agentes clandestinos, normalmente con la intención de atemorizar a la población. Esta definición tiene cuatro elementos centrales. El primero, la premeditación, significa que debe existir una intención o decisión previa para cometer un acto terrorista [...]. El segundo elemento es que el terrorismo se distingue de otras formas de violencia. Sin embargo, es la motivación política lo que lo distingue de un acto criminal [...]. El tercer elemento, que los objetivos son no combatientes, significa que los terroristas atacan a la gente que no puede defenderse con violencia [...] y el cuarto elemento es que los responsables, sean grupos subnacionales o agentes clandestinos, se distinguen por no hacer operaciones militares normales. Un ataque hecho por las fuerzas uniformadas de un gobierno o fuerzas de otra manera identificables, no es terrorismo.[2]

Por tanto, ¿qué es el terrorismo? Es el ejercicio de la violencia sistemática que emplea el factor sorpresa con un elevado impacto psicológico en la población de un país, una ciudad o región, que busca publicidad a costa de graves daños materiales, que genera una situación de caos y afecta básicamente a la población civil inocente. Mediante un acto terrorista, una organización logra enviar mensajes, transformar el orden existente y seleccionar blancos considerados estratégicos. Un acto terrorista, de acuerdo a su magnitud, puede provocar la reducción o suspensión temporal de los derechos fundamentales, obligar a los gobiernos a restringir las libertades de la población y provocar una alteración de la vida cotidiana.

En los años setenta, se dio el ascenso del terrorismo como fenómeno internacional. El secuestro y asesinato de once deportistas israelíes

---

[1] Véanse Walter Laqueur, *Terrorismo* (Bogotá: Bucaramanga, 1982) y Claire Sterling, *Terrorismo: la red internacional* (México: Lasser Press Mexicana, 1981).

[2] Paul R. Pillar, *Terrorism and U.S. Foreign Policy* (Washington, D.C.: Brookings Institution Press, 2001), 13-14. Todas las traducciones son nuestras, excepto donde se señale.

en las olimpiadas de Munich en 1972, a manos de un grupo extremista palestino y la toma de rehenes en la embajada estadunidense en Teherán (en 1979) por un grupo de estudiantes islámicos, que ocurrió a la par del ascenso del gobierno islámico en Irán, elevó la amenaza terrorista proveniente del Medio Oriente como la más peligrosa para la seguridad internacional.

Originalmente hay un terrorismo nacionalista y separatista, que se opone a una potencia que ocupa un país o a lo que se considera una unidad nacional artificial, en el que ciertos grupos desean la independencia de una provincia o un territorio.[3] Entre estos grupos destaca la organización ETA,[4] que busca la independencia del País Vasco del Estado español, y el Ejército Republicano Irlandés (ERI),[5] que lucha por la independencia de Irlanda del Norte. Hay grupos muy famosos por sus actividades terroristas considerados de extrema izquierda, como las Brigadas Rojas en Italia y el Ejército Rojo Japonés, cuyas actividades se desarrollaron principalmente durante los años setenta.

En América Latina, muchos grupos de inspiración prosocialista desarrollaron estrategias político-militares basadas en el derrocamiento armado de gobiernos militares, autoritarios y dictatoriales. Muchos de esos grupos, organizados en los años sesenta y setenta, no tuvieron éxito en sus acciones y fueron casi desmantelados por completo. Otras agrupaciones latinoamericanas de izquierda, principalmente las ubicadas en Centroamérica, tuvieron amplio respaldo popular para su causa, e incluso lograron que no se les considerara terroristas, sino representantes de sectores importantes de sus países. En

---

[3] Colin M. MacLachlan, *Manual de terrorismo internacional* (Tijuana: Instituto de Investigaciones Culturales Latinoamericanas, 1997).

[4] Euskadi ta Askatasuna: País Vasco y Libertad. Nació en 1959, desea obtener la independencia de la región vasca. Tiene sus cuarteles generales en las provincias vascas de España y Francia y sus áreas de operación, además de los territorios español y francés, incluyen Bélgica, Holanda, Alemania, Italia y Argelia. Sus miembros son alrededor de trescientos, agrupados en células (comandos) de tres o cuatro, la mayoría no conocidos por la policía. Cuenta con alrededor de doscientos cincuenta mil simpatizantes. El grupo ha matado a más de ochocientas personas. Sus acciones más comunes son los atentados con carros bomba y los asesinatos. Sus comandos más conocidos son: Donosti, Vizcaya, Andalucía, Barcelona, Madrid e itinerante. La mayoría de éstos han sido desarticulados varias veces. Desde el rompimiento de su última tregua, el 3 de diciembre de 1999, ETA ha realizado 71 atentados —42 fallidos— con un saldo de 35 muertos.

[5] El ERI fue fundado en 1969; tiene entre trescientos y quinientos integrantes, así como miles de simpatizantes.

este caso se ubicó la lucha del Frente Sandinista de Liberación Nacional (FSLN) de Nicaragua, que tomó el poder en 1979; el Frente Farabundo Martí para la Liberación Nacional (FMLN) de El Salvador, que firmó la paz con el gobierno en 1992 y ahora es la segunda fuerza político-electoral de su país, y la Unidad Revolucionaria Nacional Guatemalteca (URNG), que firmó la paz con el gobierno de Guatemala en 1996. Por luchar contra gobiernos militares muy represivos, se consideró que la lucha armada emprendida por estos grupos era un medio para lograr un propósito legítimo, y por ello fueron reconocidos por gobiernos y organismos internacionales como interlocutores políticos. Por ende, definirlos como "terroristas" no tuvo mucha aceptación, aunque algunas de las tácticas empleadas hoy serían calificadas de "terroristas".[6]

En Sudamérica, agrupaciones político-militares de izquierda no han sido flexibles a la negociación política, por lo que su medio de lucha se concentra fundamentalmente en la violencia armada, con notables daños a la población civil inocente. Estos grupos, entre los que destacan las Fuerzas Armadas Revolucionarias de Colombia (FARC) y el Ejército de Liberación Nacional (ELN), así como las agrupaciones peruanas Movimiento Revolucionario Tupac Amaru (MRTA) y Sendero Luminoso (hoy casi sin actividad militar), se consideran los grupos terroristas latinoamericanos más importantes.

Ha surgido una polémica trascendente con el llamado "terrorismo de Estado". Durante la guerra fría (1945-1989), muchos gobiernos (para defenderse o atacar a los que consideraban sus enemigos, mediante estrategias y tácticas políticamente inaceptables o ilegales), desarrollaron actividades clandestinas que, por sus efectos (atemorizar y dañar a la población civil inocente), se clasificarían como terrorismo. Una parte importante de las estrategias contrainsurgentes desarrolladas por muchos gobiernos entre los años 1950 y 1990, se ubica en esta clasificación; incluso, de forma estructural, la configuración del Estado autoritario militar en muchas partes del mundo empleó el terrorismo contra la población civil o grupos minoritarios

---

[6] Para el caso de El Salvador, véanse Raúl Benítez Manaut, *La teoría militar y la guerra civil en El Salvador* (San Salvador: UCA Editores, 1989); José Ángel Moroni Bracamonte y David Spencer, *Strategy and Tactics of the Salvadoran Guerillas* (Westport: Praeger, 1995).

como parte sustantiva de su acción. En estos casos, los derechos humanos nunca fueron tomados en cuenta. En América Latina se les denominó "Estados de seguridad nacional".[7]

Durante la guerra fría, Estados Unidos, en sus cursos de contrainsurgencia contra grupos revolucionarios impartidos a las fuerzas armadas de casi todos los países, promovió el entrenamiento en tácticas de guerra paramilitares, clandestinas e ilegales. El propósito era impedir el avance del comunismo, y los medios (ilegales y violentos) justificaban los fines. Son los llamados "escuadrones de la muerte", que en muchos países tuvieron entre sus integrantes a miembros activos de las fuerzas armadas y policiacas. Estos escuadrones colaboraron en el derrocamiento de gobiernos legítimos. De igual manera, la acción ilegal de las fuerzas armadas para derrocar gobiernos legítimos se puede considerar "terrorismo de Estado". En estas actividades murieron gran cantidad de civiles inocentes. Por ejemplo, comisiones investigadoras como la Comisión Sábato, en Argentina, lograron demostrar la desaparición de treinta mil civiles inocentes a manos de los cuerpos de seguridad.[8] En Chile sumaron casi cuatro mil personas.[9] En Guatemala, entre 1954 y 1996, se calcula que murieron más de trescientas mil personas como parte de las actividades de contrainsurgencia de las fuerzas armadas y cuerpos de seguridad.[10] En El Salvador, las víctimas de la guerra civil sumaron ochenta mil (entre 1980 y 1992), donde sólo la mitad se consideró combatiente. En estos países, los grupos armados guerrilleros también actuaron contra civiles inocentes. Todo lo anterior, tanto la acción estatal como la guerrillera y el respaldo internacional a ambas, se justificó por la condición de "guerra", fueron actividades del Estado, respaldadas por gobiernos como el estadunidense. En el caso de los grupos guerrilleros, su ideología (el fin) justificaba los medios

[7] Luis Maira, "El Estado de seguridad nacional en América Latina", en Pablo González Casanova, coord., *El Estado en América Latina. Teoría y práctica* (México: Siglo XXI-UNU, 1990).

[8] Alison Brysk, *The Politics of Human Rights in Argentina* (Cambridge: Cambridge University Press, 1995).

[9] Patricio Aylwin, "La Comisión Chilena sobre Verdad y Reconciliación", *Estudios Internacionales* 7, no. 13 (enero-junio de 1996).

[10] Comisión para el Esclarecimiento Histórico de Guatemala, *Memoria del Silencio. Conclusiones y recomendaciones del Informe de la Comisión para el Esclarecimiento Histórico* (Guatemala: CEH, 1999).

a emplear, y en muchas ocasiones también recibieron respaldo gubernamental de la Unión Soviética, Cuba y otros países aliados.[11]

A raíz de la polarización ideológica y política producto de la guerra fría, en ambos extremos del abanico de la política mundial se practicó el "terrorismo de Estado". Por parte de la Unión Soviética y sus aliados, se consideraba legítimo apoyar movimientos de inspiración nacionalista, independentista y guerrillera que luchaban contra monarquías, gobiernos coloniales, dictaduras e incluso democracias, mediante estrategias de guerra de guerrillas. Esto formaba parte de la geopolítica global, para intentar cambiar la balanza de poder a su favor. Por parte de Estados Unidos, el respaldo a dictaduras, monarquías autoritarias y gobiernos militares extremadamente represivos se justificaba como parte de la defensa de su proyección hegemónica. El empleo de grupos paramilitares, incluso casi fascistas, la tolerancia de agrupaciones que promovían acciones racistas (el caso más grave fue la ayuda casi incondicional al gobierno racista de Sudáfrica), así como el uso y entrenamiento de fuerzas armadas y cuerpos de seguridad en actividades violentas paramilitares y clandestinas, se justificaba por una motivación ideológica superior. En la revisión de las doctrinas de contención del comunismo por parte de Estados Unidos, los medios empleados y los grupos a los que se patrocinó para desestabilizar gobiernos, muchas veces involucraron actos de terrorismo, violaciones de derechos humanos y aun la clasificación de "combatientes de la libertad" a las guerrillas anticomunistas de Nicaragua, Angola y Afganistán, a pesar de que realizaban actividades de crimen organizado, como el narcotráfico, tráfico de armas, violaciones indiscriminadas de derechos humanos y, en el caso de Afganistán, el intento de derrocar al gobierno prosoviético contó con el respaldo a grupos y líderes islámicos fundamentalistas.[12]

[11] En Estados Unidos, documentos desclasificados de la llamada "Operación Cóndor" demuestran la coordinación internacional para desaparecer opositores políticos y simpatizantes y familiares en Chile, Argentina, Paraguay, Brasil y Bolivia, entre 1973 y 1976. De estas actividades tuvo conocimiento el gobierno de Estados Unidos, que en esos años no sólo no clasificó a dichos gobiernos como "terroristas", sino, por el contrario, continuó otorgándoles su apoyo.

[12] Véanse The New York Times, *The Tower Commission Report* (Nueva York: Times Books, 1987); Johnathan Marshall, Peter Dale Scott y Jane Hunter, *The Iran Contra Connection. Secret Teams and Covert Operations in the Reagan Era* (Boston: South End Press, 1987).

Por ello, la clasificación de terrorista, durante la guerra fría, se cubría de mantos ideológicos que se desprendían de los intereses políticos de las superpotencias y gobiernos. En este contexto, la defensa de los derechos humanos durante la guerra fría se opacó debido al enfrentamiento entre las superpotencias.[13]

Tras el fin de dicho periodo, el desmantelamiento de la Unión Soviética y el triunfo de Estados Unidos en la confrontación global, se revaloró la democracia como fin superior y el respeto a los derechos humanos como elemento fundamental para calificar las políticas de gobiernos, agrupaciones religiosas, partidos, organizaciones no gubernamentales (ONG), etc.[14] Las organizaciones político-militares de izquierda, en la mayoría de los casos, comenzaron a reconsiderar su ideología, propósitos y objetivos, transformando sus métodos de lucha y estrategias. En América Latina, las agrupaciones armadas más poderosas buscaron la negociación política para reinsertarse a la vida civil, se transformaron en partidos políticos y aceptaron la "democracia" electoral como método de acceso al poder político. Esto se plasmó en los procesos de paz de Centroamérica durante los años noventa.

Sólo en Perú y Colombia las guerrillas se resistieron a efectuar esa conversión y, de ser organizaciones revolucionarias, los analistas las calificaron después como organizaciones convertidas al terrorismo.[15] En ambos países se habla de un vínculo con el narcotráfico como medio de financiamiento y sobrevivencia; y el rechazo a sus actividades se generaliza de manera creciente. Estas agrupaciones, principalmente las FARC, el ELN, el MRTA y Sendero Luminoso son grupos terroristas. Su rechazo a la negociación y la negativa a la reconver-

---

[13] Bob Woodward, *Las guerras secretas de la* CIA (México: Grijalbo, 1988).

[14] Para un análisis detallado de las características del orden mundial posterior a la guerra fría, véase José Luis León, coord., *El nuevo sistema internacional. Una visión desde México* (México: FCE-SRE, 1999).

[15] Es preciso distinguir las diferencias entre los grupos terroristas y los grupos guerrilleros revolucionarios. El terrorismo es principalmente urbano, se practica en áreas densamente pobladas que facilitan el anonimato, la movilidad y blancos de fácil acceso. Igualmente se busca publicidad y difusión inmediata de las acciones y ganar adeptos. La guerra de guerrillas revolucionaria es básicamente rural, busca crear unidades militares e intenta controlar un territorio y tener bases firmes de apoyo entre la población. Las guerrillas emplean métodos terroristas de forma marginal y los evitan para no ser rechazadas por la población, gobiernos y organismos internacionales. Durante la guerra fría, las guerrillas revolucionarias hicieron esfuerzos para no ser consideradas terroristas.

sión a la vida civil las identifica como los bastiones terroristas del hemisferio. En el caso colombiano, los grupos armados de extrema derecha, conocidos como Autodefensas Unidas, también se consideran agrupación terrorista.

La nueva dimensión del terrorismo, desde el fin de la guerra fría, es que se desvanecen las motivaciones ideológicas y políticas, y emergen las razones religiosas, étnicas, raciales o los intereses del crimen organizado. Los motivos religiosos, como los que se derivan de la interpretación fundamentalista del islam, causan impactos muy superiores a los que en el pasado realizaban grupos con propósitos políticos o ideológicos.[16] Esto es paralelo a la emergencia de la religión como variable importante de la política internacional.[17]

Los actos perpetrados por terroristas del Medio Oriente contra potencias como Estados Unidos evidenciaron que el terrorismo ya no era sólo un medio de protesta de las luchas separatistas, sino que se trataba de un fenómeno internacional con múltiples objetivos y mecanismos de acción, un medio para librar una guerra entre los epicentros del poder capitalista y los líderes de países árabes, muchos de los cuales se han convertido poco a poco al islamismo.[18]

En los años ochenta, los países europeos fueron escenario de numerosos actos terroristas, cuyos patrocinadores fueron los gobiernos de países árabes. El atentado contra el avión de Pan Am, a raíz de la explosión de una bomba, provocó la muerte de los 270 pasajeros y varios habitantes de Lockerbie, Escocia. Estados Unidos demostró la participación del gobierno de Libia en este acto terrorista.

En los noventa, se generalizaron los atentados terroristas perpetrados por grupos árabes y se expandieron a otras regiones del mundo. En marzo de 1992, tuvo lugar un atentado contra la embajada de Israel en Buenos Aires, Argentina. Murieron 29 personas y resultaron heridas 252. La acción se atribuyó a grupos fundamentalistas ligados a Hezbolá. En Argentina reside la mayor comunidad judía de

---

[16] US Department of State, *2000 Annual Report on International Religious Freedom* (Washington, D.C.: USGPO, 2000), en <www.state.gov/www/global/human_rigths/irf/>.

[17] R. Scott Appleby, *The Ambivalence of the Sacred: Religion, Violence, and Reconciliation* (Londres: Rowman and Littlefield, 2000).

[18] Laurie Garret, "The Nigthmare of Terrorism", *Foreign Affairs* 80, no. 1 (enero-febrero de 2001).

América Latina, calculada entre 250 000 y 400 000 personas. Posteriormente, en julio de 1994, un coche bomba estalló en la Agencia Mutual Israelita Argentina (AMIA), en Buenos Aires. El atentado dejó un saldo de 86 muertos y casi 300 heridos. El gobierno argentino le atribuyó la responsabilidad a Hezbolá.[19]

Un elemento sobresaliente es que, a principios de los noventa, los grupos islámicos ya habían adquirido capacidad para actuar dentro de Estados Unidos. En febrero de 1993, una explosión en el World Trade Center de Nueva York tuvo como saldo seis personas muertas y cerca de mil heridas. Se atribuyó el atentado a grupos vinculados con Osama Bin Laden, que ejecutaron simpatizantes locales, entre ellos Ramzi Ahmed Yousef, quien actualmente cumple una condena de 240 años en la prisión Supermax de Colorado. En Estados Unidos, asimismo, crece un terrorismo de origen interno, en el que participan personas vinculadas a grupos de extrema derecha (milicias). En marzo de 1995, Timothy McVeigh, vinculado con un grupo de extrema derecha de Michigan, dinamitó un edificio federal de Oklahoma, donde fallecieron 168 personas, incluidos 19 niños, y quinientos heridos. Según las investigaciones del FBI, McVeigh actuó solo y declaró que el ataque fue en revancha por las acciones de esta dependencia federal contra la secta davidiana de Waco, Texas, en 1993, así como por el asesinato de dos separatistas blancos en Ruby Ridge, Idaho, en 1992. Hasta antes del 11 de septiembre se consideraba el peor atentado ocurrido en Estados Unidos. McVeigh fue ejecutado el 1 de junio de 2001. En Japón, en marzo de 1995, la secta Verdad Suprema realizó atentados con gas sarín en el metro de Tokio, que produjeron la muerte de doce personas y la intoxicación de cinco mil quinientas, su líder, Shoko Asahara, afronta 17 acusaciones ante la justicia.[20]

Otros dos atentados contra Estados Unidos fueron muy significativos: en junio de 1996, en Dharan, Arabia Saudita, un camión bomba explotó en la base militar estadunidense (torres de Khobar), en el que murieron 19 estadunidenses y otras quinientas personas resultaron

---

[19] Hezbolá (o Hizballah) se fundó en 1982, y se calcula que tiene entre cinco mil y diez mil integrantes, organizados en milicias y células. Opera en Europa, Líbano, Israel y América Latina. Hezbolá está muy comprometido en la actual lucha de Palestina contra Israel.

[20] La secta de la Verdad Suprema nació como un grupo religioso en 1987. Se calcula que tiene entre mil quinientos y dos mil seguidores.

heridas. Se atribuyó a un grupo islámico vinculado con Bin Laden. En agosto de 1998, dos devastadores atentados con carros bomba destruyeron las embajadas estadunidenses en Kenia y Tanzania; aquí murieron 263 personas (entre ellas doce estadunidenses) y resultaron heridas alrededor de cinco mil. Nuevamente, el acto se atribuyó a Bin Laden.[21] También, desde fines de 1987, se creó el grupo Hamas (Movimiento de Resistencia Islámica), uno de los grupos terroristas más activos contra Israel.[22]

A diferencia de los años setenta y ochenta, cuando los actos terroristas eran perpetrados básicamente por movimientos radicales de izquierda y nacionalismos antioccidentales, en los noventa estos actos surgieron de diferentes fuentes. La mayoría del terrorismo internacional en dicha década provino de grupos amorfos o individuos sin vínculos estrechos con organizaciones. En los casos ya citados de los ataques a las torres gemelas de Nueva York en 1992 y los bombardeos de las torres Khobar en 1996, los grupos terroristas islámicos comienzan a tener capacidad de ataque.

En términos numéricos, de acuerdo con *Strategic Assessment*,[23] durante el periodo 1991-1996, las regiones más afectadas por actos terroristas fueron Europa y América Latina. En Europa, los años de más actividad terrorista fueron, en primer lugar, 1995, con casi trescientos, y, en segundo lugar, 1991, con más de doscientos actos terroristas. Por su parte, para América Latina el peor año en este lustro fue 1991, con aproximadamente doscientos cincuenta actos terroristas, seguido por casi ciento cincuenta en 1992. El Medio Oriente es la tercera región con más actos de esta naturaleza en el mundo, y después se encuentran Asia, Eurasia, África y finalmente América del Norte.

---

[21] Raphael Perl, "Terrorism: U.S. Response to Bombings in Kenya and Tanzania: A New Policy Direction", *CRS Report for Congress* (Washington, D.C.: 1 de septiembre de 1998).

[22] Hamas nació a fines de 1987, después de la primera intifada palestina. Busca el establecimiento de un Estado islámico palestino y es un poderoso rival de la OLP, pues considera a ésta traidora de la causa palestina. Su líder espiritual es el jeque Ahmed Yassin y su cuartel general se encuentra en Gaza; el número de sus combatientes se estima entre novecientos y mil doscientos, además cuenta con estructuras en Jordania y se cree que tiene células de apoyo en Gran Bretaña y Estados Unidos. Amplios sectores de la población palestina le otorgan respaldo. Se caracteriza por sus tácticas mediante atentados suicidas.

[23] Institute for National Strategic Studies, *Strategic Assessment. Engaging Power for Peace* (Washington, D.C.: National Defense University, 1998).

En cuanto a los incidentes terroristas del periodo 1991-1996 por tipo de objetivo, destacan los actos contra instalaciones vinculadas al mundo de los negocios. Así, el peor año para estos objetivos fue 1991, en que en 375 ocasiones fueron blanco de actos terroristas, seguido por 1995, con 350. Al mundo empresarial le siguen los centros diplomáticos y luego las instalaciones de gobierno.[24] Sin embargo, en el Medio Oriente es donde se registran los casos más notables de víctimas inocentes entre la población civil.

Cuantitativamente, en los últimos años no ha habido una modificación significativa de actos terroristas en el mundo; sin embargo, lo que ha cambiado es el número de víctimas y los daños materiales causados, tal como se evidencia en el siguiente cuadro:

Año	1987	1990	1991	1992	1993	1994	1995	1996	1997	1998	1999	2000
Número de atentados	665	437	565	363	431	322	440	296	304	274	392	423

FUENTE: US Departament of State, *Patterns of Global Terrorism 2001* (Washington, D.C.: US Department of State, 2001).

Según el Departamento de Estado, los 815 actos terroristas ocurridos en 1999 y 2000, mataron a 638 personas e hirieron a 1 497. En 2001, sólo el atentado del 11 de septiembre arroja más de seis mil muertos.

El fortalecimiento del terrorismo en los últimos diez años se debe en parte a la gran cantidad de armas dispersas en los mercados informales de traficantes, producto del desmembramiento de la Unión Soviética y los países de Europa del Este, así como a la búsqueda de ideologías alternativas a proyectos modernizadores que se consideran fracasados. También, como factor adicional, emerge el crimen organizado con capacidad transnacional, vinculado al terrorismo. Ambos aprovechan los beneficios de la apertura de fronteras, las nuevas comunicaciones y el libre comercio:

[24] *Ibid.*, 210.

Las organizaciones criminales y los grupos terroristas han florecido como resultado de las condiciones que han permitido una mayor interdependencia mundial, un incremento del comercio global, y comunicaciones y transportes más rápidos. Tras mucho tiempo de ser vistos como problemas de criminalidad manejados por leyes locales, estos grupos son reconocidos como amenazas distintas a la seguridad nacional de Estados Unidos. Así, mientras estas tendencias globalizadoras han permitido un vasto intercambio de comercio y personas, recientemente también han jugado un papel crucial en su apoyo al crimen organizado y a grupos terroristas en expansión, así como lograr eludir a las autoridades aprovechando la globalización.[25]

Según los análisis de la Oficina Internacional de Justicia Penal de la Universidad de Illinois, se calcula que hay más de trescientos grupos extremistas que practican el terrorismo. Las organizaciones terroristas conforman un entramado secreto, compartimentado y fuertemente centralizado. Su estructura puede ser piramidal y circular, basada en: *a*) una división jerárquica; *b*) la especialización de funciones entre sus integrantes; *c*) el reclamo de la autoría de sus acciones para ganar adeptos y difundir su causa; *d*) la clandestinidad, y *f*) la reivindicación de la violencia como forma de acción política y principal medio de lucha. Las organizaciones terroristas tienen en general decenas o centenares de militantes, pero se distribuyen en células operativas, integradas por tres a diez activistas profesionalizados, mismas que no tienen comunicación entre sí, para no ser fácilmente detectadas por los servicios de inteligencia de sus enemigos.[26]

Otro factor considerable para el análisis de los grupos terroristas son sus fuentes de financiamiento. Entre los grupos revolucionarios y nacionalistas europeos, los recursos económicos se sostuvieron en el "impuesto revolucionario", el secuestro y la extorsión. De igual manera, durante la guerra fría los grupos armados antiimperialistas

---

[25] Kimberley L. Thachuk, "The Sinister Underbelly: Organized Crime and Terrorism", en Stephen Flanagan, Ellen Frost y Richard Kugler, eds., *Challenges of the Global Century. Report of the Project on Globalization and National Security* (Washington, D.C.: National Defense University, 2001), 743-744.

[26] Jeffrey A. Built, comp., *Extremist Groups: An International Compilation of Terrorist Organizations, Violent Political Groups, and Issue-Oriented Militant Movements* (Chicago: Office of International Criminal Justice-The University of Illinois Press, 1996).

estuvieron patrocinados por algunos Estados, como Irán, Libia, Sudán, Siria y Corea del Norte, y se promovió el financiamiento de ONG y partidos políticos para que tuvieran expresión legal, mediante el empleo de simpatizantes. En algunos países de América Latina y Asia, el tráfico de drogas se considera crecientemente muy importante. Grupos como las FARC, ELN, Al Qaeda y los Tigres de Liberación Tamil Eelam (LTTE) de Sri Lanka, tienen redes consolidadas de financiamiento con organizaciones de narcotráfico.

Si se clasifica la magnitud del terrorismo a nivel mundial, se puede decir que difícilmente algún país está exento de ser afectado por ese fenómeno, ya sea porque en su territorio se hospeden grupos terroristas o porque pueda ser usado como trampolín para actuar hacia otras naciones. Un análisis al respecto toma en cuenta cuatro variables: *1)* países que sufren y albergan grupos terroristas; *2)* países que sufren el terrorismo; *3)* países que albergan al terrorismo, y *4)* países que patrocinan el terrorismo, muestra que, según Estados Unidos, en sesenta países se fomenta o tolera aquél. Cabe considerar que muchos gobiernos son incapaces de contener el terrorismo en su interior o controlar de forma efectiva las fronteras. A continuación se presenta la siguiente información por región y continente:

Medio Oriente. Sufren y albergan al terrorismo: Argelia, Israel, Yemen, Arabia Saudita y Líbano. Sufren el terrorismo: Egipto, Líbano, Kuwait, Irán, Irak. Albergan al terrorismo: prácticamente todos los países del Medio Oriente. Patrocinan el terrorismo: Irán, Irak, y en Arabia Saudita se sospecha que muchos grandes empresarios proporcionan ayuda financiera a grupos terroristas con conocimiento del gobierno.[27]

África. Sufren y albergan al terrorismo: Nigeria, Sudán, Uganda, Somalia, Sierra Leona, Angola y Namibia. Sufren de terrorismo: Argelia y Guinea. Alberga al terrorismo: Níger. Patrocinan el terrorismo: Libia y Sudán.

Europa. Sufre y alberga al terrorismo: Turquía. Sufren el terrorismo: Irlanda del Norte, España, Irlanda, Francia y Alemania. Albergan al terrorismo: Italia, Austria e Irlanda del Norte.

América Latina. Sufren y albergan al terrorismo: Colombia, Ecuador y Perú. Albergan al terrorismo: Brasil, Argentina y Paraguay.

---

[27] "El terrorismo en el mundo", *Reforma*, 23 de septiembre de 2001, 6(A).

Asia. Sufren y albergan al terrorismo: Indonesia, Malasia, Tailandia, Laos y Birmania. Sufren el terrorismo: India y Japón. Albergan al terrorismo: Afganistán y Pakistán.

Eurasia. Sufren y albergan al terrorismo: Georgia, Uzbekistán, Tayikistán y Kyrgzystán. Albergan al terrorismo: Kazadjistán y Azerbaiján.

El acto terrorista más impactante en los últimos cincuenta años es el realizado el 11 de septiembre de 2001 por el grupo Al Qaeda, contra las torres gemelas de Nueva York y el edificio central del Departamento de Defensa, en Washington. Ello llevó al gobierno de Estados Unidos a tomar medidas extraordinarias, sacrificando, con el respaldo de la población y el Congreso, algunas de las libertades civiles e individuales, para controlar y neutralizar la posibilidad de que se repitiera dicha agresión. En otras palabras, el terrorismo logró generar pánico y obligó internamente al gobierno de Estados Unidos a sacrificar libertades para fortalecer su seguridad (paradigma observado por vez primera en Estados Unidos desde el "macartismo" en los años cincuenta). El principal temor a futuro es que haya una escalada terrorista en la que se empleen armas bacteriológicas, químicas y armas cargadas con material radiactivo. De igual manera, el terrorismo contra los sistemas de información privados y gubernamentales es uno de sus principales temores.[28]

Analistas como Mijail Gorbachov,[29] Jeffrey Sachs[30] y Henry Kissinger[31] consideran que en el futuro la guerra contra el terrorismo tendrá muy pocos componentes militares, y sólo será exitosa con políticas coordinadas entre gobiernos, de desarrollo económico y social y de inteligencia (con un uso extensivo de la tecnología moderna). De igual manera, los especialistas opinan que es necesario transformar el sistema político y legal, incluso restringiendo las libertades.

[28] Roland Jacquard, "La Biblia de la Jihad", *Time Américas*, 25 de octubre de 2001, y "El terrorismo en el mundo", 11.

[29] Mijail Gorbachov, "Un rol protagónico en la ONU para el Consejo de Seguridad", *Reforma*, 24 de octubre de 2001, 29(A).

[30] Jeffrey Sachs, "Derrotando al terrorismo a través de la prosperidad global", *Reforma*, 6 de noviembre de 2001, 7(A).

[31] Henry Kissinger, "Un nuevo enfoque para la victoria", *Reforma*, México, 29 de septiembre de 2001, 6(A).

El fundamentalismo islámico, el conflicto en el Medio Oriente y Afganistán[32]

El origen de la religión islámica data de 632 d.C., a partir de la muerte de Mahoma, a quien sucedió el primer califa Abu Bakr (suegro del profeta). Su gobierno duró poco más de dos años; el segundo califa, Omar, fue asesinado, y también el cuarto, Alí (yerno del profeta), al igual que sus hijos. El enfrentamiento entre los descendientes de Alí y de Abu Bakr por el califato produjo el cisma del islam en el año 680, dando origen a la corriente shiita, o Partido de Alí, frente a la ortodoxa o sunita (80 por ciento de los musulmanes). También está el wahhabismo de Arabia Saudita, sunismo extremista, que surgió en 1774, reclamándose seguidores del islam "originario".

En el Medio Oriente, la presencia de las potencias europeas, de Estados Unidos y la Unión Soviética ha generado un rechazo a "lo moderno", identificado con los intereses, instituciones y empresas de estos países. El islamismo radical considera traidores a los gobiernos que tienen relaciones con "Occidente". Por ejemplo, en Arabia Saudita la oposición a la familia real creció a raíz de la guerra del Golfo (1991) y de la presencia de tropas estadunidenses casi 120 kilómetros al sur de Riad, muy cerca de los sitios sagrados del islam: La Meca y Medina. Por ello, Bin Laden se convirtió en enemigo de la monarquía saudita y fue expulsado en 1991, pues consideró traidora a la familia real, por sus alianzas con Estados Unidos. Bin Laden se refugió en Sudán, de donde fue expulsado en 1996.

Actualmente, se calcula que hay mil trescientos millones de fieles, seguidores de la herencia de Mahoma, un quinta parte de la población mundial, con presencia en 62 países. Los árabes musulmanes son doscientos millones. En distintos países occidentales la presencia de población islámica es importante. En Gran Bretaña hay tres millones; en Francia entre cuatro y cinco millones, existen mil quinientos lugares para su culto y es la segunda religión del país; en Alemania son alrededor de dos millones y en Estados Unidos cuatro millones.

---

[32] Véase Roberto Marín Guzmán, *El fundamentalismo islámico en el Medio Oriente contemporáneo* (San José: Universidad de Costa Rica, 2000).

Salman Rushdie afirma que ha germinado desde los últimos años del siglo XX una versión del islamismo que se puede clasificar como "islam paranoico", donde la culpa de todos los males, sin excepción, proviene de Occidente: "Este islam paranoico, que culpa a los externos, «infieles», de todos los males que aquejan a las sociedades musulmanas, y cuyo propuesto remedio es el cierre de esas sociedades al proyecto rival de la modernidad, es actualmente la versión del islam de más rápido crecimiento en el mundo".[33]

En un primer momento, producto del proceso de descolonización posterior a la segunda guerra mundial y la conflictiva configuración de nuevos Estados en el Medio Oriente, nacieron en la clandestinidad grupos armados nacionalistas, algunos de ellos de inspiración religiosa. El primer diferendo fue la falta de acuerdo al momento de nacer el Estado israelí, y los conflictos que derivaron en que no pudiera, a la par, concretarse el nacimiento de un Estado palestino. Posteriormente, las guerras árabe-israelíes (1967 y 1973) alimentaron el odio a este país y al "Occidente" que le otorgaba respaldo.

En el Medio Oriente, lo que originalmente eran grupos guerrilleros de inspiración nacionalista-socialista, apoyados por la Unión Soviética, poco a poco se fueron transformando en grupos nacionalistas clandestinos de inspiración religiosa, que rechazan "lo occidental" por considerar que Europa y Estados Unidos han ejercido un dominio que atenta contra su cultura, sociedad y, principalmente, su religión. Éstos, que se despolitizan para transformarse en grupos de inspiración religiosa proislámica, comienzan a cobrar importancia en los años sesenta y setenta. Este islamismo radical considera traidores a los líderes de sus países que negocian con países europeos, Estados Unidos o Israel, y transmitió la idea de emprender una guerra de guerrillas santa. Así nacieron los distintos grupos fundamentalistas islámicos.

Hoy, los más importantes grupos fundamentalistas que emplean el terrorismo como método son Hezbolá (o Jihad Islámico), que opera en Líbano, Israel y, se cree, recibe respaldo de Irán (originalmente su lucha es por la transformación de Líbano en un Estado shiita libre

---

[33] Salman Rushdie, "Todo está vinculado con la religión islámica", *Reforma*, 3 de noviembre de 2001, 8-A.

de toda influencia occidental y la eliminación total de Israel) cuyo objetivo principal es el control de Jerusalén; y el Hamas Islámico, que tiene como propósito el establecimiento de un Estado islámico palestino.

El primer gran triunfo político de los movimientos islámicos fue la revolución iraní de 1979, que derrocó al sha de Irán, considerado un traidor prooccidental.[34] El movimiento islámico se levantó contra el proyecto de modernización y occidentalización emprendido por el sha desde que subió al poder en 1955. La revolución de los ayatolas, encabezados por Jumeini, cambió la constitución iraní por una ley islámica, iniciándose a la par un expansionismo fundamentalista fuera de las fronteras de Irán para sostener el proyecto de consolidación del islamismo. Por ello estalló la guerra con Irak (1980-1988), y se diferenció lo que eran los líderes árabes antioccidentales y prosocialistas, respaldados por la Unión Soviética, como Sadam Hussein, de los líderes antioccidentales proislámicos.[35] Al caer la Unión Soviética, los líderes socialistas de los países árabes buscaron rápidamente la transformación de su discurso, acercándose al islamismo como forma de sobrevivencia. El caso más notorio fue el de Hussein, en Irak, que incluso llegó a creer en la posibilidad de atacar otro país árabe (Kuwait) sin que hubiera reacciones internacionales en su contra. De esta manera, la unidad entre los países árabes se intentó buscar en el islamismo como elemento de cohesión contra Occidente, y principalmente Israel, recogiendo demandas históricas del mundo árabe, como es la causa palestina:

> El conflicto israelí-palestino es sólo una de las múltiples luchas entre los mundos islámicos y no islámicos en una lista que incluye Nigeria, Sudán, Bosnia, Kosovo, Macedonia, Chechenia, Sinkiang, Cachemira y Mindanao, pero ha atraído mucha más atención que cualquiera de los otros. Hay varias razones para explicar esto: primero, desde que Israel es una democracia y una sociedad abierta, es mucho más fácil informar o desinformar qué está pasando; segundo, los judíos están involucrados, y esto normalmente asegura la atención de quienes, por

---

[34] Behrang, *Irán. Un eslabón débil del equilibrio mundial* (México: Siglo XXI, 1979).
[35] Marín, *El fundamentalismo...*, 88-89.

una razón u otra, están a favor o en contra de ellos; tercero, y más importante, el resentimiento hacia Israel es la única razón que puede ser libremente expresada en los países musulmanes donde los medios de comunicación son propiedad completa del Estado o están regulados severamente por éste. De hecho, Israel sirve como un útil elemento de queja en relación con la privatización económica y la represión política bajo la cual la mayoría de los musulmanes vive, y como una manera de desviar el enojo resultante.[36]

En los países donde la crisis política fue más profunda, la causa islámica tiene mayores posibilidades de éxito. El desmembramiento del poder soviético, su retiro del Medio Oriente, el nacimiento de un grupo de naciones ex soviéticas musulmanas y la imposibilidad de seguir manteniendo a sus tropas en Afganistán abrió las puertas para que movimientos islámicos radicales consolidaran paulatinamente su poder. De esta manera, el fundamentalismo islámico se irradió geográficamente hacia Asia Central, principalmente Afganistán, Pakistán, el norte de la India (Cachemira) e Indonesia.[37]

El caso de Afganistán es un caso prototipo de un Estado fracasado, después de un gobierno monárquico y de la invasión soviética, el vacío de poder dio pie al exitoso ascenso del movimiento talibán. Según los textos sagrados del islam, Afganistán nació por la voluntad de Alá: "Cuando Alá había hecho el resto del mundo, vio que habían quedado muchos desperdicios, piezas, pedazos y cosas que no cabían en ningún lugar. Él las recolectó todas y las aventó a la tierra. Eso era Afganistán".[38]

Afganistán tiene 26 millones de habitantes, divididos en gran cantidad de minorías étnicas: pastún (40 por ciento), tayikos, uzbecos, uazaras y turkmenos. Tras veinte años de guerras civiles, el país está devastado, su población hambrienta, y se calcula que existen más de cinco millones de refugiados internos y en los países fronterizos.

En 1996, los talibanes tomaron el poder en Afganistán. Heredaron un país lleno de campos de entrenamiento para activistas islámicos

[36] Bernard Lewis, "The Revolt of Islam", *The New Yorker*, 19 de noviembre de 2001, 55-56.

[37] John Cooley, *Unholy Wars: Afganistan, America and International Terrorism* (Sterling, Va.: Pluto Press, 1999).

[38] Ahmed Rashid, *Taliban* (New Haven: Yale University Press, 2001), 7.

y radicales de toda Asia, quienes los ayudaron a combatir las fuerzas del anterior régimen. En 1998, los talibanes conquistaron la mayor parte del territorio y lograron que sus adversarios se replegaran a una pequeña franja. El principal líder de los talibanes es el mulá Mohammed Omar. El gobierno talibán llegó a tener hasta cuarenta y cinco mil soldados. Desde el inicio de dicho gobierno existe la guerrilla denominada Alianza del Norte, cuyo número aproximado es de doce mil a quince mil soldados. El aislamiento internacional del gobierno talibán condujo a que sólo mantuviera relaciones diplomáticas con dos países: Arabia Saudita y Pakistán, además de que su economía de exportación se basó sobre todo en las drogas. En 1999, Afganistán produjo 75 por ciento de la heroína del mundo y en el año 2000, 70 por ciento.

En la historia reciente de Afganistán es relevante la presencia soviética. El poder comunista se estableció en Afganistán el 27 de abril de 1978, cuando Nur M. Taraki se autoproclamó presidente de ese país, valiéndose de un sangriento golpe de Estado. Taraki inició inmediatamente una serie de reformas, entre las que incluía una redistribución de la tierra, emancipación de la mujer y destrucción de la vieja estructura social afgana.[39] Estas reformas tuvieron muy poco apoyo popular, lo cual llevó al país al borde de la guerra civil. Bajo esta situación de inestabilidad, el primer ministro de Taraki, Hafizullah Amin, depuso y ejecutó al presidente usurpando su lugar. Esto provocó que los generales soviéticos iniciaran una intervención armada, con el fin de estabilizar al país. Los primeros tanques soviéticos entraron en diciembre de 1979 por Turkmenistán a Herat, ciudad situada al oeste de Afganistán, y luego llegaron a Kandahar. El 27 de diciembre de ese mismo año, fuerzas especiales soviéticas atacaron el palacio y asesinaron al presidente Hafizullah Amin, en Kabul, para después ocupar la ciudad y nombrar a Babrak Karmal como presidente.

Los soviéticos entraron a Afganistán con la idea de que librarían una batalla similar a la sostenida en la ocupación de Checoslovaquia en 1968, es decir, establecer en el país elementos militares y miembros del servicio secreto de la KGB, y gradualmente reducir las fuerzas opositoras hasta tener el control total. En este contexto, las fuerzas especia-

---

[39] Nilda Navarrete, "Herida soviética", *Reforma,* 30 de septiembre de 2001, 6(A).

les soviéticas o *spetsnaz* asesinaron al presidente Amin. Sin embargo, como le sucedió a Estados Unidos en Vietnam, los soviéticos no estaban preparados para luchar contra un enemigo invisible que basaba sus tácticas beligerantes en la guerrilla, con una gran capacidad de cambiar sus operaciones según sus necesidades. Poco a poco, los muyahidín empezaron a tener éxitos ante los soviéticos, lo cual les renovó la moral y, lo más importante, empezaron a recibir equipo militar de Estados Unidos a través de Pakistán. Para los soviéticos esta lucha dejó gradualmente de tener respaldo popular, pues los ciudadanos de la ex URSS no comprendían por qué sus hijos eran enviados a una tierra extraña a morir. Además, la guerra en Afganistán pasó a ser una carga financiera difícil en un contexto en que el comunismo luchaba por su supervivencia.

Después de diez años de intensos combates, la Unión Soviética aceptó su fracaso y se retiró de tierras afganas. El apoyo de Estados Unidos a las guerrillas anticomunistas fue decisivo.[40] Los soviéticos dejaron tras de sí una gran cantidad de utensilios militares: desde aeropuertos y tanques hasta minas antipersonales y fusiles Kalashnikov, y, peor aún, dejaron un vacío de poder en un país resentido y con intensas pugnas intestinas.

Durante la ocupación soviética (1979-1989), la Agencia Central de Inteligencia (CIA) de Estados Unidos y los Inter Servicios de Inteligencia (ISI) de Pakistán apoyaron con dinero y armamento a los muyahidín afganos para que combatieran a las tropas soviéticas. El conflicto costó un millón quinientos mil víctimas, y concluyó hasta 1989. Después del retiro de los soviéticos, se desató una guerra interétnica. Por su parte, los talibanes (estudiantes del islam) de las madrazas o escuelas islámicas, que se instalaron en los campos de refugiados de Pakistán, buscaron desde 1994 el control de Afganistán. Aquél los ayudó a reclutar nuevos miembros, les facilitó armas, transporte, entrenamiento y planes para conquistar Afganistán. Éste se convirtió en una tierra de nadie, donde los zares de la guerra lograron obtener gran poder

---

[40] La estrategia de Estados Unidos se basaba en la llamada "Doctrina Reagan", que señalaba que había que apoyar cualquier movimiento armado guerrillero en el mundo que actuara militarmente contra gobiernos prosoviéticos. Dichos guerrilleros fueron denominados eufemísticamente "combatientes de la libertad" por los oficiales del gobierno de Estados Unidos en los años ochenta.

en zonas específicas y así consolidarse como líderes regionales. En otras palabras, el poder se "feudalizó". Uno de esos grupos fue el talibán, cuyo centro de operaciones lo establecieron en Kandahar, al suroeste de la capital Kabul. Varios de los líderes de este grupo pelearon contra los soviéticos durante la invasión a Afganistán; es más, la mayoría de los líderes talibanes sufrieron la pérdida de alguna parte de su cuerpo, por ejemplo, el gobernador de Kandahar,[41] el mulá Mohammed Asan, sufrió la pérdida de una pierna en 1989. Por su parte, el líder de este grupo, el mulá Omar, perdió el ojo derecho en 1989, cuando un cohete explotó cerca de donde estaba. Otros líderes talibanes, como el alcalde de Kabul, también resultaron mutilados.[42] Las heridas en estos personajes han sido una constante remembranza de los más de veinte años de guerra y los miles de caídos durante este periodo.

La defensa de Kandahar contra la invasión soviética fue una yihad (guerra santa) tribal liderada por jefes de clanes y ulema (maestros religiosos), entre los que destacaba la tribu durrani pastún (a la cual pertenecía el sha de Zahir, el rey exiliado en Roma). Por otro lado, se encontraban los islamicistas, quienes estaban en contra de la estructura tribal y proponían una política ideológica radical, con el objeto de llevar a cabo una revolución islámica en Afganistán. Una vez que los soviéticos se retiraron de Afganistán, se desató una lucha sin piedad entre los tradicionalistas (durrani) y los islamicistas.

Estos últimos se fortalecieron con los recursos proporcionados por la CIA y Pakistán. En 1994, el liderazgo tradicional en Kandahar había sido virtualmente eliminado. El mulá Omar se consolidó como el máximo líder talibán en 1996, después de que en 1994 controlaba la mayor parte de Afganistán. La evocación religiosa de cómo ascendió el mulá es esencial para entender la filosofía política talibán:

> La capa del profeta estaba en un lugar en Kandahar, al lado de la tumba del fundador de esta ciudad está el Templo de la Capa del Profeta,

---

[41] Kandahar es la segunda ciudad en importancia en Afganistán, después de Kabul. Aquélla ha sido habitada desde el año 500 a.C. Los kandaharis siempre han sido grandes comerciantes, pues aprovechan su situación geográfica estratégica en las rutas al oeste hacia Herat e Irán, y al oeste hacia el Mar Arábigo e India.

[42] Rashid, *Taliban*, 17.

uno de los lugares más sagrados en Afganistán. La capa ha sido mostrada en raras ocasiones, como cuando el rey Amanullah trató de reunir a las tribus en 1929, o cuando una epidemia de cólera azotó a la ciudad en 1935. Pero en 1996, con el objeto de legitimar su papel como líder y como quien tiene la orden de Dios para dirigir al pueblo afgano, el mulá Omar sacó la capa y la mostró a la multitud talibán quienes después lo nombraron Amir-el Momineen o Líder de los Creyentes.[43]

Afganistán estaba en estado de virtual desintegración justo antes de que el régimen talibán emergiera a finales de 1994. El país seguía dividido en territorios gobernados por caciques militares tribales, mismos que habían luchado, cambiado de bandos y luchado en una compleja gama de alianzas, traiciones y sangrías a favor y en contra de la ocupación soviética. En 1992 Kabul cayó en manos de los muyahidín y el presidente Najibullah buscó asilo ante la ONU. En 1993, se presentaron cruentos combates entre el presidente Burhanuddin Rabbani y el cacique Hikmetyar, en los que murieron diez mil personas. A fines de 1994, Rabbani no controlaba más que Kabul y sus entornos, así como el noreste del país; mientras que tres provincias del oeste, con sede en Herat, eran controladas por Ismael Khan. Al este, en la frontera con Pakistán, tres provincias con mayoría pastún estaban bajo el control independiente del Consejo de Shura de comandantes muyahidín, con sede en Jalalabad. Una pequeña región al sureste de Kabul era controlada por Gulbuddin Hikmetyar. En el norte, el señor de guerra uzbeco, el general Rashid Dostum, ejercía su influencia sobre seis provincias; en 1994 abandonó su alianza con el gobierno de Rabbani y, uniéndose a Hikmetyar, atacó Kabul. El sur de Afganistán y Kandahar estaban divididos entre una docena de señores de la guerra ex muyahidín y bandidos que robaban a la población. La situación en Kandahar era tan violenta que las agencias humanitarias internacionales se negaban a ir a ese lugar. Los líderes vendieron todo a comerciantes paquistaníes con tal de hacer dinero, arrancaban cables telefónicos, vendían fábricas y maquinaria. Los comandantes abusaban sin piedad de la población,

[43] *Ibid.*, 20.

llegando incluso al secuestro de adolescentes para satisfacer sus apetitos sexuales. En vez de que los refugiados regresaran a Afganistán, una nueva ola de éstos empezó partir hacia Quetta.[44]

Debido a esta difícil situación, veteranos de guerra del conflicto contra los soviéticos que se habían ocultado para continuar sus estudios del islam en las madrazas (escuelas islámicas), se empezaron a juntar para discutir la forma en que podían ponerle fin a esta ola de injusticias. Después de muchas discusiones, estos grupos generaron los principios que posteriormente se convertían en los objetivos del talibán: restaurar la paz, desarmar a la población, ejecutar la ley sharia y defender la integridad y carácter islámico de Afganistán. Como la mayor parte de ellos era estudiante de medio tiempo o tiempo completo de las madrazas, el nombre que escogieron para su movimiento fue sencillo. Un *talib* es un estudiante islámico, uno que busca el conocimiento, en oposición al *mullah,* que es quien proporciona este conocimiento. Al escoger un nombre (*taliban,* plural de *talib*), se distanciaron de las políticas de partido de los muyahidín, enfatizando que era un movimiento para limpiar a la sociedad, en vez de un partido político en búsqueda de poder. Todos los que se reunieron alrededor de Omar fueron los hijos de la yihad, seriamente desilusionados con el faccionalismo y las actividades criminales de los líderes muyahidín. El misticismo de los mulás es evidente si se toma en cuenta que el mulá Omar fue uno de los líderes en el mundo más envueltos en el misterio y el secreto, pues en los últimos cuarenta años nunca ha sido fotografiado.

Existe una gran cantidad de mitos acerca de cómo Omar movilizó un pequeño grupo de talibanes contra los rapaces señores de guerra de Kandahar. La historia más creíble es que, en la primavera de 1994, algunos vecinos de Singesar fueron a quejarse con él de que algunos comandantes raptaron a dos mujeres adolescentes y las llevaron a un campo militar para violarlas repetidamente. Omar enlistó a unos treinta talibanes con sólo dieciséis rifles y atacaron la base, liberando a las niñas y colgando al comandante. Ahí también capturaron una buena cantidad de armas y municiones.

[44] *Ibid.*, 21.

Una vez que adquirieron cierto prestigio y aceptación en Kandahar, algunos de los líderes talibanes fueron a Kabul a entrevistarse con el presidente Rabbani. El gobierno aislado de Rabbani estaba dispuesto a apoyar cualquier nueva fuerza con orígenes pastún (etnia a la que pertenecen los talibanes) para hacerle frente a Hikmetyar. Sin embargo, el mejor aliado del talibán era Pakistán, ya que muchos de los miembros de este grupo se habían educado en madrazas en ese lugar.

Desde 1991, Pakistán había estado apoyando a Hikmetyar, pero ante el escaso avance militar de éste y su fracaso por consolidarse como líder de la minoría pastún,[45] a partir de 1994 empezaron a buscar otros líderes con mayor capacidad para apoyarlos. Así, los talibanes fueron ganando poco a poco la confianza de los paquistaníes con actos como el dar seguridad a los convoyes comerciales provenientes de Pakistán, al prevenir los asaltos en carreteras, acto común entonces. Asimismo, gradualmente fueron incorporándose al bando talibán individuos que cruzaban la frontera desde Pakistán. Hacia 1995, el talibán empezó a aplicar la interpretación más estricta de la ley sharia: cerraron escuelas para niñas, prohibieron a las mujeres trabajar fuera de la casa, destrozaron aparatos de televisión, prohibieron una gran cantidad de deportes y actividades recreativas y ordenaron a todos los varones dejarse crecer largas barbas. A partir de entonces, empezó la marcha del mulá Omar y sus estudiantes por la conquista de Afganistán.

Desde la captura de Kandahar, se habían unido al régimen talibán unos veinte mil afganos y cientos de estudiantes paquistaníes. La gran mayoría de ellos eran muy jóvenes —entre 14 y 24 años— y muchos nunca habían peleado. Sin embargo, todos estaban dispuestos a combatir porque no tenían otra opción en la vida. Eran los huérfanos de los años de guerra en ese país. Asimismo, una vez enlistados, a estos jóvenes se les enseñaba que las mujeres eran una tentación, "una distracción innecesaria de estar al servicio de Alá". Así, la subyugación de las mujeres se convirtió en la misión de los verdaderos creyentes.

---

[45] Alrededor de 20 por ciento del ejército paquistaní estaba compuesto por individuos de la etnia pastún.

El talibán fue conquistando provincia tras provincia, muchas de éstas sin disparar ni un solo tiro. El 14 de febrero de 1995 capturaron el cuartel general de Hikmetyar, lo cual causó pánico entre sus fieles, quienes tuvieron que huir hacia el este a Jalalabad. Tras este acto, los talibanes abrieron los caminos para el tránsito de mercancías hacia Kabul, que había estado bloqueado por las fuerzas de Hikmetyar, y esta acción les redituó credibilidad política entre la población capitalina; sin embargo, Kabul resistió a los primeros embates talibanes.

Uno de los primeros destinos de los talibanes fue Herat, ciudad situada a 560 kilómetros al noroeste de Kandahar y gobernada por Ismael Khan. A raíz de las derrotas que el talibán sufrió en su intento por tomar Kabul, Khan cayó en el error de subestimar el poder militar de este grupo. Por su parte, los talibanes fueron capaces de reclutar voluntarios provenientes de Pakistán para su empresa en Herat, reuniendo aproximadamente a veinticinco mil hombres. En realidad fue poca la resistencia que las fuerzas de Khan opusieron al talibán, y en septiembre de 1995 Khan huía de Herat, dejando la ciudad en manos del mulá Omar. Con la conquista de Herat, los talibanes controlaban ya todo el occidente de Afganistán y, además, este acto significó el inicio del fin del gobierno del presidente Rabbani, ya que la victoria en Herat motivó al talibán a lanzar otro ataque sobre Kabul, durante los meses de octubre y noviembre, con la idea de ganar terreno antes de que cayera el crudo invierno en esas tierras.

Después de diez meses de sitio, el régimen talibán todavía no podía tomar Kabul, lo cual empezaba a generar inquietud entre sus filas; mientras tanto, sus líderes debatían sobre el rumbo de su movimiento. No obstante, el 4 de abril de 1996, el mulá Omar, después de haber sido nombrado emir de Afganistán, apareció en el techo de un edificio en el centro de Kandahar envuelto en la capa del profeta Mahoma, la cual no se había sacado de su templo durante sesenta años. Esto se consideró como una jugada política maestra, ya que al envolverse en ella el mulá Omar asumió el derecho de dirigir no sólo a los afganos, sino a todos los musulmanes.

El intento talibán por conquistar Afganistán empezó a preocupar a las naciones vecinas. En especial el sitio a Kabul generaba posiciones divididas entre los países de la región. Por un lado, Pakistán estaba en contra del régimen de Rabbani, por lo cual tendía a apoyar al talibán, al igual que Arabia Saudita, proporcionándole armas. Pakistán dio al talibán una red telefónica inalámbrica y ayudó con partes para mejorar la fuerza aérea de este grupo. Arabia Saudita, por su parte, proporcionó combustible, dinero y cientos de camionetas nuevas.

Por otro lado, Irán, Rusia e India apoyaban al régimen de Kabul de igual forma que las ex repúblicas soviéticas (Uzbekistán, Kazajastán, Kirjistán y Tayikistán). Así, por ejemplo, Rusia, Tayikistán y Uzbekistán proporcionaron armas rusas, municiones y combustible a Kabul. Irán, el más preocupado por la caída de Herat, creó un puente aéreo entre Meshad, al este de Irán, y Bagram, poblado cercano a Kabul para proveer de armamento, y este país también estableció centros de entrenamiento militar para unos cinco mil guerreros comandados por el antiguo gobernador de Herat, Ismael Khan. India, por su parte, apoyaba al régimen de Kabul simplemente porque Pakistán apoyaba al talibán.

El caso de Estados Unidos era más ambiguo. El subsecretario para Asia del Sur del Departamento de Estado de Estados Unidos, Robin Raphel, visitó los tres centros de poder en Afganistán, en abril de 1996, empezando por Kabul, y luego Kandahar y Mazar-e-Sharif. Raphel afirmó en Kabul:

> Nosotros [Estados Unidos] no nos vemos involucrándonos en los asuntos de Afganistán, pero nos consideramos como un amigo y ésa es la razón por la cual estoy aquí, para reunirnos y dialogar. También estamos preocupados por las oportunidades económicas que se perderían si no se restaura la estabilidad política.[46]

Según Rashid, Raphel se refería a la propuesta de construir un gasoducto por parte de la empresa estadunidense Unocal para llevar gas desde Turkmenistán, pasando por Afganistán hasta Pakistán. Por otra parte, la administración de Clinton simpatizaba abiertamente con el talibán, ya que éstos coincidían con la política estadunidense

---

[46] AFP-Bagram, "Raphel Says US Interest in Afganistan Increasing", *The Nation*, 20 de abril de 1996.

antiiraní y jugaban un papel importante en el proyecto de evitar que los ductos de combustible de Asia Central pasaran por Irán. De hecho, el Congreso de Estados Unidos autorizó un presupuesto de veinte millones de dólares para operaciones encubiertas de la CIA con el fin de desestabilizar a Irán, y Teherán acusó a Washington de canalizar algunos de esos recursos al régimen talibán.

A lo largo de 1996, el talibán continuaba su asedio sobre Kabul mediante misiles, lo cual devastó a una ciudad ya casi en ruinas. Mientras esto sucedía, los súbditos del mulá Omar lanzaron un ataque sorpresa sobre Jalalabad, al este de Kabul y cerca de la frontera, en agosto de ese año. Dicho ataque fue en dos frentes: por la línea que avanzaba desde Kabul, y otra que, bajo el permiso de Pakistán y conformada por militantes talibanes refugiados en ese país, avanzaba desde el este. Dicho ataque provocó la muerte de los líderes de esa ciudad y llevó al régimen talibán a controlar ese poblado. Posteriormente, el talibán tomó otras provincias alrededor de Kabul, como Nangarhar, Laghman, Kunar y Sarobi, ciudad situada a 45 kilómetros de Kabul. Tal fue la ofensiva, que el 26 de septiembre las columnas del talibán entraron a Kabul. Ya aquí, los talibanes capturaron al que fuera presidente afgano de 1986 a 1982, Nayibullah, quien se hospedaba en un cuartel de la ONU. Nayibullah fue arrastrado con una camioneta por las calles de Kabul, castrado y asesinado junto con su hermano, y sus cadáveres públicamente exhibidos afuera del palacio presidencial. Éste fue el primer asesinato brutal de gran contenido simbólico del talibán, con el objeto de aterrorizar a la población. La reacción internacional fue de absoluta condena, ya que el talibán había humillado a la ONU y a la comunidad internacional, además de ridiculizar a sus aliados Pakistán y Arabia Saudita.

Durante las 24 horas siguientes al asesinato, el talibán impuso el sistema islámico más estricto del mundo. A todas la mujeres se les prohibió ir a trabajar, a pesar de que una cuarta parte del servicio civil de Kabul, la totalidad del sistema educativo elemental y gran parte del sistema de salud era dirigido por mujeres. Escuelas para niñas y colegios se cerraron, con lo que se afectó a casi setenta mil alumnas, además de imponer a las mujeres un código de vestimenta extremadamente estricto, obligándolas a cubrirse desde los tobillos hasta la cabeza. Existía el miedo de que unas veinticinco mil familias cuyo jefe eran mujeres viudas por la guerra morirían de hambre. Aparatos de video, discos satelitales, música y todo tipo de juegos, incluyendo el ajedrez, futbol y vuelo de papalotes se prohibieron. Todo hombre sin barba era arrestado.

En 1997, el objetivo fue la ciudad norteña de Mazar-e-Sharif, sin embargo, fue tanta la resistencia de esta población, que llevó al talibán a sufrir su peor derrota ahí. Fue una masacre para ambos bandos. Por un lado, los tayikos —etnia dominante en Mazar— llevaron a rehenes talibanes al desierto, trasladados en grandes contenedores para que murieran de calor. Por su parte, los talibanes, una vez que lograron vencer la defensa de esta ciudad, recibieron permiso del mulá Omar para matar libremente a cualquier persona originaria de Mazar-e-Sharif, lo cual incluyó mujeres, niños e incluso animales domésticos. Otro factor que demuestra el fanatismo del talibán es su rechazo a la ideología budista, lo que lo aisló de la mayor parte de los gobiernos de Asia. La destrucción de los grandes Budas de Bamiyan, a inicios de 2001, fue condenada por la mayoría de los gobiernos del mundo.

La organización militar del talibán se basó en los guerrilleros antisoviéticos. Éstos, poco a poco se fueron convirtiendo al talibán, y los muyahidín de todas partes del mundo acudían a este país para aprender las artes de la yihad, recibir entrenamiento en armas, en fabricación de bombas y en tácticas militares para poder llevar la guerra santa de regreso a casa, a otros países islámicos. Ahí fue cuando se produjo la conversión total del régimen talibán contra Estados Unidos, sobre la lógica de que si pudieron expulsar de su país a una superpotencia como la Unión Soviética, por qué no podría la yihad hacer lo mismo con otra potencia. Entre estos miles de reclutas extranjeros apareció un joven estudiante saudita, Osama Bin Laden, hijo de un magnate de la construcción yemení, Mohammed Bin Laden, quien era un amigo cercano del rey Faisal, y cuya empresa se había vuelto considerablemente rica gracias a los contratos adquiridos para renovar y expandir las mezquitas sagradas de La Meca y Medina.

Antes de su llegada a Afganistán, la vida de Bin Laden no había sido extraordinaria. Nació en 1957 y fue el decimoséptimo de los 57 hijos que procreó su padre yemení y su madre árabe. Estudió una maestría en administración de empresas en la Universidad del Rey Abdul Asís, en Jeddah, Arabia Saudita, pero pronto cambió a estudios islámicos. Su padre respaldó la guerra de los afganos contra los soviéticos, por lo que, cuando Bin Laden decidió unirse a la causa, la noticia fue recibida con entusiasmo por la familia. Bin Laden se instaló en Peshawar.

> Para contrarrestar a esos ateos rusos, los sauditas me escogieron como su representante en Afganistán —dijo Bin Laden—. Me establecí en Pakistán en la región fronteriza con Afganistán. Ahí recibí voluntarios que venían del reino saudita y de todos los países árabes y musulmanes. Instalé mi primer campo donde estos voluntarios eran entrenados por oficiales paquistaníes y estadunidenses. Las armas eran proporcionadas por los estadunidenses y los sauditas. Descubrí que no era suficiente pelear en Afganistán, sino que teníamos que pelear en todos los frentes, contra la opresión comunista y occidental.[47]

En 1989, tras la muerte del líder afgano Azam, Bin Laden tomó su organización para formar Al Qaeda (o "la base militar") como centro de servicio para los afgano-árabes y sus familias, con el fin de forjar alianzas entre ellos. Sin embargo, en 1990, Bin Laden se desilusionó por las pugnas internas entre los muyahidín y volvió a Arabia Saudita para trabajar en los negocios familiares. Tras la invasión de Irak a Kuwait, Bin Laden le pidió ayuda a la familia real saudita para organizar una defensa de Kuwait, con una fuerza basada en los veteranos de guerra de Afganistán. El rey Fahd, no obstante, invitó a los estadunidenses a hacer esto. Tal decisión significó un duro golpe para Bin Laden, quien inició una dura crítica contra la familia real. Sus enfrentamientos con la realeza saudita continuaron, debido a que las tropas estadunidenses seguían en la región, aún después de la liberación de Kuwait. Esto lo llevó a ser declarado persona *non grata*.[48]

En 1992, Bin Laden partió hacia Sudán para formar parte de la revolución islámica que se llevaba a cabo ahí bajo el mando del carismático líder Asan Turabi. Como continuaba con sus críticas contra la familia real árabe, ésta llegó a la decisión poco común de revocarle su ciudadanía en 1994. Fue en Sudán, gracias a sus riquezas y con-

---

[47] Rashid, *Taliban*, 132.
[48] "Dentro de Al Qaeda. La Red Terrorista de Bin Laden", *Time en Español*, en *Reforma*, 8 de noviembre de 2001.

tactos, donde Bin Laden logró reunir más veteranos de la guerra en Afganistán, quienes estaban molestos por la victoria de Estados Unidos sobre Irak y la actitud de los árabes de permitir a las tropas estadunidenses permanecer en la región. A medida que la presión estadunidense y saudita creció contra Sudán por dar asilo a Bin Laden, las autoridades sudanesas le pidieron que saliera del país. En mayo de 1996, Bin Laden viajó de regreso a Afganistán, llegó a Jalalabad con un séquito de docenas de militantes árabes, guardaespaldas y miembros de su familia, incluyendo a tres esposas y trece hijos. Ahí vivió bajo la protección del shura de Jalalabad, hasta la conquista de Kabul y Jalalabad por los talibanes en septiembre de 1996. Hacia agosto de 1996, él ya había hecho su primera declaración de yihad contra Estados Unidos, del que decía que estaba ocupando Arabia Saudita. Tras haber entablado amistad con el mulá Omar, se trasladó a Kandahar en 1997, en donde estuvo bajo la protección del régimen talibán. Entre 1996 y 1997 los estadunidenses ya andaban tras los rastros de Bin Laden: enviaron agentes de la CIA a Peshawar para obtener información sobre él. Sin embargo, fue hasta 1998, como consecuencia de los atentados en las embajadas de Estados Unidos en Tanzania y Kenia, con un saldo de 220 muertos, que inició la cacería de Bin Laden.[49] Así, sólo trece días después de los atentados, Estados Unidos lanzó setenta misiles crucero contra los presuntos campos de entrenamiento de Bin Laden, en los alrededores de Jalalabad. Asimismo, en noviembre de 1998, Estados Unidos ofreció una recompensa de cinco millones de dólares por la captura de Bin Laden. Súbitamente, Bin Laden se convirtió en uno de los enemigos más famosos de Estados Unidos, que también llegó a acusarlo de la muerte de 18 soldados suyos en Somalia (en 1993), en el atentado en el Centro Mundial de Comercio en 1993, y de los bombardeos en Adén (en 1992).

Ante esta situación, los que más sufrían eran los sauditas y paquistaníes por ser los principales patrocinadores de los árabe-afganos. Bin Laden envió tropas a Pakistán para ayudar en su lucha contra

---

[49] En entrevista hecha por el semanario *Time*, 11 de enero de 1999, Bin Laden negó estar involucrado con los atentados a las embajadas, sin embargo, justificó esos actos como divinos contra las fuerzas del mal (en referencia a los estadunidenses).

India por Cachemira, por lo que se encontró en un dilema cuando Washington le urgió al primer ministro Nawaz Sharif su ayuda para capturar a Bin Laden. Por su parte, para los árabes la situación era aún peor. En julio de 1998, el príncipe Turki visitó Kandahar e hizo entrega de cuatrocientas camionetas para el régimen, así como dinero en efectivo. Hasta los bombardeos de las embajadas en África, los sauditas habían continuado con el patrocinio al gobierno talibán y guardaron silencio respecto a la extradición de Bin Laden. Este silencio se debía a que los sauditas preferían dejar a Bin Laden en paz, ya que su arresto y juicio por parte de los estadunidenses podía evidenciar las profundas relaciones que Bin Laden todavía mantenía con elementos afines a la monarquía saudita y a la inteligencia de ese país. Los sauditas querían a Bin Laden muerto o cautivo del talibán.

Para entonces, Bin Laden había forjado una influencia considerable dentro del régimen talibán. En 1997, por su propia seguridad y para mantener control sobre él, lo trasladaron a Kandahar. En apoyo a la causa talibán, Bin Laden proporcionó varios cientos de sus combatientes para que participaran en las ofensivas talibanes contra la Alianza del Norte en 1997 y 1998. No obstante, después de los atentados a las embajadas en África, el talibán, como resultado de la creciente presión de Estados Unidos para entregarlo, vio en el líder de Al Qaeda un bien que estaba dispuesto a intercambiar si con ello venía el reconocimiento de su gobierno. El mulá Omar sostuvo negociaciones con el Departamento de Estado de Estados Unidos, pero no logró mayores resultados. Así, hacia febrero de 1999, Estados Unidos advirtió al régimen que o entregaba a Bin Laden o sufriría las consecuencias. El resultado fue que el talibán hizo desaparecer discretamente a Bin Laden de Kandahar; de igual forma, otra estrategia del gobierno talibán, dado su aislamiento internacional, fue apoyarse en los movimientos islámicos radicales y la exportación directa del terrorismo.[50]

La organización Al Qaeda se dividió en cuatro subestructuras: religiosa, de prensa, financiera y militar. Para poder establecerse en Afganistán, el apoyo al gobierno talibán era la precondición funda-

[50] Ahmed Rashid, "The Taliban: Exporting Extremism", *Foreign Affairs* 78, no. 6 (noviembre-diciembre de 1999).

mental. En Medio Oriente, se relaciona con el Grupo Islámico de Salvación (GIA) de Argelia; el movimiento yihad de Bangladesh; el grupo Abu Sayyaf de Filipinas; en Egipto, se vincula con Al Yihad, Al Gamaa, Al Islamiya y Takfir Wal Hijra; en Somalia, con Al-Itihad Al-Islam, y con otras organizaciones de Libia, Indonesia, Sudán, Bosnia, Chechenia, Cachemira y Malasia.

ESTADOS UNIDOS Y LOS ESFUERZOS INTERNACIONALES PARA COMBATIR EL TERRORISMO

El terrorismo como tal se identificó durante la guerra fría como estrategia de grupos que tenían apoyo de ciertos Estados, cuyas motivaciones eran principalmente políticas. Las primeras preocupaciones de los gobiernos y organismos internacionales se concentraron en evitar el secuestro de aeronaves y firmar convenios para que los secuestradores no se refugiaran en ningún país. El primer convenio internacional se firmó en 1963, y dos más entraron en vigor en 1971 y 1973. La convención para prevenir y sancionar los actos de terrorismo con trascendencia internacional se firmó en 1971. Posteriormente, en 1973, entró en vigor un acuerdo de protección de agentes diplomáticos y personas protegidas internacionalmente. En 1979, se firmó la Convención Internacional contra la Toma de Rehenes, que hacía alusión casi explícita a los rehenes de la Embajada de Estados Unidos en Teherán.

En los ochenta, se firmó la Convención sobre la Protección Física de los Materiales Nucleares. En 1988, el Protocolo para Controlar la Violencia en Aeropuertos; en 1988 también se suscribieron los protocolos para proteger la navegación y las plataformas fijas marítimas. Los dos últimos convenios internacionales, para la Represión de los Atentados Terroristas Cometidos con Bombas y el Convenio Internacional para la Represión de la Financiación del Terrorismo datan de 1997.

Estos doce compromisos internacionales han sido firmados por la gran mayoría de los gobiernos. Aunque en algunos de ellos la tardanza se explica por la necesidad de modificar su legislación interna. Sin embargo, a nivel de los organismos internacionales estos compromisos se consideran insuficientes, sobre todo después del 11 de septiembre de 2001. Por ello, el Consejo de Seguridad de la ONU emitió la resolución 1368, el 12 de septiembre de 2001, en la que se condenaron los atentados y se reafirmó la cooperación internacional contra el terrorismo; y la 1373, aprobada el 28 de septiembre, en la que se plantean disposiciones específicas para fortalecer el combate al terrorismo, con base en el capítulo VII de la Carta de las Naciones Unidas.

La resolución 1373/2001 es de carácter obligatorio para los Estados miembros de la ONU. La resolución consta de nueve incisos. La parte sustantiva plantea la necesidad de combatir el terrorismo con todos los medios, de acuerdo con lo que dispone el capítulo VII de la Carta de las Naciones Unidas. Asimismo, subraya la necesidad de "prevenir y suprimir el financiamiento de los actores terroristas", califica como crímenes la recolección de fondos para esas organizaciones y conmina a congelar los fondos existentes y otras fuentes de ingreso para las agrupaciones. Mediante esta resolución se solicita agilizar el intercambio de información, especialmente en materia de armas, explosivos, materiales sensibles, documentos y movimientos de personas; asimismo insta a los países a firmar las convenciones y acuerdos internacionales que existen contra el terrorismo. Por otro lado, prevé que los actos de terrorismo queden tipificados como delitos graves en las leyes y otros instrumentos legislativos internos, y que el castigo impuesto corresponda a la gravedad de esos actos de terrorismo.

Estos esfuerzos llevan a sostener el afán de Estados Unidos por construir la "coalición de coaliciones" contra el terrorismo. En términos de estrategia contra el terrorismo, el empeño internacional pretende, primero, destruir Al Qaeda;[51] segundo, darle sustento legal en el sistema internacional para poner efectivamente en práctica los doce compromisos firmados y patrocinados por la ONU; tercero, lograr el derrocamiento del gobierno talibán y la construcción de uno que colabore en la guerra contra el terrorismo y que sea capaz de controlar a Afganistán es prioritario.[52] En Estados Unidos, se su-

[51] "Target: Bin Laden", *Time*, 1 de octubre de 2001.
[52] "Los últimos días de los talibán", *Time en Español*, en *Reforma*, 13 de diciembre de 2001.

giere firmar un treceavo compromiso, para poder ejecutar efectivamente las doce convenciones internacionales. En cuarto lugar, se
tratan de impulsar cambios en la legislación interior para hacer compatible el esfuerzo internacional con el nacional. Se busca este cambio
en la legislación interna, en las leyes de la mayoría de los países, para
que se sumen a la "coalición de coaliciones", y que el esfuerzo de
coordinación sea efectivo.[53]

ESPECTRO DEL CONFLICTO EN LA POLÍTICA DE DEFENSA
EN ESTADOS UNIDOS EN 1987

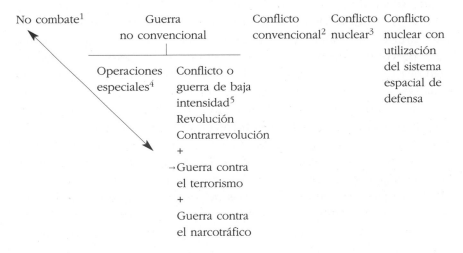

[1] Operaciones de inteligencia, ayuda económica a fuerzas, gobiernos o países aliados, presencia de asesores militares. Las operaciones de no combate (ayuda económica y militar, inteligencia, operaciones psicológicas, acción cívica, utilización de los medios masivos de comunicación) se articulan al conflicto de baja intensidad.
[2] Puede haber un conflicto convencional (sin armas nucleares) de grandes proporciones
o un conflicto nuclear limitado y de corta duración.
[3] Contención militar total, hacia un enemigo estratégico, o empleo de armas nucleares limitadas.
[4] Operaciones "comando", contraterroristas o de rescate, generalmente de corta duración.
[5] Contención militar que oscila desde la asistencia económica a un gobierno, hasta el
involucramiento tipo Vietnam. La noción "baja intensidad" comienza a discutirse y utilizarse
en 1979, y se generaliza en el lenguaje político-militar a partir de 1985.
FUENTE: Sam Sarkesian, "Defensive Responses", en Uri Raánan *et al.*, *Hydra of Carnage.
International Linkages of Terrorism* (Massachusetts: Lexington Books, 1986), 203-206.

[53] Kurt M. Campbell y Michele A. Flournoy, *To Prevail. An American Strategy for the
Campaign Against Terrorism* (Washington, D.C.: CSIS, 2001), 54-55.

En términos doctrinarios, el desarrollo más importante de la conceptualización y ubicación de la guerra contra el terrorismo en el "espectro del conflicto" en la estrategia de Estados Unidos ocurrió en los años ochenta, con el desarrollo de la teoría de la "guerra de baja intensidad". En un principio, esta doctrina explica el empleo del terrorismo contra Estados Unidos por motivos ideológico-políticos, como parte de la estrategia de la Unión Soviética.[54] Esta teoría realiza un *mapeo* que va desde el nivel superior de las guerras, ubicado en la estrategia nuclear, hasta el narcotráfico y el terrorismo.

A la par de este desarrollo doctrinario, se elevan en importancia las amenazas no estatales, provenientes de grupos vinculados con el crimen organizado y poco a poco aparece el fanatismo religioso, racial y étnico, elementos centrales que atentan contra los gobiernos y la estabilidad del sistema internacional. Por ello, los compromisos internacionales de los gobiernos se centran en la detección de individuos y organizaciones que se convierten en promotores del nuevo terrorismo.[55]

En Estados Unidos, esto se aplicó legalmente mediante la emisión de la Ley PATRIOT (Ley para Proveer las Herramientas Requeridas para Interceptar y Obstruir el Terrorismo), aprobada por la Cámara de Representantes en octubre de 2001.[56] Esta ley establece:

- Un orden nacional para el registro *pen* (grabar los números telefónicos marcados por un teléfono) y de "atrapar" y "rastrear" (grabar los números de las llamadas que entran a un teléfono, *trap and trace*), permitiendo la intercepción de comunicaciones encauzadas a través de cualquier jurisdicción en el país. Previamente, la ley sólo permitía la colocación de aparatos de intercepción en la jurisdicción para la cual fue emitida la orden. Esta ley también extiende el registro *pen* y la autoridad de *trap-*

---

[54] Lilia Bermúdez, *Guerra de baja intensidad. Reagan contra Centroamérica* (México: Siglo XXI, 1987).

[55] Ian Lesser, ed., *Countering the New Terrorism* (Santa Monica, Calif.: The Rand Corporation, 1999).

[56] "H.R. 2975 to Combat Terrorism, and for Other Purposes", 107 Congress (Washington, D.C.: Patriot Act: Provide Appropiate Tools Required to Intercept and Obstruct Terrorism, 2 de octubre de 2001).

and-trace para la información de las direcciones en los encabezados de los correos electrónicos, los cuales proporcionarán
alguna información sobre contenido y navegación en Internet,
al revelar los nombres de los sitios de red.

• Permitir a los Proveedores de Servicios de Internet (PSI) u otros
administradores, la autorización de vigilancia de "infiltradores
de computadoras" (*hackers*).

• Proporciona la autoridad para obligar la apertura de archivos
relacionados con una investigación de inteligencia.

• Permite a las autoridades encargadas de la aplicación de la ley
recabar información electrónica y búsquedas secretas en casos
criminales.

• Facilita a las autoridades las facultades para hacer búsquedas
en casas y oficinas sin una notificación inmediata al dueño, y
permite compartir la información recolectada, a nombre de un
Gran Jurado, con agencias de inteligencia.

Lo anterior estuvo precedido de la formulación de un nuevo concepto geopolítico, el llamado *homeland security* (para el cual se
creó la Oficina de Seguridad Interna el 13 de septiembre de 2001).
Entre las nuevas medidas de seguridad interna se autoriza la utilización de las fuerzas armadas en el propio territorio de Estados
Unidos y el fortalecimiento de la seguridad de las fronteras, aun a
costa de obstaculizar las actividades económicas y comerciales o el
tránsito de personas. A la Ley PATRIOT se le añadió una disposición el 13 de noviembre de 2001, que faculta a las fuerzas militares
para poder detener e interrogar a ciudadanos en territorio estadunidense.[57]

El papel de los militares en Estados Unidos en la estrategia global
contra el terrorismo ha estado limitado históricamente bajo la Ley
Posse Comitatus Act de 1898 (18 *U.S.C.* Sec 831, 1385), que prohíbe
el uso de "cualquier parte del ejército [...] para ejecutar las leyes".[58] Sin

---

[57] Véase "Presidential Executive Order 13228", 13 de septiembre de 2001, y "Military
Order, Detention, Treatment, and Trial of Certain Non-Citizens in the War against Terrorism",
13 de noviembre de 2001.

[58] Institute for National Strategic Studies, *Strategic Assessment...*, 214.

embargo, una serie de excepciones estatutarias emitidas desde 1981 permite el uso de las fuerzas armadas en situaciones específicas, incluidas las operaciones contra el narcotráfico y las relacionadas con amenazas terroristas que sean excepcionalmente graves o más allá de las capacidades del FBI (órgano encargado en principio de estas tareas). La ley Posse Comitatus tiene mucho apoyo de los sectores civiles liberales, de los que quieren limitar los poderes del gobierno federal y de quienes desean que las fuerzas armadas se concentren exclusivamente en asuntos relacionados con la guerra. Sin embargo, la tendencia ha sido más bien hacia el relajamiento de esta legislación en casos de amenazas serias, como el tráfico de drogas ilícitas y el de indocumentados.

Las fuerzas armadas de Estados Unidos, no obstante, se han involucrado cada vez más en asuntos relacionados con el combate al terrorismo. Por ejemplo, en 1996-1997, el ejército adquirió un papel relevante en las preparaciones federales para un posible acto terrorista con armas de destrucción masiva (AMD). Con base en la Ley de Defensa contra Armas de Destrucción Masiva de 1996 (impulsada por los senadores Nunn, Lugar y Dominici), el Departamento de Estado inició, en abril de 1997, el entrenamiento de unidades especializadas en las ciento veinte ciudades más grandes del país. Asimismo, se llevaron a cabo diversas prácticas contra terrorismo con AMD. Así, el ejército estadunidense cuenta con un Comando para Defensa Química y Biológica que mantiene un sistema de supervisión y evaluación de despliegue rápido, y sus Unidades de Seguimiento Técnico que pueden realizar procedimientos para protección contra municiones, así como descontaminar equipo y personal.[59]

En el ámbito internacional, la "coalición de coaliciones" contra el terrorismo otorga prioridad a la neutralización y desmantelamiento del terrorismo fundamentalista islámico, además del probable respaldo de algunos gobiernos, sobre todo en el Medio Oriente y sur de Asia. También busca eliminar sus bases de apoyo logístico, político, financiero y militar en todo el mundo. Este nuevo concepto se apoya en la consideración de que existe un "nuevo terrorismo", con mu-

[59] *Ibid.*

cha mayor capacidad de ataque, que emplea todos los beneficios de la globalización.[60]

El principal problema que presenta la aplicación de todas estas medidas es el contraste entre el régimen de libertades civiles y políticas y la vigencia de los derechos humanos, con la necesidad de fortalecer los mecanismos legales, de inteligencia, judiciales y militares para combatir y prevenir el terrorismo.[61]

Donde esta coalición presenta los mayores desafíos y problemas es, lógicamente, con los países del Medio Oriente y Asia, tanto por contar con amplios núcleos de población adepta a la religión islámica, como porque sus gobiernos tienen seguidores de liderazgos islámicos extremistas (como es el caso de Pakistán).

A nivel mundial, George W. Bush pidió a cada nación unirse a esta lucha, después de su declaración de guerra contra el terrorismo. La OTAN, por primera vez en su historia, invocó la cláusula del artículo 5 sobre defensa mutua, siendo Gran Bretaña el que emergió como el mejor aliado. Italia, España y Portugal hicieron declaraciones de apoyo firme y específico, al igual que otras naciones aspirantes a formar parte de la OTAN, como Rumania y Eslovaquia. Por su parte, la Organización de Estados Americanos (OEA) activó la provisión de defensa mutua prevista en el Tratado de Río. En relación con el mundo árabe, la mayoría de estos países tomó una actitud de cautela, esperando conocer cómo sería la respuesta militar estadunidense. Sólo Irak condenó completamente la acción de Estados Unidos. Bahrein, Arabia Saudita y Omán hospedan en su territorio a tropas estadunidenses y británicas.[62]

Durante octubre de 2001, los países pertenecientes al Foro de Cooperación Económica Asia-Pacífico (APEC) se reunieron en su cita anual para discutir temas relativos al desarrollo comercial y económico de la región. Sin embargo, ante los atentados del 11 de septiembre, el tema del combate al terrorismo forzosamente se incluyó

---

[60] Phillip B. Heymann, "Dealing with Terrorism", *International Security* 26, no. 3 (invierno de 2001-2002).

[61] Philip B. Heymann, "Civil Liberties and Human Rights in the Aftermath of September 11", *Harvard Journal of Law & Public Policy* 25, no. 2 (2002).

[62] Romesh Ratnesar, "All for One for Now", *Time*, 1 de octubre de 2001, p. 42.

en la agenda. El grupo de países del APEC,[63] a pesar de estar conformado por naciones con muchas diferencias económicas y sociales entre sí, incluyendo varios países devotos del islam (Indonesia, Malasia, Brunei, entre otros, de los cuales el primero se destaca por ser el país con más musulmanes en el mundo), mostró su apoyo con la causa estadunidense en su lucha contra el terrorismo. Algunos de ellos, como Australia, Canadá, Filipinas, Japón, Nueva Zelanda y Rusia, ofrecieron o proporcionaron incluso apoyo militar o logístico para esta lucha.

Por último, cabe señalar una nueva dimensión de la guerra terrorismo-contraterrorismo, la psicológica. En este ámbito los grupos terroristas han logrado mayores éxitos, atemorizando principalmente a la población civil estadunidense y europea. Una parte integral de las estrategias terroristas consiste en el uso de diferentes medios para causar temores y tensiones graves en la población de un país. Los recursos empleados para lograr daños psicológicos pueden ser de diversa índole y magnitud, pero se puede considerar que las armas químicas y biológicas[64] o la simple amenaza de utilizarlas logran el objetivo de generar pánico y sentimientos de vulnerabilidad. Así, por ejemplo, después de los atentados de septiembre de 2001, se desató una ola de temor por una serie de casos de ántrax[65] que empezaron a cobrar importancia, pues quienes habían recibido paquetes con esta espora fueron medios de comunicación y miembros del Congreso. A pesar de que el mismo Bin Laden desmintió ser responsable del brote de esta epidemia, rápidamente se vinculó este fenó-

[63] APEC lo conforman Australia, Brunei, Canadá, Chile, China, Corea, Estados Unidos, Filipinas, Hong Kong, Indonesia, Japón, Malasia, México, Nueva Zelanda, Papúa Nueva Guinea, Perú, Rusia, Singapur, Taiwán, Tailandia y Vietnam.

[64] Entendemos por guerra biológica el uso de armas producidas por micoorganismos o agentes bioactivos (toxinas) para herir o aniquilar a las fuerzas militares del enemigo, sus poblaciones civiles o sus fuentes de alimentación.

[65] El ántrax es una bacteria (*bacilus antracis*) que afecta básicamente al ganado. La vía de contagio al ser humano puede ser pulmonar, cutáneo o intestinal, siendo el primero el que resulta más letal. Cuando el ántrax sale de las esporas inhaladas crece, se multiplica y empieza a secretar una toxina muy potente que se abre paso entre los tejidos, hasta penetrar en el torrente sanguíneo. Desde allí, el veneno se propaga por el organismo para atacar los órganos internos. Mientras tanto, los nódulos linfáticos, saturados de células del sistema inmunológico que han sido llamadas para luchar contra el invasor, empiezan a presionar los órganos vitales y a interferir con sus funciones. *Time* (18 de octubre de 2001).

meno con el líder de Al Qaeda. La estrategia de quien haya sido responsable tenía elementos esenciales para atemorizar a la población, ya que al enviar paquetes impregnados de esta bacteria a los medios de comunicación y círculos políticos aseguró una amplia difusión a nivel nacional y así generalizar el temor.

Otro elemento de la guerra psicológica utilizado por los terroristas a raíz de la tragedia del 11 de septiembre fue el llamamiento a la yihad o guerra santa, es decir, poner al mundo islámico en pie de guerra contra los no creyentes. Dicho fenómeno generó un gran temor a nivel mundial en torno al uso de medios de transporte aéreos con lo cual se afectó considerablemente a la industria turística y aeronáutica del mundo. El llamado a la yihad no ha tenido el mismo éxito que el pánico generado por el ántrax. Finalmente, el posible empleo de armas nucleares, biológicas o químicas por parte de grupos terroristas es motivo de gran preocupación entre la población civil, que tan sólo por la amenaza o incertidumbre de que algunos grupos terroristas puedan poseer estas armas genera preocupación y pánico.[66]

En síntesis, los dos elementos para reforzar la guerra contra el terrorismo: la construcción de la "coalición de coaliciones" y la formulación e implementación de las medidas de *homeland security*, significan una total restructuración del esquema organizativo de la seguridad nacional de Estados Unidos, donde las fuerzas armadas adquieren nuevas responsabilidades, entre las que se encuentran:

- Apoyo militar a las agencias civiles de impartición de justicia.
- Asistencia militar para controlar disturbios civiles.
- Apoyo a todas las operaciones internas contra el terrorismo.
- Apoyo a las operaciones contra las drogas.
- Ser responsable de lidiar con crisis que involucren riesgos de ataques químicos, biológicos, nucleares y amenazas de explosivos altamente destructivos.[67]

[66] Walter Laqueur, *The New Terrorism and the Arms of Mass Destruction* (Nueva York: Oxford University Press, 1999).

[67] Steven Tomisek, "Homeland Security: The New Role for Defense", *Strategic Forum*, no. 189 (febrero de 2002), 2.

V. Reflexión final

El terrorismo se irguió como prioridad en la agenda de amenazas a la seguridad de los Estados en la década de los noventa, elevando al rango de desafío la seguridad nacional e internacional de los países. No obstante, después de los atentados de septiembre, debido a la magnitud, el impacto económico, la sensación de vulnerabilidad y el temor psicológico, produjo una "parálisis de seguridad",[68] en la que rápidamente se vio como opción la instantánea contención de Al Qaeda y su líder, el derrocamiento del gobierno talibán y la construcción de una alianza internacional, la "coalición de coaliciones", para enfrentar esa amenaza.

El problema es que dicha estrategia puede llevar a numerosas tensiones entre los Estados (Europa, claramente, excepto Gran Bretaña, no comparte muchas de las de Estados Unidos), ya que se califica de coyuntural y unilateral. Además, diversos problemas que se asocian al ascenso del terrorismo de origen islámico fundamentalista, se dan por los conflictos no resueltos en el Medio Oriente, principalmente el que enfrenta Israel con el naciente Estado palestino, del que muchos países señalan serias diferencias con la estrategia de estadunidense. Otro problema asociado al unilateralismo estratégico de Estados Unidos es que quizá conduzca a que todos los esfuerzos del sistema de seguridad internacional se concentren en la guerra al terrorismo, desviando la atención de asuntos igualmente trascendentes cuya solución es urgente, como el caso de las convenciones para el control de las armas de destrucción masiva (nucleares, químicas y biológicas); la resolución de conflictos regionales con impacto geopolítico desestabilizador (como el del Medio Oriente, o el de Colombia en el hemisferio occidental) y otros temas igualmente prioritarios de seguridad internacional, por ejemplo los ambientales, migratorios, de derechos humanos, etcétera.

Un factor igualmente decisivo, dada la asimetría tan grande entre las estrategias de las organizaciones terroristas y los gobiernos que

---

[68] Jorge Luis Sierra, "El ataque terrorista y la parálisis de la seguridad nacional de Estados Unidos", en Jorge Luis Sierra *et al.*, *Afganistán: guerra, terrorismo y seguridad internacional en el siglo XXI* (México: Quimera, 2002).

disponen de recursos contra el terrorismo, es que aquéllos llevan la delantera en lo que se puede ganar el frente "psicológico" de la guerra. Bin Laden se convirtió en la persona más buscada del mundo, pero también en la más famosa, además de que es el primer líder en muchos años que ha logrado generar temor, pánico y miedo entre la población de Estados Unidos.

La guerra al terrorismo podría entorpecer el proceso de globalización. El control de fronteras para el tránsito de personas, el control del comercio y las restricciones para el movimiento de capitales provocaría una disminución de la actividad económica internacional, lo que conduciría a una depresión económica internacional de cierta gravedad.

Sin duda, los Estados deben cooperar mutuamente para enfrentar el terrorismo, pero los medios para combatirlo son los que están en discusión: ¿se combate con medios militares o con inteligencia?, ¿se combate con la ley o con acciones encubiertas?, ¿se ataca con soluciones integrales a los problemas (como la necesaria paz en Medio Oriente), o forzando a los Estados al alineamiento estratégico? Todo esto nos lleva a concluir con la siguiente reflexión: apenas comienzan a diseñarse los elementos centrales de una estrategia contra el terrorismo, pero esta guerra no debe opacar otros problemas verdaderamente significativos que determinan las relaciones entre los Estados, o sea, la guerra al terrorismo no debe conducir a soslayar los esfuerzos en otros ámbitos, ni puede ser la base del sistema internacional de seguridad.

Derecho internacional

El derecho, la democracia y el terrorismo

*Eduardo F. Ramírez García**

Este artículo se basa en tres premisas: primera, la masacre terrorista del 11 de septiembre de 2001 es absolutamente injustificable, como todas esas masacres;[1] segunda, la guerra de Estados Unidos con Afganistán es, igualmente, injustificable, y tercera, el derecho democrático es uno de los principales instrumentos cuya eficacia puede contribuir a evitar dichos crímenes. Bajo tales premisas, trataré de sostener las siguientes cuatro tesis:

SÓLO UNA DEFINICIÓN DE TERRORISMO, CONSENSADA EN EL FORO DE LA ONU, PERMITIRÍA UN COMBATE EFICAZ CONTRA EL TERRORISMO

Existe un aspecto en el que el concepto de *terrorismo* colinda con el de *rebeldía*. Sólo en apariencia se distinguen fácilmente. Se podría aseverar que los terroristas cobran vidas de personas civiles inocentes, en cuanto a que éstas no están *involucradas* en una lucha en contra de lo que defienden los terroristas; en cambio, los rebeldes o revolucionarios atacan sólo a los agentes del poder opresor. En todo caso, afirmé, era indispensable una precisión de ambos términos: terrorismo y rebeldía.

* Investigador del área México-Estados Unidos del CISAN. Correo electrónico: <ramgar@servidor.unam.mx>. El presente artículo es una versión ampliada de una ponencia dictada en octubre de 2001.

[1] Como el terror que siguió a ese otro 11 de septiembre (1973), fecha del golpe de Estado perpetrado por Augusto Pinochet.

Si ampliamos el concepto, considero que la rebeldía popular, la revolución, la guerra justa, la desobediencia civil, etc., son diferentes grados de la lucha de los oprimidos contra sus opresores y su justificación debe depender de su legitimación ética, no de su éxito.

En cuanto al terrorismo, algunos escritores se han pronunciado de la siguiente manera: por una parte Chomsky dice que en los manuales del ejército estadunidense se establece que "el terror es el uso calculado de la violencia o de la amenaza de violencia para lograr objetivos políticos o religiosos a través de la intimidación, la coerción o la provocación de miedo";[2] y, por otra, el 31 de octubre de 2001, Henry Kissinger definió el terrorismo como "ataques indiscriminados contra civiles con el objetivo de romper el tejido social".[3]

Aquí resalta la falta de referencia a la legitimización ética en las conceptualizaciones de terrorismo, por parte del ejército de Estados Unidos y de Kissinger, lo cual no resulta extraño si se considera que ambas definiciones de terrorismo serían aplicables a las masacres de Hiroshima y Nagasaki; a los objetivos *blandos* (civiles indefensos, como clínicas sanitarias, granjas colectivas, etc.) del ejército de los *contras* en Nicaragua; al esparcimiento de napalm en los campos agrícolas de Vietnam; al genocidio pinochetista en Chile, etcétera.

Además, en 1987, la Asamblea General de la Organización de las Naciones Unidas aprobó una resolución contra el terrorismo. Honduras se abstuvo y Estados Unidos e Israel se opusieron. La razón era simple: la resolución contenía un párrafo indicando que nada ahí se oponía a los derechos de los pueblos que luchan contra regímenes racistas y colonialistas o contra la ocupación militar extranjera, para que continuaran con su resistencia contando con la ayuda de otros Estados extranjeros, en su justa causa. La verdad era que el gobierno de Honduras era dictatorial y opresor, Estados Unidos consideraba aliado oficial al gobierno racista de Sudáfrica, donde los supuestos terroristas eran los miembros del Congreso Nacional Africano (uno de cuyos líderes era Nelson Mandela); e Israel ocupaba militarmente territorios de otros Estados, en uno de los cuales, Líbano,

---

[2] Noam Chomsky, conferencia pronunciada en el Massachusetts Institute of Technology, el 18 de octubre de 2001.

[3] Adolfo Gilly, "México contra el terrorismo", *La Jornada*, 10 de noviembre de 2001.

un grupo supuestamente terrorista resistía la invasión (Hezbolá), que finalmente expulsó a los israelíes.

A lo largo de la historia, los luchadores por la libertad se han clasificado como héroes si triunfa su causa (guerras de independencia latinoamericanas, asiáticas —Lejano y Medio Oriente— y africanas), o como terroristas o bandidos si fracasa (es ilustrativo el caso de la Independencia mexicana, en cuya primera etapa Hidalgo, Morelos, Allende y demás líderes fueron ejecutados como delincuentes y, posteriormente, ensalzados como héroes).

Así pues, el calificativo de terrorista o de héroe de la resistencia ha dependido de los intereses implícitos en la perspectiva de quienes tienen el poder de persuadir, con la fuerza del vencedor o con la censura de los medios de comunicación.

En realidad, se trata de otra faceta del mismo problema de la guerra, cuya calificación de justa o injusta también ha dependido de los triunfadores, o sea, se ha basado en criterios muy similares a las ordalías medievales o juicios de Dios.

Las dos guerras mundiales y la amenaza de la guerra nuclear condujeron a la creación y sostenimiento de la ONU, con la esperanza de que la argumentación racional de la comunidad internacional, por un lado, remplazara el libre arbitrio de los países para hacer la guerra unilateralmente y, por otro, impidiera la opresión y la injusticia generadoras de la rebeldía.

Los acontecimientos de Nueva York y de la guerra de Estados Unidos con Afganistán frustran, una vez más, aquella esperanza, ¿qué nos queda?

El panorama no es alentador, al menos en el corto plazo. Estados Unidos ha promovido una cruzada legislativa para unificar criterios sobre el terrorismo y su combate. Ésa es la vía diplomática bilateral, la cual tiene la desventaja de que sus términos de entendimiento no son públicos y es tanta la asimetría entre Estados Unidos y los demás países, en los que por supuesto se incluye México, que no permite, prácticamente, espacio de maniobra alguno en las negociaciones frente a frente. La expectativa de esta empresa diplomática es una definición y tratamiento del terrorismo de muy amplio espectro, que, por ende, permita acciones violentas contra cualquier grupo disidente.

Por el contrario, proponemos que los criterios normativos de diferenciación entre terrorismo y justa resistencia deben proporcionarlos la democracia y el derecho resultante de aquélla, mas no la democracia y el derecho formales, sino los que realmente procesan los conflictos sociales en foros públicos, en los que la comunidad internacional valoraría las razones y los argumentos en foros abiertos, no distorsionados por los medios de comunicación; y la sociedad, en su conjunto, puede juzgar y responsabilizarse de las soluciones adoptadas o manifestar su desaprobación.

Las ventajas de esta vía multilateral evidentemente son dos: primera, la comunidad internacional en pleno, no cada país por separado, es la que valora y sopesa los argumentos que cada uno de los miembros, por poderoso que sea, expresa en el foro internacional, y segunda, la discusión, por ser pública, permite que la población internacional interesada se informe de las diversas posturas oficiales y se manifieste, como esferas públicas de opinión, eliminando así el peligro de que las presiones individuales de fuerzas de cabildeo terminen convirtiendo en bilaterales las que debían ser multilaterales negociaciones.

Tradicionalmente, la democracia y el derecho han sido la esperanza de los débiles. Después de la masacre de Nueva York, los poderosos deben fincar, también, sus esperanzas en tales pilares, porque, en la medida en que la democracia no exista o sea una mascarada y, por ende, también el derecho que de ella emana, el terrorismo y la rebeldía se aproximarán entre sí. Un solo ejemplo basta: la resistencia francesa a la invasión nazi.

¿Qué podemos esperar? Señalábamos que Estados Unidos ha elegido el camino fácil del poderoso, el camino narcisista. Triunfó donde impuso una guerra en la que luchaban tribus contra tribus; donde, consecuentemente, se han cometido violaciones muy lamentables al estatuto internacional de la guerra. ¿Fue ésta la sentencia racional de un juicio legítimo?, ¿se escuchó a los acusados?, ¿se probaron los cargos?, ¿murieron en esta guerra los culpables de la tragedia de Nueva York?, o, finalmente, ¿con esta guerra se combatió eficazmente al terrorismo?

En una famosa película estadunidense, *Fuego contra fuego*, en un café, el policía se sienta frente al delincuente que persigue; se observan mutuamente y analizan sus vidas: son iguales, ya que ambos ven en los hombres sólo medios y no fines. Cuando los detentadores de las fuerzas del orden se comportan como los delincuentes, cuál es la diferencia, ¿dónde quedan las esperanzas puestas en la democracia y el derecho?

Sólo el imperio de la razón, decantada a través de argumentaciones en foros públicos internacionales y libres de censura mediática, promovería el respaldo de una sociedad mundial responsable a una determinación sobre qué es terrorismo. Sólo este acuerdo abierto conduciría a un combate al terrorismo desde la base tanto de las sociedades nacionales, como de sus orígenes y causas.

La globalización privilegia, naturalmente, los foros multilaterales. Las pretensiones de dominio hegemónico eligen las negociaciones bilaterales y privadas

Se dice que el derecho y la democracia se globalizan, y que desplazan, progresivamente, los foros de expectativa jurídica del plano nacional al internacional. La Corte Penal Internacional es uno de los más esperanzadores esfuerzos en este sentido. Ese sería, precisamente, el foro idóneo para juzgar, por medio del derecho democrático internacional, a los perpetradores de actos como el de Nueva York.

Pero, ¿cuál país es el que más se opone a dicho proyecto?, ¿Cuál país es el que rehúsa aceptar que sus militares sean juzgados por genocidio y crímenes de guerra?, ¿cuál se considera capaz de juzgar con *justicia infinita* sin querer ser fundamentalista ni de origen divino?, ¿cuál ignora el foro de la ONU para organizar una *cruzada internacional* contra un hombre y su grupo, cuya culpabilidad ya resolvió en secreto y de forma tan conclusiva que, sin duda, justifica la promoción de dicha cruzada mediante un cabildeo basado en los consabidos préstamos del Banco Mundial y en posiciones geopolíticas?

Si la búsqueda del ya declarado culpable hubiera requerido invadir Francia, entonces sí el foro sería el Consejo de Seguridad... pero se trató de Afganistán.

Para Koffi Annan la ONU es el mejor espacio para coordinar la lucha contra el terrorismo, extraditar criminales para llevarlos ante la justicia y para acabar con el lavado de dinero, sobre esto afirmó: "permitir que se profundicen las divisiones entre sociedades por actos de esta naturaleza sería ayudar a los terroristas a realizar su trabajo". No obstante el desdén de sus palabras, se permitió recibir el premio Nobel de la paz.

La arrogancia guerrera impone la desesperanza a los que sufren una injusticia no opositora, ya sea por medios de guerra convencional o en foros democráticos sobre derecho. El binomio injusticia-desesperanza seguirá conduciendo a procedimientos tan inhumanos e injustificables como la injusticia y desesperanza que se sufre y padece.

SI EN EL ÁMBITO DE LOS GRUPOS INFORMALES SE ALUDEN
LOS TÉRMINOS *TERRORISMO* Y *REBELDÍA*, EL TERRORISMO DE ESTADO
ES ABSOLUTAMENTE INADMISIBLE, PORQUE CONSTITUYE LA RENUNCIA
INSTITUCIONAL AL DERECHO Y A LA DEMOCRACIA

En octubre de 2001, la Fundación Gorbachov y la Fundación para las Relaciones Internacionales y el Diálogo Exterior organizaron en Estados Unidos una conferencia sobre terrorismo, en la que el ex presidente español Felipe González apoyó la creación de los Grupos Antiterroristas de Liberación, con el fin de asesinar a miembros de Herri Batasuna y de ETA, en nombre de "la legítima defensa del Estado". Entre los firmantes de la declaración, que consideró legítima la llamada *razón de Estado* en la lucha contra el terrorismo, estuvo, por cierto, Ernesto Zedillo. Respecto a esta conferencia, Marcos Roitman[4] observa una delicada discrepancia entre el primero y el último párrafo de la declaración final del día 26 del mismo mes. El primero dice: "No estamos ante una guerra de culturas o de religiones, sino en una lucha contra un fanatismo terrorista"; y el último: "Por ello, desde esta conferencia, hacemos un llamamiento especial para el fortalecimiento de nuestras democracias y para la tolerancia de las diferentes culturas frente al fanatismo y la violencia"; con esto, *fanatismo* y *fanatismo terrorista* es lo mismo, o sea que a cualquier posición ideológica que se le otorgue el calificativo de fanatismo se convierte, ipso facto, en terrorista.

_____
[4] *La Jornada*, 12 de noviembre de 2001.

¿Será creíble que Bush, Asnar o Blair piensen que habiendo atacado Afganistán han acabado o casi acabado con el terrorismo? Ninguno de esos estadistas, ni sus antecesores, han sido eficaces para resolver el terrorismo en el país vasco ni en Irlanda. ¿Lo podrán resolver en el mundo con sus métodos tradicionales?

Señala Chomsky que si Blair aplicara la misma lógica que usa para justificar la invasión a Afganistán al problema del terrorismo irlandés, tendría que bombardear e invadir Boston, que es la principal fuente de financiamiento de tal terrorismo.

Más razonable parecería convocar a una discusión internacional para tomar medidas globales contra el terrorismo; pero esta idea se opone al principio básico de la política exterior de Estados Unidos, a saber:

- Recurrir a la Asamblea de la ONU o, por lo menos, al Consejo de Seguridad, significaría renunciar a su autonombramiento como policía hegemónico y juez supremo del mundo. ¿Cómo someterá Estados Unidos a la consideración de otros países sus juicios secretos, sus veredictos de culpabilidad y sus penas impuestas sin el *due process of law* (debido proceso de ley), ni la publicación de evidencias?
- Someterse al derecho internacional o a sus tribunales es inadmisible para el gobierno de un país cuyos actos están por encima de tal derecho y tribunales. Para ello basta citar tres ejemplos: Nicaragua llevó ante la Corte Internacional el caso de la invasión a su territorio, auspiciada por Estados Unidos. El veredicto fue que este último detuviera la agresión por ilegal y que pagara indemnizaciones. La reacción de Estados Unidos fue desconocer la jurisdicción de dicha corte internacional. Ante ello, el Consejo de Seguridad adoptó una resolución que instaba a los Estados a respetar el derecho internacional. Estados Unidos vetó tal resolución; segundo, Estados Unidos se niega a signar el instrumento internacional que establece la Corte Penal Internacional, según el cual sus militares tendrían que responder por los crímenes que cometieran en el mundo, y tercero y último ejemplo, Estados Unidos tiene de aliados Estados terroristas como Argelia.

No advertimos, por parte del gobierno del presidente Bush, una preocupación muy grande por sentar un ejemplo edificante, en términos éticos, en la guerra con Afganistán; no obstante lo evidenciado en su discurso del 11 de diciembre en el Capitolio. Derivamos esta apreciación de los siguientes hechos: el Pentágono continuó con su práctica de rehuir responsabilidad alguna por las bajas de civiles. Así, el secretario de Defensa, Donald Rumsfeld, juzgó que todas las muertes de civiles en el conflicto son imputables a los talibanes y a Al Qaeda, independientemente de quiénes accionaron las armas que asesinaron a población indefensa; el presidente Bush estableció cortes militares para, en secreto, llevar a juicio a los extranjeros sospechosos de terrorismo, juzgarlos sobre su culpabilidad, sin publicitar las evidencias, y, en su caso, ejecutar a los culpables; el procurador general, John Ashcroft, ordenó la aprehensión y encarcelamiento de más de mil individuos sin presentarles cargos; y, por último, el secretario de Defensa, Rumsfeld, prohibió a los funcionarios del Pentágono hablar con la prensa sin su permiso expreso, ordenó advertir a los contratistas gubernamentales que evitaran revelar cualquier detalle sustancial de sus actividades a los reporteros, y decidió comprar todas las fotos comerciales sobre Afganistán tomadas vía satélite, de modo que no pudiera existir evaluación independiente alguna de los impactos de los bombardeos estadunidenses.[5]

Frente a este cuadro sistemático cabe preguntar, ¿será efectivamente Estados Unidos el país del respeto a la libertad, de la democracia acrisolada y del Estado de derecho?

El presidente Bush declaró: "Estoy asombrado de que haya tanto malentendido de lo que es Estados Unidos, de que la gente nos odie. Estoy asombrado porque sé lo buenos que somos". Igualmente, hizo una curiosa solicitud a los medios de comunicación: que se autocensuraran. Y en otra declaración afirmó: "A diferencia de nuestros enemigos, respetamos la vida. No apuntamos a personas inocentes en Afganistán".[6]

Tal vez saquen de su asombro al presidente de Estados Unidos las siguientes declaraciones de un experto militar estadunidense:

[5] William D. Hartung, "La secuela de Afganistán: ¿realmente funciona la guerra?", *La Jornada*, 29 de diciembre de 2001.

[6] AFP, Reuters y DPA, *La Jornada*, 9 de noviembre de 2001.

- En un país tras otro, nuestro gobierno ha impedido la democracia, sofocado la libertad y pisoteado derechos humanos. Ésa es la razón por la que somos odiados alrededor el mundo. Y es la razón por la cual somos el blanco de terroristas.
- Los canadienses gozan de una mejor democracia, mayor libertad y de mejores derechos humanos que nosotros. Los noruegos y suecos también. ¿Ha oído usted de embajadas canadienses bombardeadas? ¿O de embajadas noruegas? ¿O de embajadas suecas? No.
- No somos odiados porque pongamos en práctica la democracia, libertad y derechos humanos. Somos odiados porque nuestro gobierno niega estas cosas a los habitantes de los países del tercer mundo, cuyos recursos son codiciados por nuestras corporaciones multinacionales. Y ese odio que hemos sembrado ha regresado para perseguirnos bajo la forma del terrorismo y en el futuro del terrorismo nuclear.
- El mejor aparato antiterrorista del mundo, con creces, es el de Israel. Medido en términos militares, ha sido fenomenalmente exitoso. No obstante, Israel sigue siendo el blanco principal de los terroristas y sufre más ataques que todas las naciones juntas. Si la represalia fuera suficiente, los israelíes serían el pueblo más seguro del mundo.

No es con la fuerza ilimitada, ni rompiendo los marcos jurídicos ni violando los derechos humanos como se espera alcanzar el fin del terror. La irrupción vengadora de Estados Unidos no evoca a la diosa Temis, sino a Plauto advirtiendo sobre el *homo homini lupus*.

Detrás de la línea de acción de Estados Unidos
contra Afganistán, no hay una estrategia razonable
para atacar de raíz al terrorismo

¿Qué objetivos subyacen en esta empresa política? Una larga línea de investigación se requerirá para responder esta pregunta. Tal línea apuntaría, preventivamente, hacia los siguientes puntos: geopolíticos (China, Rusia, países islámicos y mantenimiento estratégico del atraso en ciertas regiones), geoeconómicos (control de yacimientos y producción de petróleo, conducción y dirección de gas natural y corrientes financieras ilegales) y política interna (distracción de la reclamación de indemnización por la esclavitud, ilegitimidad electoral, recesión, disputa bipartidaria y reforzamiento de la estructura policial interna).

Para esta investigación, podríamos tomar como hipótesis inicial la siguiente: el mundo musulmán puede clasificarse en dos grupos de países: *1)* los que apoyan a Estados Unidos en el control estratégico del petróleo y en su participación geopolítica en el Medio Oriente; su característica no es la democracia, ni la honestidad ni la justicia con sus pueblos, como es el caso de Arabia Saudita, y *2)* los no alineados con Estados Unidos, y que, por tanto, manejan con relativa independencia sus flujos de droga, armas y dinero, pero que se encuentran permanentemente hostigados por los estadunidenses. Estos países, ante su inferioridad en la guerra convencional recurren a la guerra informal. En ese sentido, son un estorbo para la globalización y para la paz, con la dimensión que dan a estos conceptos Estados Unidos y sus aliados.

La meta de Estados Unidos es acabar con esta dicotomía para crear un nuevo orden mundial.

El 11 de septiembre
y el derecho internacional

*Manuel Becerra Ramírez**

> *Los derechos humanos fundamentales son absolutos.*
> *Una política basada en ellos tiene más oportunidades de éxito*
> *que la mera* realpolitik*, porque sólo las soluciones justas*
> *a los conflictos resultan duraderas.*
> *Si son injustas no resisten el paso del tiempo.*
>
> FRANCESC VENDRELL,
> negociador de la ONU

INTRODUCCIÓN

Las imágenes de lo que sucedió el 11 septiembre de 2001 en Estados Unidos, que se transmitieron por la televisión, eran inconcebibles, sólo se podrían comparar con un *thriller* estadunidense con efectos especiales: lenguas de fuego que abrasan y devoran los símbolos de los "americanos", carreras, pánico: destrucción en grado dantesco. Él o los malos están en territorio estadunidense. Al parecer planearon una "obra maestra" de la destrucción. Quizá sólo es cuestión de arrojo y organización. No es necesaria una tecnología sofisticada o armas poderosas, sólo tener una mentalidad maléfica y falta de escrúpulos para concebir tal infierno y no pensar en las miles de personas sacrificadas ¡en suelo estadunidense!, que no se ven por la televisión a control remoto. Esto no sucedió en un país de luchas y odios étnicos, ni tampoco en un país pobre, en África, Asia o América Latina

* Investigador del Instituto de Investigaciones Jurídicas, UNAM. Correo electrónico: <manuelbr@servidor.unam.mx>.

(en donde la experiencia de las catástrofes por fenómenos naturales generalmente se agudiza por la extrema pobreza o la imprevisión) o en general como una asonada militar en un país subdesarrollado.

El pueblo estadunidense merece nuestro respeto, se ha ganado con creces la admiración del mundo. Durante su breve existencia como Estado, Estados Unidos ha creado instituciones, sistemas de producción, tecnología y una cultura atractiva que ha influido a todo el mundo, además de que es modelo a seguir por otros pueblos. Nosotros mismos hemos tomado como paradigma sus instituciones políticas. No obstante, tiene un lado oscuro, que es su relación con los demás pueblos. Si bien cuenta con un gran sentido del derecho y de la justicia, sus gobernantes han conducido a su país con soberbia y displicencia en el derecho internacional.

Al tratar de contestar la pregunta ¿qué sigue después?, nuestra vocación jurídica internacional nos dice que la normatividad exige que sea el Consejo de Seguridad de la ONU el que se encargue del caso, ya que es el único órgano que puede dictar resoluciones coercitivas, emitir alguna resolución en colaboración con la comunidad internacional y se juzgue a los criminales como tales por la Corte Penal Internacional. Sin embargo, la experiencia de los últimos años nos dice que este poderoso país ha utilizado la fuerza en Vietnam, Panamá, Kosovo e Irak, en algunos casos al margen del Consejo de Seguridad y del derecho internacional.

La crisis del 11 de septiembre debe motivar a la reflexión de los gobernantes de Estados Unidos en el sentido de que el derecho internacional es el único elemento que puede hacer posible la convivencia pacífica de los Estados. Los llamados a la guerra por supuesto pueden reavivar la economía de Estados Unidos que está en recesión pero, no nos alejarán de las escenas dantescas del 11 de septiembre, que ahora las vimos en suelo estadunidense pero que, en otros momentos, se han producido en otros lugares.

EL TERRORISMO EN EL DERECHO INTERNACIONAL

Los trágicos acontecimientos del 11 de septiembre tienen, desde el mismo momento en que se perpetraron, implicaciones en el derecho internacional: el terrorismo y la acción inmediata emprendida por Estados Unidos, es decir, la invocación de la legítima defensa. En el caso del terrorismo, aunque la doctrina coincide en que todavía no hay una definición adecuada, podemos observar que existe un elemento que identifica ese delito internacional: el objetivo de crear una atmósfera de terror.[1] El elemento fundamental es precisamente ése, el cual es diferente con la lucha de los pueblos por su liberación, por ejemplo, la divergencia con los actos de los grupos guerrilleros estriba en los ataques a la población civil que están prohibidos por el derecho humanitario internacional. Los actos terroristas son actos maquinados que tienen por objeto atemorizar, crear zozobra social con la finalidad de llamar la atención, de presionar al gobierno sobre reivindicaciones políticas. En este caso, el medio utilizado, el terror, es lo que determina la ilegalidad: poner una bomba en lugares concurridos y dañar a civiles inocentes, por mucho que tenga un objetivo político concreto, a final de cuentas es un acto terrorista. Sin embargo, hay que tener bien claro que el terrorismo puede ser producido por actos de personas y también por el mismo Estado. Esto último sucede cuando el Estado ataca a poblaciones civiles de otro Estado o bien a su misma población (un ejemplo son las dictaduras, como la de Pinochet, que dio motivo a un proceso judicial de extradición en la Gran Bretaña). En el primer caso, el tratamiento que le da el derecho internacional es también muy específico, está encuadrado en el capítulo VII de la Carta de San Francisco.

El derecho internacional tiene antecedentes desde 1937 con la creación de un marco jurídico contra el terrorismo. Precisamente, en

---

[1] Así, Alonso Gómez-Robledo Verduzco manifiesta: "El terrorismo es un método de combate en el cual las víctimas no son elegidas en tanto que individualidades en sí, sino que son escogidas ya sea por «azar», o ya sea en tanto que «símbolos» [...]. El fin que se persigue al escogerlos como blancos no es en realidad hacerlos desaparecer, sino crear terror dentro de los grupos a los que pertenecen. Este método va a ser, de hecho, mucho más eficaz en tanto que la víctima representará una categoría de persona cuidadosamente seleccionada, pero la elección individual de ella siempre será [...]. De ahí la generación de una atmósfera específica de terror". Véase Alonso Gómez-Robledo Verduzco, "¿Es el terrorismo un delito político?, en *Un homenaje a don César Sepúlveda. Escritos jurídicos* (México: UNAM, 1995), 169. También se le ha definido como: "acts directed against a state and intented to create a state or terror in the minds of particular persons or a group of persons or the gremial public". M.N. Shaw, *International Law*, 3ª ed. (Cambridge, G.B.: Cambridge University Press, 1991), 726.

ese año, la Liga de Naciones adoptó la Convención para la Prevención y Castigo del Terrorismo, la cual nunca entró en vigor.

El fenómeno patológico del secuestro de aeronaves en la década de los cincuenta y sesenta se intentó contrarrestar con la creación de un marco jurídico que, fundamentalmente intenta la cooperación internacional. En primer término, existe la Convención de Tokio de 1963 que establece la obligación de las partes de regresar a los pasajeros y/o la aeronave secuestrada; la Convención de 1970 establece la obligación de extraditar o bien perseguir a los secuestradores y la Convención de Montreal de 1971 extiende esa obligación en contra de quienes realizan actividades de sabotaje a las aeronaves. También es digna de mención la Declaración de Bonn de 1978, con la cual la Comunidad Europea sanciona a los Estados que hayan incumplido sus obligaciones de conformidad con la Convención de 1970.

Más tarde, en diciembre de 1972, la Asamblea General formó un Comité ad hoc sobre terrorismo, que realmente no funcionó, aunque dio pie a que, en el año de 1973, la Asamblea General adoptara una Convención sobre la Prevención y Castigo de Crímenes contra las personas protegidas internacionalmente, incluyendo los agentes diplomáticos.

En 1979, la Asamblea General adoptó la Convención Internacional contra la toma de rehenes. En el año de 1988, la Convención para la Suspensión de Actos Ilegales contra la Seguridad de la Navegación Marítima tiene gran relevancia, en tanto que es un intento de controlar el terrorismo. También la Asamblea General adoptó varias resoluciones, destinadas a solicitar a los demás Estados la puesta en práctica de las diversas convenciones sobre terrorismo y mejorar la cooperación entre los Estados en este campo.

Algunos países, como Estados Unidos, han recurrido a la figura de la legítima defensa para justificar sus acciones de "castigo" contra otros Estados, tal fue el caso de los bombardeos a Libia (en 1986), para lo cual se alegó que este país estaba involucrado en un ataque a oficiales estadunidenses en Alemania Occidental,[2] o bien en el caso de los actos de agresión en contra de Nicaragua. Esta postura no es aceptada en términos generales por la doctrina de derecho inter-

---

[2] *Ibid.*, 726-728.

nacional en virtud de que la legítima defensa tiene sus limitaciones y una de ellas es precisamente la proporcionalidad de la respuesta, que en el caso de los bombardeos contra Libia no existe. En el caso de Nicaragua contra Estados Unidos ventilado ante la Corte Internacional de Justicia, Estados Unidos alegó legítima defensa como justificante de sus actos contra Nicaragua y la Corte.[3] Hay que mencionar que las coartadas de la legítima defensa esgrimidas por Estados Unidos e Israel son un tanto comunes en el derecho internacional y no son siempre justificadas.

En todo este entramado jurídico, la respuesta que da la comunidad internacional es la cooperación vía policía judicial a través de la extradición. Sería un absurdo pensar que por esta vía un Estado invada a otro, ya que, insisto, estos tratados internacionales giran alrededor de la obligación para los Estados miembros de legislar en materia de terrorismo, crear la legislación penal correspondiente y de extraditar en los casos necesarios; es decir, realizar cooperación internacional en estas áreas.

REACCIÓN DE LA ORGANIZACIÓN DE LAS NACIONES UNIDAS

Los acontecimientos del 11 de septiembre produjeron una respuesta inmediata de condena de la comunidad internacional, desde el secretario general Kofi Annan hasta el mismo Consejo de Seguridad, que a diferencia del caso de Kosovo, en el año de 1999, esta vez sí fue muy activo. El secretario general de la ONU, en su comunicado del 11 de septiembre[4] califica a los atentados terroristas como actos dirigidos en contra de toda la humanidad, "toda la humanidad tiene interés en derrotar a las fuerzas que había detrás de él", además confirma que:

---

[3] En este caso, Estados Unidos alegó (como justificación a sus actos de agresión contra Nicaragua) una legítima defensa colectiva, ya que actuaba en defensa de El Salvador. Tal argumentación fue rechazada por la corte, ya que en el derecho consuetudinario internacional, ya fuera el general o el particular del sistema jurídico interamericano, no existía una norma que permitiera el ejercicio de la legítima defensa colectiva sin la petición previa del Estado que fuera víctima del presunto ataque.

[4] Véase "Coyuntura Internacional", *Anuario Mexicano de Derecho Internacional*, no. 2 (2002).

Los convenios y convenciones de las Naciones Unidas proporcionan ya un marco jurídico para muchas de las medidas que deben adoptarse con el fin de erradicar el terrorismo, incluida la extradición y el enjuiciamiento de los perpetradores, así como la represión del blanqueo de dinero. Es preciso que estos instrumentos se apliquen plenamente.

Lo interesante es que si ya existían estos instrumentos, ¿por qué no se aplicaron? Aquí hay, insistimos, una gran debilidad del derecho internacional. Al depender la creación y la aplicación de sus mismos sujetos, el derecho internacional, en muchas ocasiones, se ve supeditado a la voluntad de las grandes potencias como Estados Unidos.

Más adelante, en una posición que contrasta totalmente con lo que sucedió a partir del 7 de octubre del mismo año 2001 (fecha de la invasión de la *entente* Estados Unidos-Gran Bretaña a Afganistán), el secretario general de la ONU afirmó que "ningún pueblo, ninguna región y ninguna religión deben ser condenados, atacados, ni puestos en la picota por los actos incalificables de unos individuos".

Pues bien, Kofi Annan se olvidó muy rápido de sus palabras y cerró los ojos ante la violenta acción, no justificada por el derecho internacional, del eje Estados Unidos-Gran Bretaña contra el pueblo de Afganistán. El bombardeo brutal en Afganistán, con alta tecnología bélica, causó más muertes que las del 11 de septiembre, además de un flujo impresionante de refugiados, con todo lo dramático que la destrucción, por los "daños colaterales", produjo. Pero, ante estos hechos, la voz de Kofi Annan no se escuchó. Por esto, el otorgamiento del premio Nobel de la paz para la ONU y su secretario general fue un acto criticado por muchos especialistas, quienes vieron en la complacencia de Annan el debilitamiento de esta organización. Sospechosamente, después del 11 de septiembre, Estados Unidos pagó a la ONU la cuantiosa deuda que tenía con ésta y que la mantenía en una crisis constante.

Por otra parte, el asunto del monstruo creado por Occidente y, en forma particular por Estados Unidos, es decir, el gobierno talibán, aparece en la agenda del Consejo de Seguridad desde 1998; cuando con motivo de la colocación de bombas en las embajadas de Estados Unidos en Nairobi (Kenya) y Dar es Salaam (Tanzania), este organismo de la ONU dicta una serie de resoluciones en las cuales se condena el uso de territorio afgano, especialmente en zonas controladas por los talibanes, "para dar refugio y adiestramiento a terroristas y planear actos de terrorismo [...]" y en forma concreta "el hecho de que los talibanes sigan proporcionando un refugio seguro a Osama Bin Laden y permitiendo que él y sus asociados dirijan una red de campamentos de adiestramiento de terroristas en territorio controlado por talibanes [...]".[5]

Lo interesante es que, al principio, el Consejo de Seguridad reafirmaba "su firme compromiso con la soberanía, la independencia, la integridad territorial y la unidad nacional de Afganistán, así como su respeto por el patrimonio cultural e histórico del país".[6]

Estas resoluciones se enmarcaban en el capítulo VII de la Carta de San Francisco, y mediante ellas se exigía la entrega, por parte de los talibanes, de Osama Bin Laden, la congelación de fondos y otros recursos financieros. Además, se creó un comité del Consejo de Seguridad, compuesto de todos los miembros del Consejo, que realizaran las tareas de recabar información, presentar informes, etc. En este tiempo, si bien el Consejo de Seguridad insiste en la presión a los talibanes, no ordena la creación de una fuerza multinacional como en el caso del Golfo Pérsico. Además, las resoluciones dictadas después del 11 de septiembre, por supuesto aumentaban el tono de condena. Al día siguiente del 11 de septiembre se adoptó la Resolución 1368 (2001), en la que expresa en seis puntos su postura:

1. Condena enérgicamente los actos del 11 de septiembre.
2. Expresa su pesar por los acontecimientos.
3. Insta a todos los Estados a que colaboren con urgencia para someter a la acción de la justicia a los autores, organizadores y patrocinadores de estos ataques terroristas y subraya que los cómplices de los autores, organizadores y patrocinadores de estos actos y los responsables de darles apoyo o asilo tendrán que rendir cuenta de sus hechos.

---

[5] Las resoluciones 1189 (1998) del 13 de agosto de 1998, 1193 (1998) del 28 de agosto de 1998 y la 1214 (1998) del 8 de diciembre de 1998, así como la misma resolución 1267 (1999) del 15 de octubre de 1998.

[6] *Ibid.*

4. Exhorta a la comunidad internacional a redoblar sus esfuerzos para prevenir y reprimir los actos de terrorismo, entre otras cosas a través de una mayor cooperación y de cumplir plenamente los convenios internacionales contra el terrorismo que sean pertinentes y las resoluciones del Consejo de Seguridad, en particular la Resolución 1269 (1999), del 19 de octubre de 1999.

5. *Expresa que está dispuesto a tomar todas las medidas que sean necesarias para responder a los ataques terroristas perpetrados el 11 de septiembre de 2001 y para combatir el terrorismo en todas sus formas, con arreglo a las funciones que le incumben en virtud de la Carta de las Naciones Unidas.*

6. Decide seguir ocupándose de la cuestión.

Es perceptible la preocupación del Consejo de que se cumplan "plenamente los convenios internacionales contra el terrorismo que sean pertinentes y las resoluciones del Consejo de Seguridad", es decir, el mensaje es, si se hubiera cumplido el derecho internacional, se hubiera prevenido el trágico 11 de septiembre. Además, se expresa una amenaza en el sentido de estar "dispuesto a tomar las medidas que sean necesarias para responder a los ataques terroristas [...]". ¿Cuáles son las medidas necesarias?, ¿hay un límite para ellas? También es notable la utilización de un lenguaje vago, en donde puede caber todo. Nos referimos concretamente al punto cinco; en donde en forma muy imprecisa se menciona que el Consejo de Seguridad "está dispuesto a tomar todas las medidas que sean necesarias para responder a los ataques terroristas [...]". ¿Cuáles son esas medidas? Este tipo de expresiones no son recomendables jurídicamente hablando ya que son amplísimas, tan amplias como que se pueden hacer muchas interpretaciones. De todas maneras, en ningún momento se lee la autorización para la utilización de la fuerza armada, aunque en virtud de su vaguedad, la Resolución 1368 fue interpretada, por el mismo Consejo de Seguridad, como la base de la legítima defensa, como se mencionó en sucesivas resoluciones, tal fue el caso de la Resolución 1373, con fecha del 28 de septiembre de 2001.

En efecto, en dicha resolución se menciona textualmente el concepto de legítima defensa, aunque no se dice quién la va a ejercer: "Reafirmando el derecho inmanente de legítima defensa individual o colectiva reconocido en la Carta de las Naciones Unidas y confirmado en la Resolución 1368 (2001)". Además, la Resolución 1373 crea un sistema de obligaciones para los Estados (prevenir y reprimir la financiación de los actos terroristas, tipificar como delito la provisión o recaudación intencionales de fondos para utilizarlos en el terrorismo, adherirse tan pronto como sea posible a los convenios y protocolos internacionales pertinentes, etc.; y como una manera de vigilar el cumplimiento de estas decisiones de carácter trasnacional se creó un comité del Consejo de Seguridad integrado por todos sus miembros. Es decir, una entidad supranacional que se dedicará a revisar el cumplimiento de las obligaciones que se señalan en dicha resolución. Es curioso que, aun en este caso, no se menciona la acción de castigo, la invasión a Afganistán.

Las resoluciones del Consejo de Seguridad se dictaron con fundamento en el capítulo VII. Como sabemos, en el caso de acciones que ponen en peligro o quebrantan la paz y seguridad internacionales, esta entidad puede dictar dos tipos de resoluciones: *a)* que no impliquen el uso de la fuerza armada para hacer efectivas sus decisiones (artículo 41), dentro de las que se comprenden: "la interrupción total o parcial de las relaciones económicas y de las comunicaciones ferroviarias, marítimas, aéreas, postales, telegráficas, radioeléctricas y otros medios de comunicación, así como la ruptura de relaciones diplomáticas"; o bien *b)* que impliquen el uso de la fuerza (con base en el artículo 42). En todo caso, el sistema de la ONU está elaborado para concentrar en el Consejo de Seguridad el ejercicio de la fuerza; en ese sentido, como una excepción al principio de derecho internacional que prohíbe el uso de la fuerza, puede recurrir a la guerra, entre otras formas de fuerza, como medio para mantener la paz y seguridad internacionales.

Aun el ejercicio de la legítima defensa individual o colectiva de conformidad con el artículo 51 no se ve exenta de la participación del Consejo de Seguridad. En efecto, el ejercicio ya sea individual o colectivo (vía la OTAN, por ejemplo) es temporal: "en tanto que el Consejo de Seguridad haya tomado las medidas necesarias para mantener la paz y seguridad internacionales". Como lo veremos a continuación.

La legítima defensa

Es claro que en el sistema de la ONU se da una centralización de la seguridad colectiva en los organismos internacionales, concretamente en el Consejo de Seguridad. El artículo 51 de la Carta de San Francisco de estirpe latinoamericana se expresa en una fórmula clara:

> Ninguna disposición de esta Carta menoscabará el derecho inmanente de legítima defensa, individual o colectiva, en caso de ataque armado contra un Miembro de las Naciones Unidas, hasta que el Consejo de Seguridad haya tomado las medidas necesarias para mantener la paz y la seguridad internacionales. Las medidas tomadas por los Miembros en ejercicio del derecho de legítima defensa serán comunicadas inmediatamente al Consejo de Seguridad, y no afectarán en manera alguna la autoridad y responsabilidad del Consejo conforme a la presente Carta para ejercer en cualquier momento la acción que estime necesaria con el fin de mantener o restablecer la paz y la seguridad internacionales.

De acuerdo con esta disposición, el Consejo de Seguridad centraliza toda acción de legítima defensa: y eso es claro para los comentaristas de la Carta, como es el caso de Jorge Castañeda que observa: "El sistema de la Carta, que representa la culminación de un largo proceso de centralización, tiende ante todo a sustraer al Estado individual la facultad de decidir jurídicamente, por sí mismo, sobre la legitimidad de sus actos internacionales, especialmente aquellos que impliquen el uso de la fuerza".[7] Después y como consecuencia de la centralización, la acción de legítima defensa a cargo de los Estados o del grupo de Estados es temporal ("hasta que el Consejo de Seguridad haya tomado las medidas necesarias para mantener la paz y la seguridad internacionales"), el Consejo de Seguridad se conducirá de conformidad con el capítulo VII de la Carta. Además, las medidas de legítima defensa son proporcionales a la acción, nunca podrán rebasar los límites fijados por la agresión. Precisamente por

---

[7] Jorge Castañeda, *Obras completas*, t. I (México: El Colegio de México, 1991), 193.

eso el Consejo de Seguridad debe establecer los límites, por eso se indica la centralización. Me temo que en el caso del 11 de septiembre y sus secuelas no fue respetada esa proporcionalidad ni mucho menos la acción centralizadora del Consejo.

¿Hacia dónde va el derecho internacional después del 11 de septiembre?

El fin de la guerra fría dio pauta para albergar esperanzas de que hubiera un desarrollo en la sujeción de la comunidad internacional al derecho y un fortalecimiento de la misma. Se pensaba, y así lo plantearon varios jefes de Estado, que la reforma de la onu estaba próxima. Evidentemente, la onu ya no responde a las necesidades del mundo contemporáneo, sino a un esquema creado por los vencedores de la segunda guerra europea (nos referimos a la segunda guerra mundial, que realmente se inicia y se realiza fundamentalmente en Europa); en la lógica de la transformación de la comunidad internacional, lo normal es que se hubiera creado una nueva organización para el mundo posterior a la guerra fría.

Así, uno de los grandes pendientes, aparte de la modificación del Consejo de Seguridad,[8] era, y sigue siendo, la creación de un Estado de derecho internacional, es decir, una sujeción de los miembros de la comunidad internacional a la normatividad formada por todos los participantes. Esto parece que estaba sucediendo en el ámbito del derecho comercial internacional, en donde se exige una estructura jurídica precisa que se impacta inmediatamente en el derecho interno, es decir, al carecer de una estructura centralizada, el derecho internacional evoluciona hacia la formación de un derecho que obliga a los Estados a legislar o aplicar la normatividad internacional. En efecto, en materia comercial, es ostensible el éxito de la regulación internacional, ya que se han adoptado importantísimos tratados comerciales que han creado reglas precisas para el comercio.

---

[8] El único órgano de la onu que tiene capacidad de dictar resoluciones obligatorias, coercitivas.

Además, son varias las áreas de las relaciones internacionales en donde es necesario hacer una reforma o bien establecer una normatividad, por ejemplo, en lo que toca al derecho financiero internacional, el derecho de la responsabilidad, el derecho ambiental, etc. También es notable la manifestación de un fenómeno jurídico internacional consistente en la universalización de los derechos humanos.

En el aspecto de las relaciones políticas internacionales es evidente que después del fin de la guerra fría se produjo un fortalecimiento de Estados Unidos. El gran vencedor de la guerra fría participa intensamente con su fuerza militar y con una diplomacia agresiva en los conflictos de la invasión de Kuwait por Irak, la guerra de los Balcanes con la desintegración de Yugoslavia, la guerra de Kosovo y al igual como sucedió en la primera y segunda guerras mundiales, el gran *hegemon* estadunidense sale fortalecido y nuevamente la reforma de la ONU se aplaza indefinidamente. Estados Unidos, con base en su poderío económico, se inclina a proyectar su legislación a nivel internacional a través de los tratados internacionales de los que es parte o bien se niega olímpicamente a aceptar determinados tratados internacionales. Es dramático cómo la principal potencia del mundo desdeña el derecho internacional, creado con la participación de los que se entiende son sus pares: los Estados que forman parte de la comunidad internacional. Así, por ejemplo, se niegan a aprobar el Acuerdo de Kioto sobre Cambio Climático, la Convención de Cartagena sobre Bioseguridad, la Convención de Río sobre Biodiversidad, la Convención de Roma, es decir, el Estatuto de la Corte Penal Internacional. A esto añadámosle que la gran potencia que se dice "modelo de derecho humanos" no pertenece al Sistema Interamericano de los Derechos Humanos. Estos son simples ejemplos de la displicencia de la gran potencia al derecho internacional, privilegiando sus posiciones unilaterales de fuerza en las relaciones internacionales, aun en contra de la oposición crítica, en algunos casos, de los europeos.

El "martes negro", o bien el 11 de septiembre, es sin duda un parteaguas en el derecho internacional. La acción sumamente salvaje del terrorismo internacional en contra de objetivos civiles estadunidenses y la reacción desmesurada de Estados Unidos con la invasión de un país que se supone apoyó a los terroristas son acciones inéditas en la historia de la humanidad que ponen, desde ya, en el

cesto de la basura la legalidad internacional. Para ilustrar lo absurdo
de la invasión estadunidense sólo hay que mencionar que el supuesto instigador, el artífice de la tragedia, Osama Bin Laden, sigue
libre después de una destrucción muy impresionante, seguida a la
invasión de Afganistán.

Al tratar de contestar la pregunta: ¿qué sigue después del 11 de
septiembre? Desde la perspectiva del derecho internacional, podemos ver un panorama no muy positivo.

De acuerdo con las leyes internacionales, el Consejo de Seguridad de la ONU es el órgano autorizado para actuar en el caso, por
ser el único que puede dictar resoluciones coercitivas, emitir alguna
resolución en colaboración con la comunidad internacional y juzgar
a los criminales como tales en una corte internacional. Sin embargo, la experiencia de los últimos años nos dice que este poderoso
país ha utilizado la fuerza en Vietnam, Panamá, Kosovo, Irak con
una gran displicencia al Consejo de Seguridad y al derecho internacional. Recordemos que la visita del presidente Bush a nuestro país
se vio empañada por los bombardeos a Irak (¿qué justificó tal acción?
y ¿qué norma del derecho internacional la permitió?). Además, ¿qué
se ganó con el bombardeo por parte de la OTAN (en donde Estados
Unidos tiene gran influencia) a Kosovo en 1999? Acción que estuvo
lejos de ser congruente con el derecho internacional. Todos sabemos
que recientemente en Macedonia, en el año 2001, se revivió el conflicto. Estamos convencidos que la política de la fuerza en las relaciones internacionales no resuelve problemas, en última instancia,
los posterga.

La acción de Estados Unidos en Afganistán posterior al 11 de septiembre produjo el efecto de fortalecer a este país como la hegemonía mundial sobre un barril de pólvora. Por supuesto, los conflictos internacionales no se han resuelto, antes al contrario, están
causando una gran frustración y tensión en Medio Oriente e inquietud en los pueblos de Irán, Irak y Corea del Norte, a los que Estados
Unidos considera los nuevos "ejes del mal". El 11 de septiembre
creó un peligroso precedente: la posibilidad de que un país o un grupo de países, con el supuesto de buscar a terroristas, realicen acciones
punitivas, como la invasión de Afganistán. Esto se agrava, porque como
lo hemos visto, no hay una definición cabal, definitiva de lo que se

entiende por terrorismo. Además, hay que tomar en consideración que los precedentes en derecho internacional son muy importantes, son el punto de inicio de la creación de este tipo de derecho.

Estos momentos de crisis deben de motivar a la reflexión de los gobernantes de Estados Unidos de que el derecho internacional es el único elemento que puede hacer posible la convivencia pacífica de los Estados. Los llamados a la guerra por supuesto logran reavivar la economía de Estados Unidos en recesión, pero, no nos alejarán de las escenas dantescas del martes negro, que ahora vimos en suelo estadunidense aunque se han producido en otros lugares. Y precisamente aquí tenemos otro elemento de reflexión que nos deja el 11 de septiembre: la vulnerabilidad de la máxima potencia. Por primera vez, en la historia contemporánea los guerreros estadunidenses (fuera de su territorio) tienen un conflicto y un ataque en su terreno. Esta vulnerabilidad estadunidense debe impulsar a dejar a un lado su falta de apego a la normatividad internacional y crear un sistema de derecho, en donde ellos sean los máximos impulsores. Y por otra tarde detenerse en su camino: para analizar las consecuencias de una desigualdad creciente que está produciendo la globalización y enfocar los esfuerzos para resolver los conflictos añejos que verdaderamente son un foco de tensión universal[9] como es el caso Israel-Palestina.

México, independientemente de su natural sentido de solidaridad con una tragedia, creo que debe ser cuidadoso para no embarcarse en una política de fuerza que en nada favorece a los mexicanos, la tradicional política pacifista de nuestro país debe de prevalecer frente a todo tipo de alianzas coyunturales entre los gobernantes.

Los tambores de guerra ya suenan en el Norte, las posiciones intolerantes ya se expresan, como lo vemos en las palabras de la senadora Hillary Clinton y del presidente Bush: "El resto del mundo debe entender: si no están con nosotros están contra nosotros". Creo que México debe optar por una posición pacifista y de cooperación mundial en el marco del derecho internacional.

---

[9] Los mismos estadunidenses ya lo visualizan: quizás al contestar la pregunta que se hizo Bush: ¿por qué nos odian tanto? Véase W.J. Clinton, "La lucha por el espíritu del siglo XXI", *El País*, 16 de enero de 2002.

Reglas para la "legítima defensa"

*Mónica Gambrill**

El número de muertes en Nueva York, Washington D.C. y Pensilvania el 11 de septiembre fue drásticamente mayor que el número de muertes por ataques terroristas en todo el mundo en años anteriores: en 1999, 233 personas; en 2000, 505; en comparación con los 87 estadunidenses muertos en 1 372 ataques a lo largo de la década de los noventa. Este terrorismo de antaño palidece en comparación con las dimensiones actuales: murieron casi cuatro mil personas en un solo operativo, el cual se dirigió contra objetivos estratégicos o emblemáticos de Estados Unidos, de naturaleza económica, política y militar —con la amenaza implícita de más ataques en el futuro mediante el uso de armas biológicas, químicas o nucleares.

En el pasado, ante una agresión de estas dimensiones, se declararía la guerra contra el Estado responsable; sin embargo, ahora los Estados no son los que se ponen al frente de la planeación y financiamiento de los operativos terroristas. Los Estados, antes conocidos por su apoyo a grupos terroristas, han desistido de este tipo de operaciones o se cuidan mucho de no ligarse directamente con ellos; en parte, tal vez por las sanciones que les impusieron en el pasado reciente. En todo caso, esta falta de apoyo estatal directa ha producido la fragmentación de los grupos terroristas: sobre todo con el fin de esquivar cualquier asociación directa, buscar nuevas fuentes de financiamiento y protegerse de los contraataques.

*Investigadora del CISAN. Correo electrónico: <ruppert@servidor.unam.mx>.

Éste es el diagnóstico del Departamento de Estado en el informe "Patrones del Terrorismo Global" (Patterns of Global Terrorism) que se dio a conocer desde el 30 de abril de 2001, el cual dice que la reducción de apoyo estatal por parte de Libia, Siria y Líbano ha resultada en una alianza de diferentes grupos que operan desde Afganistán con financiamiento proveniente de contribuciones privadas, secuestros o tráfico de drogas. Esta nueva forma de terrorismo internacional se ve reflejado también en las resoluciones y declaraciones del Consejo de Seguridad de la ONU que, a partir de 1996, dejan de enfocarse en la responsabilidad de Estados como Sudán, Etiopía, Libia e Israel para concentrar su atención en la situación de Afganistán y, a partir de 1998, en las actividades que los talibanes empezaban a realizar allí en apoyo al terrorismo internacional.

La reacción inmediata de la clase política estadunidense después de los ataques del 11 de septiembre en Estados Unidos siguió el viejo patrón de anunciar una declaración de guerra. Newt Gingrich fue el primero en pronunciarse, por televisión sobre los atentados en 'contra de los terroristas y los Estados que los amparan'; y el mensaje grabado de George Bush parecía reiterar esta misma postura. A partir de esto, otras personas empezaron a señalar la responsabilidad de Afganistán bajo la dirección de los talibanes, pidiendo un contraataque inmediato y masivo de Estados Unidos contra ese territorio, todo dentro de la vieja lógica de las guerras y la lucha antiterrorista.

Sin embargo, un día después del ataque salió un artículo de Henry Kissinger,[1] ex secretario de Estado, en el que llega a una conclusión diferente. Si bien él también subraya la sofisticada infraestructura que se requiere para sincronizar este tipo de operaciones, afirma que dicho apoyo no significa necesariamente colaboración del Estado, sino más bien una red urbana de apoyo localizada en países con los cuales Estados Unidos mantiene relaciones normales o casi normales. Para destruirla, no basta un acto de represalia contra determinado Estado, sino una labor sistemática que saque a los terroristas de sus refugios alrededor del mundo. Por ello, según Kissinger, el énfasis se debe ponerse en la formación de alianzas internacionales para

---

[1] Henry Kissinger, "Destroy The Network", *The Washington Post*, 12 de septiembre de 2001.

coordinar los esfuerzos de todos los países deseosos de combatir el terrorismo internacional —aunque también afirma que Estados Unidos no debe limitarse a acciones concertadas internacionalmente porque esta nación fue la que resultó atacada.

A partir de la nueva definición de estrategia antiterrorista, se utiliza el concepto de "guerra" con el significado de movilización de recursos de un conjunto de países aliados para una lucha armada contra las redes del terrorismo internacional, aunque sin una declaración formal de guerra contra ningún Estado-nación. Entonces, las convenciones que han legitimado o deslegitimado las guerras en el pasado dejan de funcionar en estas nuevas circunstancias, por lo que surgen lagunas normativas que necesitan llenarse con nuevos preceptos elaborados por la comunidad de naciones del mundo. Hace falta llegar a una definición consensada del terrorismo internacional y distinguirlo de las luchas de liberación nacional; así como un concepto de cuándo es legítimo el uso de la fuerza y diferenciarlo de una posible instancia de terrorismo de Estado; y sobre la esfera de competencia de los organismos internacionales para establecer una distinción con el derecho de actuar de manera unilateral. Las normas actuales que definen estos problemas necesitan revisarse y actualizarse a la luz de las nuevas amenazas a la paz y seguridad mundiales.

Dentro de esta nueva lógica de guerra antiterrorista, Colin Powell, secretario de Estado de Estados Unidos, insistió desde el inicio del conflicto en la necesidad de demostrar la culpabilidad de los autores del atentado, hacer todo lo posible por llevarlos ante cortes de justicia y trabajar para construir una amplia coalición de países orientados a la consecución de esta meta. Sin embargo, la posición del presidente George Bush fue en el sentido de capturar a los responsables *dead or alive* (lo cual alude al estilo de justicia del viejo oeste estadunidense en que se minimiza la importancia de procedimientos legales) demuestra más bien su vocación unilateral. El vicepresidente Dick Cheney, al decir que consultaría la posibilidad de enmendar la prohibición del expresidente Carter contra el uso del asesinato como arma política o la prohibición del ex presidente Clinton de emplear extranjeros para este mismo fin, aprovecha la coyuntura para promover una agenda neoconservadora. La pregunta entonces es ¿cuál de estas posiciones prevalecerá dentro de Estados Unidos y cómo interactuará con la formulada por otros países y organismos internacionales?

Estados Unidos recibió una oferta de solidaridad por parte de la Organización del Tratado del Atlántico Norte (OTAN), así como de muchos otros países en las acciones que planeaba llevar a cabo contra de la red internacional Al Qaeda y su base de apoyo en el gobierno talibán de Afganistán, a quienes había identificado como los probables autores de los ataques del 11 de septiembre y contra los cuales había reunido ciertas evidencias que fueron presentadas a la OTAN y a otros gobiernos. Además, Estados Unidos dio aviso al Consejo de Seguridad de la ONU acerca de sus intenciones de responder al ataque, en una carta presentada por el representante, John D. Negroponte, en el siguiente sentido:

> De acuerdo con el artículo 51 de la Carta de la ONU [...] Estados Unidos de América junto con otros Estados ha iniciado acciones en el ejercicio del derecho inherente de la defensa propia, individual y colectiva [...] mi gobierno ha obtenido información clara y precisa que demuestra que la organización Al Qaeda, apoyada por el régimen talibán en Afganistán tuvo un papel central en los ataques. Aún hay mucho que no conocemos, ya que nuestra investigación está en etapas preliminares. Puede resultar que nuestra defensa propia requiera de nuevas acciones respecto a otras organizaciones y otros Estados [...].[2]

El procedimiento a través del cual Estados Unidos le comunicó al Consejo de Seguridad de la ONU las medidas que había decidido tomar en represalia contra su agresor se realizó conforme a lo señalado en el artículo 51 de la Carta de la ONU sobre la "legítima defensa, individual o colectiva". Como se verá a continuación, dicho artículo establece el derecho de actuar mediante previo aviso al Consejo de Seguridad, sin que dicha notificación requiera de prueba alguna de la identidad de los responsables del atentado ni necesite recibir una autorización:

---

[2] Carta de John D. Negroponte con fecha del 7 de octubre de 2001, dirigida al presidente del Consejo de Seguridad de las Naciones Unidas, publicada en el sitio del Departamento de Estado de Estados Unidos, "International Information Programs", en Internet: <usinfo.state.gov>.

Ninguna disposición de esta Carta menoscabará el derecho inmanente de legítima defensa, individual o colectiva, en caso de ataque armado contra un miembro de las Naciones Unidas, hasta tanto que el Consejo de Seguridad haya tomado las medidas necesarias para mantener la paz y la seguridad internacionales. Las medidas tomadas por los miembros en ejercicio del derecho de legítima defensa serán comunicadas inmediatamente al Consejo de Seguridad, y no afectarán en manera alguna la autoridad y responsabilidad del Consejo conforme a la presente Carta para ejercer en cualquier momento la acción que estime necesaria con el fin de mantener o restablecer la paz y la seguridad internacionales.

También hay que señalar que el procedimiento que enuncia el artículo 51 no suprime el derecho de intervención de la ONU, ya sea en contra del país que toma las represalias o en contra de los inculpados. Esto es algo que compete a la ONU decidir autónomamente, sin solicitud previa de alguna de las partes del conflicto. Se puede pensar, entonces, que si el Consejo de Seguridad no condenó la respuesta de Estados Unidos fue porque aceptó implícitamente que este país actuaba en legítima defensa, y que dicha respuesta contribuía a mantener la paz y la seguridad internacionales.

Se puede objetar que el uso que Estados Unidos dio al artículo 51 no constituye un caso típico de "legítima defensa", porque la respuesta a la agresión no fue inmediata. Sin embargo, parece razonable argumentar que el derecho a la defensa propia no caduca en determinado número de horas o días después del ataque terrorista, en particular cuando no se sabía quién lo había perpetuado. Más bien, el hecho de que Estados Unidos haya resistido la tentación de responder inmediatamente en contra de los primeros países mencionados como posibles autores de atentado, sino que haya tomando el tiempo requerido para reunir elementos de prueba sobre la identidad de los responsables, es encomiable. Argumentar que el compás de espera que se abrió después del atentado cancela su derecho a la legítima defensa parecería infundado, sobre todo cuando no desapareció el peligro.

Podría cuestionarse también la aplicabilidad del artículo 51 en el caso de un ataque que, en estricto sentido, no fue "armado", ya que se realizó con aviones civiles cargados de combustible, los cuales fueron utilizados como proyectiles contra sus objetivos, pero sería simplemente un argumento semántico frente a una cuestión que debería resolverse con base en consideraciones sobre la magnitud de los daños planeados y causados a los tres centros neurálgicos de poder en Estados Unidos.

Pero, la objeción de fondo al procedimiento adoptado por Estados Unidos no es su ilegalidad, sino que no va más allá que la Carta de la ONU, que sigue reflejando el poder de las grandes potencias mundiales en el seno del Consejo de Seguridad, cuya composición ha ido ampliándose aunque sin otorgar el derecho de veto a sus nuevos miembros. Más bien se trata de que el momento era propicio para ir más allá, contribuyendo a la creación de la normatividad que hace falta para enfrentar estas nuevas amenazas a la seguridad mundial. En este sentido, hubiera sido una buena oportunidad para adherirse a la Corte Internacional de Justicia y solicitar un pronunciamiento de este organismo sobre los responsables del atentado; también, para llevar el asunto de la represalia que planeaba Estados Unidos contra los terroristas a votación en la Asamblea General.

La comunidad internacional demostró una amplia disposición a participar en la persecución de los responsables. A través de la ONU no sólo se emitieron condenas en la Asamblea General contra los ataques terroristas perpetrados en contra de Estados Unidos,[3] sino que también el Consejo de Seguridad aprobó una resolución "sobre las amenazas a la paz y la seguridad internacionales creadas por actos de terrorismo", principalmente con el objetivo de prevenir y castigar el financiamiento a los actos de terrorismo.[4] Incluso países como Rusia y China apoyaron este tipo de medidas. Estados Unidos hubiera podido aprovechar esta coyuntura para involucrar más a los organismos internaciones en la respuesta contra Al Qaeda y el régimen talibán, para legitimar sus acciones y también fortalecer la normatividad internacional. Sin embargo, no quiso avanzar más allá de lo estrictamente necesario en la relación con la ONU; ni siquiera vio la

[3] Asamblea General de la ONU, A/RES/56/1; A/56/L.1, 12 de septiembre de 2001, "Condena de los ataques terroristas perpetuados en Estados Unidos de América"; Consejo de Seguridad de la ONU, S/RES/1368(2001) S/PV.4370 del 20 de diciembre sobre la situación en Afganistán.

[4] Consejo de Seguridad de la ONU, S/RES/1373(2001) S/PV.4385 del 28 de septiembre sobre las amenazas a la paz y seguridad internacionales creadas por actos de terrorismo.

posibilidad de ligar su seguridad con la aprobación de medidas de defensa por parte de esa institución ni de limitar su capacidad de respuesta en otras crisis futuras.

Más bien, Estados Unidos forjó una alianza selectiva con diferentes países que lo apoyarían en la amplia gama de actividades que planeaba realizar, incluyendo las acciones militares. Esta alternativa le da más flexibilidad en la planeación de su respuesta al terrorismo internacional, pero con esta medida también le resta importancia a la comunidad internacional. Nada puede evitar que la composición de esta alianza cambie en el futuro; el abandono de los aliados actuales no podría evitar que Estados Unidos prosiguiera con otra alianza ad hoc para otro tipo de operaciones porque siempre podrá encontrar un grupo de países dispuesto a proceder en contra de alguna otra organización terrorista, aunque sin duda esto le restaría legitimidad. Si bien en un inicio se limitaron los objetivos de la respuesta militar a un determinado grupo terrorista y al único régimen que ostensiblemente les daba refugio, la flexibilidad de la coalición internacional presenta el riesgo de permitir la expansión de las operaciones militares contra otros países del mundo en donde operan otros grupos terroristas y donde Estados Unidos teme que sus enemigos puedan apoyarlos en el futuro.

Si Estados Unidos decide ampliar el conflicto hasta donde ya no se aplica el concepto de "legítima defensa", por ejemplo contra Irak, perdería la autoridad que ha ganado hasta ahora en la alianza internacional y cargaría con toda la responsabilidad para "su" lucha contra el terrorismo, e incluso podría ser clasificado por la Asamblea General de la ONU como una amenaza para la paz y seguridad mundiales. Por eso, debe resistir la tentación de la corriente neoconservadora de abrogarse el derecho de iniciar ataques contra cualquier enemigo, así como de realizar asesinatos selectivos contra los líderes opositores u adoptar otras tácticas propias de lo que más bien sería un terrorismo de Estado.[5]

El riesgo actual es que el gobierno de Estados Unidos quiera proceder con base en el modelo que Israel practica en su relación con

---

[5] Véase documento sobre la Inadmisibilidad de las políticas de terrorismo de Estado y cualesquiera otras acciones de los Estados, dirigidas a la desestabilización del sistema sociopolítico de otros Estados soberanos, Asamblea General de la ONU, A/RES/39/159.

los palestinos, a pesar de que éste ha demostrado total ineficacia para poner fin al terrorismo. El abandono del camino moderado —que en este caso significa apoyar a la Autoridad Palestina en su esfuerzo por negociar una paz digna y la constitución del Estado Palestino— y la adopción de la estrategia de aniquilar al enemigo, no sólo es una fórmula para reproducir el terrorismo sino también representaría una traición a los principios sobre los cuales está fundado Estados Unidos de América. Más bien habría que alejarse lo más posible de las prácticas terroristas que han caracterizado a ambas partes del conflicto entre Israel y Palestina.

En vez de iniciar ataques "preventivos", Estados Unidos debe privilegiar los buenos oficios democrático-liberales que practica en su política interna y extender su tolerancia con posibles "excesos" de democracia a los países subdesarrollados. Para ello, resulta necesario rechazar tajantemente el viejo modelo que se impuso durante la guerra fría cuando Estados Unidos apoyó a gobiernos dictatoriales, represores de los movimientos democratizadores en su propia población, a cambio de su seguridad. También es necesario reintroducir el tema del "nuevo orden económico" en la agenda internacional —y si este concepto resulta un anatema para los grupos de Estados Unidos, se podría hablar más bien de librar una "guerra contra la pobreza", para utilizar el término acuñado por Lyndon Baines Johnson para describir su prioridad interna en los sesenta— porque ni la paz ni la prosperidad pueden construirse sobre la base de la exclusión de los beneficios de la economía global.

Es necesaria la participación de toda la comunidad internacional en la definición de nuevas reglas más precisas para garantizar la "legítima defensa individual y colectiva" frente al terrorismo internacional, pero también frente al subdesarrollo y la exclusión; no sólo de las grandes potencias, sino también de los Estados más pequeños que tienen derecho a ejercer una influencia política en la definición de esta problemática, independientemente de su peso económico o militar. Esto no quiere decir negociar con los grupos terroristas pero sí con la comunidad internacional y sobre todo con los gobiernos de países subdesarrollados para formular estrategias capaces de aislar a los terroristas de las bases potenciales de apoyo popular entre la población marginada del mundo y lograr en esos sitios un nivel de bienestar que sea precondición para la seguridad. La solución de fondo tiene que basarse en una nueva concepción de seguridad económica.

No se ha articulado todavía esta vinculación entre la "guerra contra el terrorismo" y la "guerra contra la pobreza" dentro del nuevo contexto de la alianza internacional contra el terrorismo, pero sería una digna bandera para los gobiernos de los países latinoamericanos y permitiría ampliar la base de apoyo de la población a las medidas de diferentes tipos concertadas dentro del marco de combate al terrorismo internacional. En este sentido, lejos de tener que abandonar su iniciativa de llegar a un acuerdo bilateral en materia de migración, el presidente Fox debe insistir en las ventajas que un programa ordenado de trabajadores visitantes y de legalización masiva de indocumentados podría tener para ambos países, a la vez que necesita tomar medidas para controlar el paso de extranjeros por México en camino a Estados Unidos. También debería advertir sobre los riesgos que representan las iniciativas de ley introducidas al calor del atentado del 11 de septiembre, como la "Mobilization Against Terrorism Act", que en su sec. 205 señala que el uso de violencia al evitar una inspección o al pasar sin documentos o en un choque relacionado está sujeto no sólo a multas sino a cadena perpetua o incluso hasta pena de muerte si se trata de un incidente fronterizo que provoque accidentes fatales contra agentes federales de Estados Unidos. Es necesario encontrar la forma de distinguir entre trabajadores indocumentados que intentan evitar un arresto o que presentan resistencia a las autoridades migratorias fronterizas, de los terroristas que hacen lo mismo. Y, sobre todo, hay que insistir en un ambicioso incremento de las capacidades y de los fondos manejados por el Nadbank para que, en vez de ocuparse únicamente de algunos asuntos ecológicos fronterizos promuevan el desarrollo económico en México.

Así, la respuesta que Estados Unidos dé al atentado determinará el alcance del conflicto; con un despliegue de talento político existe la posibilidad de reorientar el modelo económico hacia la justicia social, evitando la posibilidad de futuros conflictos entre la parte minoritaria del mundo que tiene cabida en la globalización y la mayoría de los excluidos.

Economía

Crónica de una recesión largamente anunciada, repentinamente detonada por el atentado terrorista del 11 de septiembre

Elaine Levine*

Antes del atentado terrorista del 11 de septiembre, el pronóstico para el crecimiento económico de Estados Unidos no era muy alentador. Hace poco más de un año, algunos incautos vaticinaban el fin del comportamiento cíclico de la economía. Pero incluso con los pronunciamientos de la administración de Clinton, al final de su mandato, sobre la salud de lo que habían bautizado como la "nueva economía" estadunidense, ya desde mediados del año 2000 exhibía señales de debilitamiento y se vislumbraba la perspectiva de una recesión antes de que finalizara el 2001. El ataque a dos de los símbolos más importantes de Estados Unidos, y de su poderío económico y militar, representó un golpe mortal para la confianza de los consumidores que empezaba a menguar desde antes de los hechos fatídicos que devastaron el World Trade Center de Nueva York, dañaron el Pentágono y marcaron el fin de la expansión económica más larga que se haya registrado en ese país. Ahora será prácticamente imposible distinguir entre la tendencia recesiva tan largamente anun-

* Investigadora en el área de Estudios sobre Estados Unidos del CISAN. Correo electrónico: <elaine@servidor.unam.mx>.

ciada y el impacto negativo que inevitablemente tendrá el reciente atentado sobre los principales indicadores macroeconómicos.

Precisamente, por tratarse de una expansión tan larga —que se inició en el segundo trimestre de 1991— había optimistas que pensaban que podría durar indefinidamente y pesimistas que siempre predecían que la caída estaba a la vuelta de esquina. Pero en términos generales, los efectos negativos de la recesión anterior —que perduraron por mucho tiempo después del repunte en el crecimiento económico general— fueron de alguna manera opacados por los avances logrados durante la segunda mitad de la década de los noventa. A pesar de los escándalos políticos y personales, en los que se vio envuelto el ex presidente Clinton, y las no pocas derrotas que sufrió en el Congreso, su administración puede atribuirse ciertos logros económicos importantes: la disminución del desempleo, tasas bajas de inflación, el repunte de la productividad y la eliminación del déficit fiscal junto con el crecimiento continuo del PIB.

De hecho, los altos ritmos de crecimiento del PIB y de la productividad de 1996 a 2000 superaron los mejores pronósticos. La coincidencia favorable de bajas tasas de desempleo y bajas tasas de inflación con estos altos ritmos de crecimiento, sostenidos durante varios años, fue tan sorprendente como el fenómeno inverso, de altas tasas de inflación junto con altas tasas de desempleo y muy bajas tasas de crecimiento del PIB —la llamada "estanflación" o "stagflación"— que provocó tanta consternación a finales de los años setenta. La administración de Clinton atribuyó esta simultaneidad positiva a la interacción de 1) los avances tecnológicos recientes en el área de la informática y las telecomunicaciones, que a su vez tuvieron efectos sobre muchos otros sectores, 2) cambios en el ámbito de la organización y funcionamiento de las empresas —en otras palabras flexibilización, adelgazamiento y reestructuración— y, desde luego, 3) las políticas públicas que crearon un clima favorable para la innovación y la inversión, particularmente la disciplina fiscal que convirtió el déficit en superávit, coadyuvando a la baja en las tasas de interés, lo cual estimuló y facilitó a la inversión privada.[1]

[1] Council of Economic Advisers, *Economic Report of the President 2001* (Washington, D.C.: United States Government Printing Office [GPO], 2001).

EL PRINCIPIO DEL FIN DE LA EXPANSIÓN

Entre 1996 y 1998 se registró un crecimiento significativo en la inversión privada bruta, poco usual a semejante altura de un periodo expansivo. De 1996 a 1997, así como de 1997 a 1998, la inversión incrementó su participación en el PIB en casi un punto porcentual, 0.8 por ciento en ambos lapsos. Pasó de 15.9 por ciento del PIB en 1996 a 17.5 por ciento en 1998.[2] Posteriormente, el crecimiento de la inversión fue mucho más mesurado y a partir del tercer trimestre de 2000 se pudo observar un decrecimiento real respecto al trimestre anterior que fue continuo hasta mediados de 2001.[3]

Ese auge en la inversión se asoció con avances tecnológicos en el área de la informática. Ahora, alrededor de 35 por ciento de lo que gastan las empresas en capital se destina a tecnología para el manejo de información (*information technology*).[4] Parece que el ciclo de inversión impulsada por dicha tecnología es bastante voluble en la actualidad, puesto que está sujeto a altibajos en el financiamiento por parte de quienes aportan capital de riesgo (*venture capitalists*) y las ventas iniciales de acciones (*initial public offerings*). Además, la desregulación ha puesto a muchas empresas anteriormente protegidas —por ejemplo, áreas como la telefonía y el suministro de la energía eléctrica— a merced de las fuerzas "impredecibles de la competencia". El resultado es que en este nuevo entorno se pueden alcanzar ritmos de crecimiento más altos, aunque la economía esté sujeta a mayores fluctuaciones en diversos ámbitos.[5]

Desde mediados de los años noventa hasta mediados del año 2000 la productividad se incrementó en promedio 2.5 por ciento anual, su mejor desempeño en casi treinta años. A partir de entonces, parece haber regresado a su ritmo anterior de alrededor de 1.5 por ciento anual. Queda por ver cuál de estas tasas de crecimiento prevalecerá en el mediano plazo, lo cual dependerá a su vez de la fuerza y profundidad de las innovaciones tecnológicas recientes. "Si la oleada tecnológica actual es, en efecto, parte de una tercera re-

[2] *Ibid.*, 306.
[3] <http://www.bea.doc.gov/bea/newsrel/gdp.201a>, consultada en septiembre de 2001.
[4] Peter Coy, "The New Economy, How Real Is It?", *Bussiness Week*, 27 de agosto de 2001, 80-85.
[5] *Ibid.*

volución industrial entonces el incremento en la productividad podría durar un par de décadas".[6] Alan Greenspan, por ejemplo, se encuentra entre quienes consideran que "estamos solamente a la mitad del camino en cuanto a una expansión con base en la nueva tecnología".[7] De acuerdo con esta apreciación es de suponerse que las perspectivas de crecimiento de la productividad y, por ende, del PIB a mediano plazo son buenas.

No obstante su optimismo respecto al futuro inmediato, el jefe de la Reserva Federal ya había disminuido la tasa de descuento en seis ocasiones, entre el 3 de enero y el 11 de septiembre de 2001, como un intento —poco exitoso— de contrarrestar las tendencias negativas inmediatas. Durante este lapso la tasa de descuento bajó de 6 a 3 por ciento, porcentaje en el que se había ubicado desde julio de 1992 hasta mayo de 1994, fecha en que algunos sectores todavía resentían la secuela de la recesión de 1991. A partir de mayo de 1994, la Reserva Federal incrementó la tasa paulatinamente, a fin de evitar un sobrecalentamiento de la economía, hasta alcanzar 6 por ciento a mediados de mayo de 2000. No hubo más cambios hasta enero de 2001, cuando se emprendió la ruta inversa. Pocos días después del atentado, el 17 de septiembre, se redujo la tasa de descuento otro medio punto, a 2.5 por ciento. La última vez que se había ubicado en un nivel tan bajo fue en 1959.[8]

De hecho, se considera a Greenspan como uno de los principales arquitectos de la expansión económica tan extraordinaria que duró más de diez años. Sin embargo, en septiembre de 2001 ni la tasa prima (de interés) más baja desde abril de 1994 pudo apuntalar la menguante producción industrial. En agosto ésta registró su undécima caída mensual consecutiva —se encontraba 5 por ciento por abajo de su nivel de un año atrás—. Se usaba solamente 77 por ciento de la capacidad instalada, el nivel más bajo desde julio de 1983.[9]

[6] "Darren Williams y Richard Reid de Schroder Salomon Smith Barney en su Nuevo informe, *Back to the Future*", citado en Coy, "The New Economy...", 84.

[7] *Ibid.*, 85.

[8] Board of Governors, Federal Reserve System, en <www.federalreserve.gov/release/h15/data/a/dwb.txt>.

[9] Robert J. Samuelson, "Economic Shockwaves", *Newsweek*, 24 de septiembre de 2001, 60; y Coy, "The New Economy...", 83.

Generalmente, cuando el mercado laboral se encuentra restringido (*tight*) y la actividad productiva a la baja, las empresas prefieren disminuir horas antes que despedir trabajadores; no obstante, la tasa de desempleo subió de 3.9 por ciento en octubre de 2000 a 4.9 por ciento en agosto de 2001. Entre octubre y julio, el incremento fue paulatino, pero de julio a agosto de 2001 subió repentinamente de 4.5 a 4.9 por ciento. Según el Economic Cycle Research Institute (Instituto de Investigación del Ciclo Económico), cualquier incremento mayor de 0.4 por ciento en la tasa de desempleo es señal de una recesión, de acuerdo con el comportamiento observado desde la segunda guerra mundial.[10]

En septiembre, había 132.2 millones de personas empleadas, lo cual representa una baja de 0.5 millones respecto al máximo de 132.7 millones alcanzado en marzo de 2001. El sector más afectado fue el manufacturero, que perdió 1.1 millones de empleos entre julio de 2000 y septiembre de 2001, una disminución de 6.6 por ciento en el número de personas ocupadas. Estas bajas coinciden con la disminución en los gastos de inversión para nuevas instalaciones, equipo y tecnología en dicho sector. De agosto a septiembre se perdieron, en total, 199 000 puestos de trabajo, el mayor número mensual reportado desde febrero de 1991, cuando había recesión. En los últimos meses, los despidos se dieron no solamente en el sector manufacturero sino también en los servicios que ocupan alrededor de 80 por ciento de la PEA. "Supermercados, restaurantes, almacenes, cines y agencias de empleos temporales hicieron recortes que afectaron a miles de trabajadores entre fines de agosto y principios de septiembre".[11]

Después de un crecimiento muy fuerte en 1999 y la primera mitad de 2000, las ganancias empezaron a disminuir en el cuarto trimestre del 2000. No obstante, una baja de 3.5 por ciento en el último trimestre del año hizo que el crecimiento anual fuera de 9.7 por ciento en ese año, cantidad aún mayor que el incremento de 8.5

[10] Citado en Samuelson, "Economic Shockwaves", 60.

[11] David Leonhardt, "Job Cuts Increased Even Before Sept. 11", *The New York Times*, 6 de octubre de 2001, en <http://www.nytimes.com/2001/10/06/business/06ECON.html>, consultada en septiembre de 2001.

por ciento registrada en 1999. Pero, 2001 inició con una disminución de 7.8 en el primer trimestre, seguida por otra baja de 2 por ciento en el segundo trimestre.[12] Este panorama de ganancias decrecientes, después de varios años de ascenso, y salarios crecientes, aunque sea ligeramente, fue suficiente para desalentar la de por sí menguante inversión, que se retrajo desde mediados de 2000.

Es decir, precisamente cuando los sectores de la población con los ingresos más bajos empezaban a experimentar alguna mejoría por primera vez en muchos años, la expansión económica, que por fin les favorecía un poco, se detuvo. La desaceleración repercutió en la demanda para trabajadores poco calificados y desde fines del 2001, cuando empezó a subir la tasa de desempleo, los incrementos salariales han sido prácticamente nulos.[13] "Es probable que quienes se encuentran en los estratos de ingresos más bajos no vuelvan a sentirse beneficiados mientras la tasa de desempleo permanezca arriba de 4 por ciento".[14]

LO MÁS DURADERO DE LA EXPANSIÓN

Inevitablemente surge la pregunta de ¿por qué los grupos de menores ingresos empezaron a verse favorecidos tan tardíamente por esta gran bonanza de la economía estadunidense? Es a partir de 1996, después de seis años de crecimiento ininterrumpido, cuando se empieza a revertir el deterioro relativo de los estratos con ingresos más bajos. En términos de equidad, en cuanto a la distribución de los frutos del crecimiento económico, la década de los noventa se compara favorablemente con la de los ochenta. Pero, aun con las altas tasas de crecimiento registradas durante la mayor parte de los últimos veinte años, la comparación resulta menos favorable, sobre todo frente a los mayores avances en el bienestar económico que se lograron durante las primeras tres décadas de la posguerra.

---

[12] <http://www.bea.doc.gov/bea/newsrel/gdp.201p.pdf>, consultada en septiembre de 2001.

[13] Economic Policy Institute, citado en Aaron Bernstein, "The Human Factor", *Bussiness Week*, 27 de agosto de 2001, 120.

[14] *Ibid*.

Es innegable que el comportamiento reciente de Estados Unidos ha sido sorprendente y muy favorable en términos de los principales indicadores macroeconómicos. Sin embargo, no se han podido reestablecer los niveles de equidad que prevalecieron unos treinta años atrás. En 1965, un director de una empresa (*chief executive officer,* CEO) ganaba 20.3 veces más que un trabajador medio y en 1999 ganaba 106.9 veces más. Cabe señalar que éstos ganan en Estados Unidos aproximadamente 2.5 veces más que sus contrapartes en otros países.[15] Por otro lado, el índice de pobreza general y el de los menores de dieciocho años —aunque han bajado paulatinamente a partir de 1993— son más altos que los de cualquier otro país industrializado y todavía están por arriba de los mínimos históricos alcanzados por Estados Unidos en 1973.

De 1973 (punto máximo del ciclo económico que antecede a la severa recesión que se inicia en 1974) al tercer trimestre de 2000, el PIB de Estados Unidos exhibe un crecimiento real de 127 por ciento que resulta en un incremento de 74.6 por ciento en el PIB per cápita. El incremento en el ingreso disponible es un poco menor en ambos casos (113 por ciento y 63.7 por ciento, respectivamente) mientras que, con base en el endeudamiento creciente de los hogares, el consumo personal aumenta aún más que el PIB; las cifras son 154.5 por ciento para el total y 81.8 por ciento de aumento para el consumo per cápita. Sin embargo, la mediana del ingreso anual real de todos los hombres asalariados está todavía por abajo, en aproximadamente 10 por ciento, del máximo alcanzado en 1973. Los promedios del ingreso semanal (273.49 en agosto de 2001) y por hora (8.02) de todos los asalariados están por abajo de los máximos reales alcanzados en 1973 (8.55 por hora y 315.38 semanales).[16]

Por otra parte, el crecimiento económico tan fuerte de las últimas dos décadas estuvo acompañado por crecientes desigualdades en la distribución del ingreso de las familias y los hogares. Los coeficientes de Gini se incrementaron marcadamente en ambos casos. La de por sí reducida participación en el ingreso global del quintil más

[15] Lawrence Mishel, Jared Bernstein y John Schmitt, *The State of Working America 2000-2001* (Ithaca: Cornell University Press, 2001), 113.

[16] Council of Economic Advisers, *Economic Report...,* 276, 311 y 330; "Historical Income Tables, March Current Population Survey: Table P-53", en <http://www.census.gov/hhes/

bajo disminuyó 18 por ciento entre 1973 y 1999, de 4.4 a 3.6 por ciento del total. Sólo el quintil más alto amplió (en 13.3 por ciento) su participación en el ingreso total durante este lapso, de 43.9 a 49.4. El 5 por ciento de la población con los ingresos más altos reflejó el mayor incremento en su participación con un aumento de 29.5 por ciento (al pasar de 16.6 a 21.5 por ciento del total).[17] Estas desigualdades crecientes en épocas de semejante auge son resultado de los mecanismos adoptados en Estados Unidos para responder a los desafíos de la globalización y a las crisis económicas a partir de los años setenta.

La ligera recuperación salarial experimentada durante la segunda mitad de los noventa resulta poco significativa frente a las crecientes ganancias acumuladas durante la bonanza sin precedente del mercado bursátil. La distribución de la riqueza en Estados Unidos y, en particular la de las acciones, es aún más desigual que la distribución del ingreso. Sólo 1 por ciento de los hogares detenta alrededor de 38 por ciento de la riqueza, mientras que 80 por ciento en un nivel inferior detenta sólo 17 por ciento de ésta. En cuanto a los propietarios de acciones, 1 por ciento es dueño de 47.7 por ciento de las acciones, en términos de su valor, mientras que 80 posee solamente 4.1 por ciento de éstas.[18]

No obstante lo anterior, los salarios representan aproximadamente tres cuartos del ingreso total de las familias y su peso es aún mayor para los amplios estratos intermedios. Por lo tanto, la dispersión salarial es el factor determinante de la creciente desigualdad en la distribución del ingreso. Este fenómeno ha sido ampliamente documentado y discutido en publicaciones oficiales y no oficiales.[19] A su vez, según las explicaciones más frecuentes, la mayor dispersión

---

income/histinc/p53.html> y <http://142.4.24/cgi-bin/surveymost>. Las cantidades ambas expuestas se consideran en dólares de 1982.

[17] Supplemental Income Inequality, Tables, March Current Population Survey, en Table IE-3, <http://www.census.gov/hhes/income/histinc/ie3.html>.

[18] Bernstein y Schmitt, *The State of Working America...*, 257.

[19] Véase, por ejemplo, *Economic Report of the President 1997* (Washington, D.C.: GPO, 1997), cap. 5; Lawrence Mishel y Jared Bernstein, "Income Deterioration and Inequality in the United States" y "America's Continuing Wage Problems: Deteriorating Real Wages for Most and Growing Inequality", en Lawrence Mishel y John Schmitt, eds., *Beware the U.S. Model* (Washington D.C.: Economic Policy Institute, 1995), 101-196.

salarial se debe a la creciente demanda de trabajadores con altos niveles de escolaridad, al incremento del número de mujeres y de inmigrantes en la fuerza laboral, al gran aumento absoluto y relativo del empleo en el sector de servicios, a la expansión del comercio internacional, a la decreciente afiliación sindical, así como a la disminución en el valor real del salario mínimo, entre otras.[20]

Además, las nuevas prácticas y estrategias asociadas con la reestructuración industrial de las últimas dos décadas generaron mayor inestabilidad e inseguridad en el empleo para la mayoría de los trabajadores, minando su poder de negociación. El mercado laboral se ha vuelto cada vez más segmentado y estratificado. Los nuevos nichos de empleos para inmigrantes —que ofrecen condiciones de trabajo y salarios inaceptables para la mayoría de los estadunidenses— crecen a la par de la oferta aparentemente inagotable de recién llegados que reciben lo que para ellos representa muchísimo más de lo que podrían ganar en sus países de origen. Familias de profesionistas y de trabajadores y empleados calificados —que respondieron a las vicisitudes de los años setenta y ochenta con la incorporación creciente de las mujeres a la fuerza laboral— hacen frente a las nuevas exigencias del mercado con más horas de trabajo. Por ende, se vuelven demandantes de más bienes de consumo y servicios personales proporcionados por trabajadores menos calificados cuya remuneración ha disminuido marcadamente, en términos relativos, respecto a la del resto de la población.

No obstante el alto ingreso per cápita y el crecimiento acelerado del PIB, Estados Unidos exhibe mayores desigualdades y menores perspectivas de movilidad socioeconómica que otros países industrializados. Los hogares más prósperos suelen tener ingresos mayores, mientras que los de menores ingresos se encuentran, por lo general, en una situación inferior que en otros países ricos.[21] Como ya se mencionó antes, la incidencia de pobreza, y en particular la incidencia entre los menores de 18 años, es más alta en Estados Unidos que en cualquier país altamente industrializado. Además, las desventajas son especialmente notorias en el caso de las minorías étnicas y raciales.

---

[20] *Ibid.*

[21] Bernstein y Scmitt, *The State of Working America...*, cap. 7.

EL NUEVO RUMBO DEL PRESUPUESTO DE BUSH

Desde antes del atentado se esperaba un álgido debate sobre el presupuesto federal en el Congreso. En términos generales, los republicanos proponían más recortes a los impuestos, mientras que los demócratas querían aprovechar el superávit para gastos sociales. Y el presidente Bush, quien al mismo tiempo deseaba limitar el crecimiento de los programas financiados anualmente a 4 por ciento, había prometido un plan para pagar los medicamentos de los jubilados y reformas para el sistema educativo. Sin embargo, también había solicitado un incremento en el gasto para la defensa que implicaba el uso de una parte de los ingresos generados por el impuesto a las nóminas para pagar la pensión federal de jubilación —conocido en Estados Unidos como *social security*—, el cual anteriormente había sido considerado intocable.

El hecho de que estos fondos —que ahora tienen un excedente que en unos cuantos años se convertirá en un gran déficit por el creciente número de jubilados— se están utilizando para otros fines —por lo menos mientras existan—, lo cual posiblemente no hubiera sido permitido en otras condiciones. Inclusive esta decisión de romper la "caja fuerte" (*lockbox*) de dichos fondos la criticaron ciertos miembros de ambos partidos, aunque dicha discusión ya fue rebasada por la emergencia.[22]

Por su parte, Alan Greenspan deseaba que se aprovechara el superávit federal para bajar la deuda nacional (de 3.3 billones de dólares) durante los próximos diez años. No obstante, cualquier plan al respecto quedó, por lo pronto, en el tintero. De hecho, antes de que se diera el superávit presupuestal del próximo ejercicio fiscal —anteriormente proyectado en alrededor de trescientos mil millones de dólares para el año fiscal 2002, que empezó el 1 de octubre— se piensa que éste ya se desvaneció. Las proyecciones más benignas plantean un presupuesto más o menos equilibrado, aunque la mayoría de los congresistas consideran que un déficit para el ejercicio 2002 es inevitable. Demócratas de la Comisión de Presupuesto de la

---

[22] Glenn Kessler y Juliet Eilperin, "Deal Reached on 8% Spending Boost", *The Washington Post*, 3 de octubre, A(1).

Cámara Baja opinaron que el presupuesto del gasto federal, de alrededor de dos billones de dólares, tendrá un déficit de ocho mil millones en el mejor de los casos y que bajo condiciones menos favorables éste podría alcanzar los setenta mil millones de dólares.[23]

No obstante lo anterior, existe consenso de que el gasto adicional debe ser significativo. "Miembros de ambos partidos consideran aceptable, bajo las actuales circunstancias, que haya un gasto deficitario por un par de años, señalando que no hay prioridad mayor que la seguridad nacional y el reestablecimiento del crecimiento económico".[24] Se habla de sesenta mil millones a setenta y cinco mil millones de dólares adicionales, que se sumarían a los cuarenta mil millones que se aprobaron pocos días después del atentado para gastos militares y de reconstrucción, y entre quince mil millones y dieciseite mil millones para apuntalar la aviación comercial. También parece haber acuerdo entre ambos partidos, la rama ejecutiva y la legislativa, de que el paquete aprobado debe ser de corto plazo y lo suficientemente grande para estimular la economía sin provocar problemas fiscales a futuro. Pero, más allá de eso, termina el consenso.

Muchos demócratas favorecen una segunda ronda de devolución de impuestos que se extienda a personas con ingresos muy bajos que no fueron incluidas en la devolución anterior. También proponen mayores gastos para la educación y programas de obras públicas. El presidente Bush, por su parte, ha indicado que estaría dispuesto a considerar una ampliación de trece semanas —adicionales a las 26 semanas cubiertas por ley— de pagos del seguro de desempleo, que podría ser financiada con fondos federales. Mientras que los demócratas quisieran ver un incremento en el salario mínimo, parece que la oposición a tal medida por parte de los republicanos es demasiado fuerte para que se pudiera lograr.

Los republicanos, en cambio, quieren disminuir el impuesto sobre las ganancias del capital (*capital gains tax*), pero la negativa de los demócratas es demasiado fuerte para que lo logren. Los republicanos consideran que los estímulos tienen que ser orientados a los

---

[23] Richard W. Stevenson, "Budget Surplus Is Expected to Turn into Deficits", *The New York Times*, <wysig://65http://www.nytimes.com/2001/10/01/politics/=!BUDG.html>.
[24] *Ibid.*

inversionistas y proponen una serie de medidas para aliviar la carga impositiva para las empresas, como la aceleración de los descuentos por depreciación y mayores posibilidades de descontar sus gastos para las empresas pequeñas. El representante Bill Thomas, jefe de la Ways and Means Committee de la Cámara Baja —que tiene que ver con las asignaciones presupuestales—, alega que el problema principal es la falta de inversión y los grandes inventarios, por lo cual, asevera, los estímulos deben ser dirigidos a la inversión.[25]

Aun así, el paquete de rescate no podrá evitar lo inevitable. Todo indica que la recesión es ya un hecho. Y debido a la coincidencia de esta recesión largamente anunciada con los hechos trágicos del 11 de septiembre, es difícil desenredar los efectos del atentado, de las tendencias negativas que subyacían previamente en la economía estadunidense. Esta infeliz coincidencia también dificulta más predecir la profundidad y la duración de la caída en la actividad económica. La administración de Bush se verá obligada a aplicar un programa de rescate económico e incrementar el presupuesto federal hasta el punto de incurrir en un gasto deficitario que hubiera preferido evitar.

La política económica de las últimas dos décadas ha privilegiado el crecimiento por encima de la equidad. Esta nueva recesión se presentó justamente cuando los estratos socioeconómicos inferiores, que en tiempos de crisis siempre son los más afectados, empezaban a verse beneficiados por tantos años de bonanza económica.

Independientemente de las medidas adoptadas para enfrentar la recesión coyuntural, repentinamente detonada por el ataque terrorista —coartando así cualquier posibilidad de lograr un "aterrizaje suave" de la economía—, lo más seguro es que, como siempre, los más afectados sean los grupos de la población con los ingresos más bajos y que se acrecienten las ya enormes y, de por sí, vergonzosas desigualdades que existen en el país más rico del mundo.

---

[25] Kessler y Eilperin, "Deal Reached on 8%...".

Algunos efectos de los actos terroristas del 11 de septiembre sobre el mercado petrolero internacional y la geopolítica de los hidrocarburos

Rosío Vargas[*]

Si bien no pretendo establecer un vínculo directo entre los actos terroristas del 11 de septiembre de 2001 y la política exterior de Estados Unidos hacia Medio Oriente, ya que hay factores de tipo territorial, cultural, religioso y políticos que coadyuvarían a ubicar esas acciones terroristas en un contexto más amplio, me gustaría referirme a uno de los intereses estratégicos de aquel país en la zona, como uno de los principales factores que permiten entender su presencia y su propensión por controlarla. Me refiero a los recursos petroleros y gaseros, así como la importancia geopolítica de la región por ser territorio de tránsito de grandes gasoductos y oleoductos que surten a Europa y Asia de estos combustibles.

En este artículo analizaré las principales repercusiones de los eventos del 11 de septiembre en el ámbito energético, desde una perspectiva fundamentalmente coyuntural y el posible impacto para México.

[*] Investigadora del Área de Estados Unidos, CISAN, UNAM. Correo electrónico: <rvargas@servidor.unam.mx>.

Una de las primeras secuelas de los eventos citados surgieron en los movimientos de los precios del petróleo, debido a la asociación que rápidamente se hizo con el Medio Oriente. En el ámbito internacional, los precios del petróleo se movieron entre dos fuerzas contrarias, pese a que la primera reacción fue a la alza (4 dólares por barril). Sin embargo, en los días posteriores, prevaleció el efecto de recesión económica por encima del "efecto pánico" causado por una posible interrupción de suministros petroleros o cualquier acción respuesta del Medio Oriente.

En efecto, la peculiaridad de la presente coyuntura es que se rompió el vínculo entre los precios del crudo y el efecto pánico resultante de una posible represalia por parte de Estados Unidos en la región. La percepción de los mercados fue que el ataque sería selectivo. De alguna manera, el mercado percibió el cambio en la estrategia estadunidense, tendiente a depurar su objetivo, hasta la actual situación de localizarlo en determinadas células extremistas, lo cual redujo la posibilidad de represalias dirigidas hacia importantes productores de petróleo del Medio Oriente.[1] El hecho de que Afganistán sea el objetivo de las represalias no fue motivo de preocupación en el mercado petrolero internacional, ya que este país no es un productor de crudo. Además, si se ha hablado sobre la posibilidad de un ataque a Irak, la producción iraquí de dos mil millones de barriles (mm b/d), condicionada por la ONU con el programa "petróleo por alimentos", desde hace tiempo no se considera importante su contribución a la oferta mundial y, en todo caso, se puede reponer rápidamente con la de otros países. Además, existía el antecedente de una sobreoferta petrolera, anterior a los atentados, de casi 2 500 000 b/d,[2] lo que explicaría también la momentánea alza en los precios atribuible al factor especulación. Esto explica el porqué, tras una rápida alza de casi cuatro dólares por barril, después del 11 de septiembre, los precios del crudo Brent cayeron a 22 dólares por barril el 25 de sep-

---

[1] De acuerdo con algunos analistas petroleros, el vínculo entre los precios del crudo y la represalia de Estados Unidos casi se ha roto. Por ahora el mercado está atento sobre un asalto estratégico en la red de Osama Bin Laden y el régimen talibán. Véase David Buchanan y Adrianne Roberts, "Oil Futures Fall as Supply Fears Fade: Market More Concerned about Recession than US Action", *Financial Times*, 25 de septiembre de 2001.

[2] "Petroprecios fuera de control de la OPEP", *El Financiero*, 27 de septiembre de 2001.

tiembre. En la reunión de la OPEP, celebrada al día siguiente, varios marcadores del crudo llegaron a veinte dólares, además de que la mezcla mexicana cayó a 17.48 dólares por barril.

Entonces, esto significa que el lado de la demanda fue el que ejerció una mayor presión en la caída de los precios, debido a la recesión global y su consecuente desplome en la demanda petrolera.

Otro elemento favorable para los consumidores ha sido la disposición de la OPEP a colaborar ante cualquier problema de escasez en el mercado, pues ésta se comprometió a garantizar suministros y precios estables; incluso en la reunión del 26 de septiembre, en Viena, el consenso fue que cualquier reducción en la cuota de producción, con el fin de amortiguar la caída en los precios del crudo, resultaba políticamente difícil. Ahí, la OPEP acordó no reducir los niveles de producción, para evitar el aumento de los precios y no atizar más la recesión mundial. Por tanto, se ha mantenido la producción de 23 200 000 b/d, igualmente se anunció un pacto de producción con productores que no son miembros de la OPEP, a fin de apuntalar los precios del crudo.[3]

A pesar de que el mercado está en manos de los consumidores y la OPEP sólo aporta 40 por ciento de la oferta mundial, nadie puede negar su importancia en la determinación del precio mediante el manejo de las cuotas de producción. Para Estados Unidos este nivel de precios podría convertirse en un problema para su seguridad energética, debido a las dificultades de sobrevivencia de su industria petrolera, misma que enfrenta muy altos costos de producción y no puede competir con los bajos precios internacionales. Por ello, en la medida que la economía se recupere (según previsiones del FMI, para este año 2002), los precios se reubicarían en el rango de 22-28 dólares por barril, rango buscado por todos, ya que satisface los intereses tanto de Arabia Saudita como de Estados Unidos y de otros productores de altos costos.

Respecto a México, la baja en las cotizaciones tendría un efecto adverso en los ingresos petroleros mexicanos y tal vez afecte sus finanzas públicas. El hecho de que el presupuesto federal considere una base de 18.50 dólares por barril hace que cualquier precio por

---

[3] "Petroprecios, en su peor etapa en dos años", *El Financiero*, 26 de septiembre de 2001.

abajo de esta cifra repercuta negativamente. De acuerdo con información periodística del 26 de septiembre, la mezcla mexicana de crudo se cotizó en 17.16 dólares por barril, lo cual denota que ya existe un efecto negativo.[4] Sin embargo, cabe mencionar la existencia de un fondo de estabilización petrolera consistente en quinientos millones de dólares, con los que podrían atenuarse las tendencias negativas para dar, momentáneamente, un efecto neto positivo.[5] Otra alternativa sería hacer un esfuerzo adicional de recaudación tributaria, conforme a la opinión de algunos analistas.[6] No son, entonces, las fluctuaciones de los precios a la alza, sino las pronunciadas bajas de éstos, el verdadero problema para un productor como México. Dichas fluctuaciones no benefician directamente a Pemex, ya que si los precios suben, los beneficios se van al Fondo Petrolero, sobre el que la Secretaría de Hacienda y Crédito Público tiene un manejo discrecional.

Desde el punto de vista geopolítico, el segundo aspecto destacable es la importancia del Medio Oriente por la existencia de importantes reservas de hidrocarburos y su aporte en forma de crudo barato a Occidente y a países orientales como Japón.

El factor estratégico de los recursos petroleros del Medio Oriente ha dado lugar a una política exterior en estadunidense que ha buscado afianzar y prolongar el control de los recursos en aquella región. Hasta 1989, este control se dio en el marco geopolítico de la guerra fría y en confrontación con la ex Unión Soviética por el control estratégico de la zona. Desde el punto de vista de las diferentes administraciones en Estados Unidos, el Golfo Pérsico y en particular el petróleo, ha sido básico para la seguridad de este país. Esto resulta elocuente en el discurso de la doctrina Carter de 1980, pronunciada después de la revolución iraní. En ese entonces, Carter señaló: "Cualquier intento de cualquier fuerza externa para obtener el control de la región del Golfo Pérsico será considerada como un ataque contra los intereses vitales de Estados Unidos y será respondido por todos los

---

[4] *La Jornada*, 26 de septiembre de 2001, p. 38.

[5] Se señala que Pemex obtuvo setecientos millones de dólares hasta el mes de agosto por sobreprecio del crudo, *El Financiero*, 25 de septiembre de 2001, p. 14.

[6] "México, el más afectado por la crisis en el país vecino", *El Financiero*, 3 de octubre de 2001.

medios necesarios, incluyendo la fuerza militar". En esta declaración se basó George Bush (padre) para lanzar su ofensiva Tormenta del Desierto en 1991, y en la cual también el presidente Clinton se sustentó para expandir la presencia militar de su país en el área del Golfo durante los pasados ocho años.[7]

Su importancia radica —según el informe de la empresa británica British Petroleum— en que la mayor parte (65 por ciento) de las reservas petroleras mundiales se localizan en dicha zona.

GRÁFICA 1
RESERVAS PROBADAS A FINES DEL 2000
(PARTICIPACIÓN PORCENTUAL)

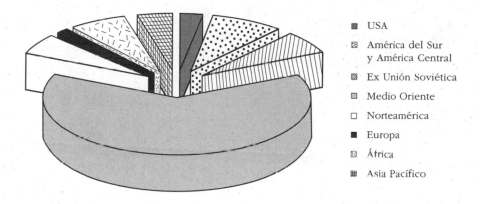

- USA
- América del Sur y América Central
- Ex Unión Soviética
- Medio Oriente
- Norteamérica
- Europa
- África
- Asia Pacífico

FUENTE: British Petroleum, *Global Statistical Review of World Energy* (junio de 2001).

Además, después de la ex URSS, es la segunda región más importante en lo que a recursos gaseros se refiere. Medio Oriente cuenta con 33 por ciento de las reservas mundiales de gas natural y, de acuerdo con un informe del Departamento de Energía de Estados Unidos, Afganistán tiene importantes reservas de gas natural y algu-

[7] Michael Klare, "Preguntándose por qué", *La Jornada*, 22 de septiembre de 2001.

nos recursos de petróleo y carbón.[8] Sin embargo, estas reservas no
se encuentran registradas en libros o publicaciones especializadas;
a raíz del reciente conflicto ha salido a la luz el potencial de Afganistán en estos recursos.

GRÁFICA 2
RESERVAS PROBADAS DE GAS NATURAL A FINES DEL 2000
(PARTICIPACIÓN PORCENTUAL)

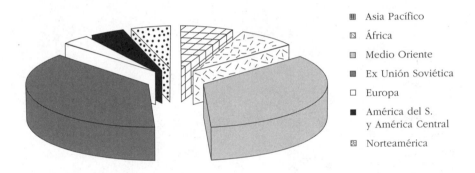

▦ Asia Pacífico

▨ África

▢ Medio Oriente

■ Ex Unión Soviética

▢ Europa

■ América del S.
    y América Central

▨ Norteamérica

FUENTE: British Petroleum, *Global Statistical Review of World Energy*
(junio de 2001).

Esta región también es zona de tránsito de oleoductos y gasoductos, como los que provienen de Uzbekistán, Turkmenistán e Irán,
que surten de energía a Europa. Su importancia es fundamental para
este continente, pues se espera una alta tasa de crecimiento en la demanda de países asiáticos, en particular de China. Según el análisis
del Departamento de Energía, desde una perspectiva energética, el
significado de Afganistán reside tanto en su posición geográfica, como
en ser ruta de tránsito hacia Europa y un potencial en las exportaciones de petróleo y gas natural de Asia Central al Mar Arábigo. Incluso
la ubicación de Afganistán en este conflicto bélico podría amenazar la

[8] Véase "Afganistán tiene sustantivas reservas de gas natural y recursos petroleros: EU", *La
Jornada*, 3 de octubre de 2001.

estabilidad de las naciones vecinas y, por consiguiente, el futuro mercado energético. No se debe olvidar que Turkmenistán ocupa el tercer lugar de reservas gaseras en el mundo, y en Uzbekistán y Tadjikistán se ubican importantes campos petroleros. En términos de la oferta petrolera mundial, la importancia del Medio Oriente no sólo repercute en la actualidad, sino también a futuro. Como se observa en la gráfica 3, en el 2020 Medio Oriente será la principal región productora a nivel mundial.

GRÁFICA 3
LA IMPORTANCIA GLOBAL DE LA EXPORTACIÓN DE PETRÓLEO
EN MEDIO ORIENTE EN 2002

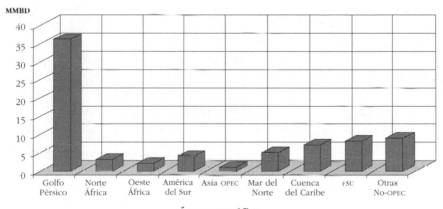

Anthony H. Cordesman (EIA), "International Energy Outlook", DOE/EIA-0484 (00), en *Geopolitics in the Middle East* (Washington, DC.: Center for Strategic and International Studies, agosto de 2000), 3.

Si bien para Estados Unidos la dependencia petrolera hoy no es necesariamente preocupante, sí lo es su vulnerabilidad ante cualquier tipo de ruptura en los abastecimientos o problemas de desestabilización en el sistema financiero internacional. En este sentido, el Medio Oriente se considera una zona de permanente riesgo y, por lo tanto, capaz de comprometer la seguridad energética estadunidense.

Lo anterior explica el particular interés del Plan de Energía del presidente George W. Bush[9] para reducir la futura dependencia de las importaciones petroleras y, en particular, las provenientes de esta región a partir del desarrollo la producción de los abastecedores hemisféricos (Venezuela, Canadá y México, sobre todo estos dos últimos).[10]

En virtud de que se sabe que Estados Unidos no sólo incrementará su dependencia petrolera (66 por ciento del consumo total para el año 2030), sino que además provendrá mayoritariamente del Golfo Pérsico, por ello la procedencia de los suministros se vuelve un asunto crucial para la seguridad de la nación estadunidense, de ahí que el Plan Nacional de Energía del presidente de Estados Unidos, George W. Bush, subraya la importancia de fortalecer las alianzas comerciales con los principales productores y estimula una mayor producción de energía en el hemisferio occidental. Aunque de manera un poco exagerada, el presidente Bush ha calificado la situación de su país como "la escasez de energía más grave desde el embargo petrolero y las filas de espera en las gasolinerías". Entre las recomendaciones sugeridas en el Plan Bush, Canadá y México constituyen el primer círculo de la política energética de la actual administración. Para ilustrar lo anterior leemos: "Aumentar la producción de energía de Estados Unidos, Canadá y México, así como la cooperación, refor-

---

[9] The White House, "Reliable, Affordable, and Environmentally Sound Energy for America's Future", informe del National Energy Policy Development Group (Washington, D.C.: GPO, mayo de 2001).

[10] Aunque no es nuestro objetivo el caso venezolano, cabe señalar que pese a su muy importante participación en el mercado de Estados Unidos y las coinversiones que tienen sus empresas petroleras en territorio estadunidense, existe una especie de incertidumbre por parte de algunos analistas, debido al nacionalismo del presidente Hugo Chávez. El punto de vista de la prensa especializada es que Venezuela está permitiendo una grave erosión en su capacidad de producción de crudo, mientras ofende al capital privado, principalmente a las compañías extranjeras. La caída en la capacidad de producción es el resultado de un agotamiento natural de los campos petroleros, que promedian cerca de 10 por ciento y alcanzan 25 por ciento en algunos casos; además, hay un recorte en la producción para cumplir la cuota de la OPEP, de 2 720 000 barriles por día. Más importante aún es la estrategia del gobierno de Chávez de reducir la producción para alentar una subida de los precios. Véase *Petroleum Intelligence Weekly* 10 de mayo): 3. Hoy las compañías están disgustadas debido al deterioro de la prospectiva en exploración, la escalación de costos, la incertidumbre alrededor del actual clima político y menor confianza a través de la comunidad financiera. *Petroleum Intelligence Weekly,* 31 de enero del 2000, p. 2.

zará la seguridad energética y, a través de nuestros vínculos económicos en el TLCAN, avanzaremos de manera fundamental en la seguridad económica de cada uno de los países".[11]

Se busca, entonces, desarrollar una política energética norteamericana, para lo cual el presidente Bush tiene como objetivo aumentar la producción de petróleo, gas y electricidad. Aumentar la producción de Canadá y México, construir gasoductos y, en general, la cooperación energética para fortalecer la seguridad de Estados Unidos.[12] México, se percibe como uno de los abastecedores seguros y confiables.[13] Reforzar el papel de México como proveedor del vecino del norte implica alentar su producción y presionar para abrir el sector energético, en general. En términos diplomáticos, se ha señalado que para cumplir este objetivo se requiere el "apoyo de Estados Unidos para financiar proyectos y desarrollos que la administración foxista, por falta de recursos, no ha podido desarrollar".[14] Pero, ¿qué es lo que se quiere de México bajo esta estrategia?:

1. Apertura al comercio y la inversión. Que México libere las actividades de las cadenas energéticas lo más amplia y brevemente posible.
2. Garantía de abasto, de ser posible, de la misma manera en que Canadá ha comprometido su producción petrolera, dando trato nacional a Estados Unidos en tiempos de escasez energética.
3. Alineación, en el sentido de colaborar con la diplomacia petrolera de Estados Unidos frente a los productores de la OPEP.

¿Y cuál es la postura oficial de México ante esta propuesta? Con la administración del presidente Vicente Fox, los energéticos forman parte de la agenda oficial México-Estados Unidos. Internamente en

[11] *Report of the National* ..., 8-8.

[12] Véase, Charil Coon, "National Security Demands More Diverse Energy Supplies", *The Heritage Foundation Executive Memorandum*, no. 777 (25 de septiembre de 2001), 2.

[13] Nos centramos en México, en virtud de que el presente trabajo no tiene como objetivo analizar la participación de Canadá y Venezuela en el mercado estadunidense.

[14] Véase, "Reacomodo de productores de petróleo en el mercado mundial. México, Venezuela y Canadá aumentarán sus ventas a EU: George Baker", *El Financiero*, 20 de septiembre de 2001.

México la propuesta se legitima con los argumentos de "crisis energética" o de problemas de "seguridad energética", cuyos conceptos, ajenos a la tradición mexicana, se ven retomados de la problemática del vecino del norte, y ajustados con camisa de fuerza a la realidad mexicana. Así, nuestro país dice tener un problema no sólo de seguridad energética, sino incluso aduce que las dificultades de sus importaciones de gas natural se deben elevar a problema de seguridad nacional.[15] En realidad, las importaciones de gas natural y de gas licuado sólo constituyen 6.93 por ciento respecto de la producción nacional en lo que va de 2001, no obstante, se manejan en los medios cifras muy superiores.[16] Esos números se utilizan muy laxamente para enfrentar un problema que en realidad se debe a la falta de financiamiento, como sucede en todas las naciones subdesarrollados, donde el sector gubernamental ha decidido retraer su participación. Así se justifica abrir ciertas áreas al capital privado extranjero, áreas constitucionalmente prohibidas. Aun cuando es innegable la falta de capacidad de refinación, en realidad tiene mucho que ver con la carga fiscal de la empresa y con el hecho de que se da prioridad a las inversiones petroleras corriente arriba (exploración y explotación de hidrocarburos).

Además, en materia de gas natural ha sido el mismo Estado el que ha estimulado una demanda que crece 9 por ciento al elegir este combustible en el desarrollo de los ciclos combinados en la generación de electricidad. Cierto es que la elección de este combustible se basa en criterios de rentabilidad, así como consideraciones ambientales; no obstante, no ha jugado un papel definitivo la insuficiencia nacional del recurso, aparte de que se han soslayado otras posibilidades, como el carbón, la geotermia o la misma cogeneración[17] en la generación de electricidad. La idea es abrir actividades corriente arriba en la cuenca gasera de Burgos y Sabinas.

Finalmente, la caída de las reservas petroleras se emplea como argumento para justificar la crisis energética.[18] Según declaraciones

---

[15] Declaraciones del secretario de Energía, Ernesto Martens: "El déficit de gas natural derivaría en problemas de seguridad nacional", *La Jornada*, 21 de septiembre de 2001.

[16] Petróleos Mexicanos, *Indicadores petroleros*, agosto de 2001, en <http:www.pemex. com/eimportpetro.html>.

[17] Generación de electricidad a partir del vapor producido por algún proceso industrial.

[18] "Crisis de reservas petroleras, reconoce Muñoz Leos", *El Financiero*, 29 de junio de 2001.

del director general de Pemex, Raúl Muñoz Leos: "La industria petrolera mexicana enfrenta una crisis de reservas que no deberá prolongarse más porque significaría la destrucción del sector, riesgos de desabasto de gas, caída de las exportaciones de crudo y reducción de ingresos fiscales para el gobierno federal".[19] Pese a que estamos ligeramente por debajo del nivel de reservas petroleras de Estados Unidos en lo que corresponde a América del Norte, en términos de la razón R/P (reservas/producción),[20] tenemos mucho más que nuestros vecinos (Estados Unidos tiene para 10.4 años, Canadá para 8.5 y México para 23.5 años, según los cálculos conservadores manejados en el informe de la empresa British Petroleum). No obstante que, en efecto, se registra una caída histórica en las reservas, incluso en las estimaciones oficiales de México (41 años de reserva) éstas son incluso muy superiores a las de sus vecinos del norte.[21]

Es conveniente señalar que la mayor cantidad del crudo que se produce se exporta, lo cual implica que la necesidad de ampliar las reservas y la producción tendría ese fin y su destino sería Estados Unidos. De una producción actual de casi tres millones de barriles diarios, 1 700 000 barriles diarios se destinan al exterior, de los cuales 80 por ciento son para Estados Unidos. En este sentido, los lineamientos de esta política son muy claros, incluso, recientemente el director de Pemex señaló que México incrementaría de tres a cuatro millones de barriles diarios su producción petrolera en los próximos cinco años. No es difícil imaginar hacia dónde se dirigirá el grueso de tales exportaciones.[22]

Las evidencias de que estos propósitos están en marcha son explícitas en las declaraciones del director general de Pemex, quien señaló que para los anteriores propósitos Pemex recurrirá a los contratos de servicios múltiples en las actividades de exploración y

[19] *Ibid.*

[20] Este cociente indica el horizonte de temporalidad de las reservas según el ritmo de producción actual del país productor. Si para el caso de Estados Unidos el denominador fuera el consumo, el cociente se reduciría de manera sustantiva, indicando que ese país tiene reservas petroleras para contados años.

[21] Parte del descenso se explica debido al empleo de una nueva metodología en su contabilización.

[22] "En *stand by* proyectos petrolíferos", *El Financiero*, 5 de octubre de 2001.

explotación, y no a los contratos riesgo que prohíbe la Constitución. La primera forma de contratación parece ser la alternativa de los contratos riesgo. Entonces, las compañías privadas desempeñarán actividades semejantes a las que tendrían con esos contratos, sólo que esto se hará sin necesidad de pasar por el Congreso[23] ni contraviniendo nuestra Carta Magna.

En ese tenor, cabe señalar el reciente informe de la Comisión Binacional, "New Horizons in US-Mexico Relations. Recommendations for Policymakers. A Report of the US-Mexico Binational Council" de septiembre de 2001, en el que se señala que "la liberalización del sector energético podría incluir inversión extranjera directa en sectores corriente arriba, en crudo y gas, con innovadores contratos de servicio entre las compañías privadas y Pemex. A las compañías que invierten en perforación y producción se les compensaría con contratos de base de desempeño con producto o pagos en efectivo, basados en la cantidad y el valor de mercado de los hidrocarburos producidos. Pemex permanecería como el único propietario y productor de hidrocarburos. Alternativos a los contratos de servicios, son los contratos riesgo que brindan incentivos a la inversión y alientan a las compañías a dar una nueva mirada a México".

Parte de la estrategia de Estados Unidos en relación con Medio Oriente busca garantizar para sí y sus aliados el acceso a los recursos petroleros. En países como México, se ejercen presiones para abrir áreas prohibidas por la Constitución y no negociadas en el TLCAN, con el fin de acceder al arrendamiento y a la ampliación del suministro de hidrocarburos al mercado estadunidense. El problema en el futuro serían las dificultades para satisfacer una demanda crecien-

---

[23] El debate sobre la participación de la iniciativa privada en las actividades corriente arriba, tanto en petróleo como en gas, no es claro en cuanto al tipo de decisiones que toma el gobierno mexicano. Por ejemplo, en tanto que algunos medios señalan que se opta por la alternativa de contratos de servicio múltiple, algunas fuentes sugieren que la Secretaría de Energía está evaluando tanto los contratos riesgo, como los de servicios múltiples. Lo interesante es que se manejan como opciones que no contravienen la Constitución, cuando en realidad sí lo hacen, ya que además de estar prohibidas en la misma, las actividades de exploración y explotación por parte de los inversionistas privados, los contratos riesgo pueden otorgarse con pagos en especie (reservas petroleras), lo cual tampoco se permite según lo estipulan los artículos 27 y 28 constitucionales. Véase "Analiza el IMP posibles inversiones en hidrocarburos", *El Financiero*, 1 de octubre de 2001.

te del mercado estadunidense (ahora de casi veinte millones de barriles diarios), sobre el que no se ejerce ninguna política de ahorro o conservación más que en materia de eficiencia energética.

Otro factible problema a futuro —y que ya está enfrentando Canadá—, es el relacionado con el agotamiento de los recursos petroleros convencionales. Las empresas privadas no se caracterizan precisamente por su vocación de conservación de recursos o por imprimir una mayor racionalidad a la explotación petrolera; por ello ya se están explotando recursos más caros (arenas y esquistos bituminosos), pues los baratos se están agotando. Un especialista canadiense ha señalado los resultados de la explotación petrolera con una óptica de negocios y sin una conciencia de conservación de aquéllos: el norte pronto desarrollará sus recursos, tal como lo decreta el presidente Bush, a fin de mantener la economía estadunidense creciendo. De hecho hasta que éstos estén completamente agotados, todos los recursos de Canadá se podría decir tienen una misión importante: proveer el combustible para el sueño estadunidense".[24]

Además, las empresas privadas no se preocuparán tanto por una explotación racional, una distribución justa de la renta petrolera y el cuidado del medio ambiente si el Estado mexicano no se los exige.

Por todo lo anterior, es de esperarse que Estados Unidos no modifique su política y control en el Medio Oriente, no sólo por la necesidad de recursos petroleros actuales y futuros, sino por la garantía de suministros para sus aliados. México y otros productores entran en su estrategia mundial de estimular la producción y garantizar una capacidad de producción mundial excedente que apoye su seguridad energética. No obstante, este aporte será importante en el corto plazo. La contribución canadiense y las reservas petroleras mexicanas sólo servirán para extender por algunos años el horizonte de reservas de Norteamérica y proveer el consumo de la sociedad estadunidense.

---

[24] Larry Pratt, *Energy Free Trade and the Price We Paid. A Study for the Parkland Institute* (Alberta: University of Alberta-Council of Canadians, febrero de 2001), 38.

Repercusiones del atentado de septiembre en Estados Unidos sobre las economías estadunidense y mexicana

*Pablo Ruiz Nápoles**

INTRODUCCIÓN

A tres meses del atentado ocurrido el 11 de septiembre en Estados Unidos se han comenzado a sentir sus efectos económicos y se han podido obtener datos en alguna medida más precisos de estos efectos. Con esta nueva información se ha completado el análisis original y se ha podido ampliar, a modo de incorporar el efecto de la crisis económica estadunidense sobre México.

Hemos dividido este artículo en dos partes, la primera habla sobre la situación de la economía estadunidense antes y después del atentado, y la segunda, sobre los efectos directos e indirectos en la economía mexicana.

En lo inmediato, los daños materiales causados, si bien cuantiosos, no significaron el derrumbe económico que algunos analistas habrían pronosticado, particularmente, por el descenso tan fuerte y prolongado en las acciones de la bolsa neoyorquina. La reacción inmediata del gobierno estadunidense, que consistió en apoyar a las

* Doctor en Economía, profesor titular de la División de Estudios de Posgrado de la Facultad de Economía, UNAM. Correo electrónico: <ruizna@servidor.unam.mx>.

empresas afectadas y a la ciudad de Nueva York, ayudó a evitar que los daños económicos se extendieran más.

LA ECONOMÍA ESTADUNIDENSE EN RECESIÓN

Antes del atentado

Antes de que ocurrieran los atentados en Nueva York y en Washington, la economía estadunidense estaba ya en franca recesión. La tasa anual de crecimiento del Producto Interno Bruto (PIB), que en los últimos años había sido superior a 4 por ciento, fue en los dos primeros trimestres de 2001 de 1.3 y 0.3 por ciento, respectivamente (véase cuadro 1).

CUADRO 1
ESTADOS UNIDOS: PIB REAL Y SUS COMPONENTES.
TASAS DE CRECIMIENTO ANUALES DESESTACIONALIZADAS

	1998	1999	2000	2000				2001		
				I	II	III	IV	I	II	III
Producto interno bruto	4.3	4.1	4.1	2.3	5.7	1.3	1.9	1.3	0.3	-1.1
Consumo privado	4.8	5.0	4.8	5.9	3.6	4.3	3.1	3.0	2.5	1.1
Inversión privada bruta	11.8	6.6	6.8	-0.6	19.5	-2.8	-2.3	-12.3	-12.1	-10.7
Exportaciones	2.1	3.2	9.5	9.0	13.5	10.6	-4.0	-1.2	-11.9	-17.7
Gasto gubernamental	1.9	3.3	2.7	-1.1	4.4	-1.8	3.3	5.3	5.0	0.8

FUENTE: Bureau of Economic Analysis, U.S. Department of Commerce.

El factor determinante de este descenso en la actividad económica se debe a la variación negativa de las tasas de inversión privada que se registró desde el segundo semestre de 2000 y continuó en el primero de 2001. Otro factor importante fue el descenso de la demanda externa. Las exportaciones, que crecían a tasas reales muy altas en años anteriores, registraron tasas negativas desde el último trimestre de 2000 y a lo largo del primer semestre de 2001.

En contraste, el gasto gubernamental creció de manera importante en el primer semestre de 2001, aunque parece no haber sido estímulo suficiente para reactivar la economía en el corto plazo, pues se preveía un descenso aún mayor en el tercer trimestre para la economía en su conjunto. Tampoco tuvieron mucho éxito para estimular la inversión en el corto plazo las reducciones en la tasa de interés registradas a lo largo del año.

En suma, era previsible, sin atentado de por medio, que la economía estadunidense continuara en recesión por el resto de 2001, con un probable déficit externo y sin un pronóstico claro de recuperación antes del segundo trimestre de 2002

El atentado: recuento de daños

El atentado causó la muerte de alrededor de tres mil personas y otro tanto de personas heridas; el colapso de las torres gemelas, —consideradas durante largo tiempo como uno de los edificios más altos del mundo—, el desplome de al menos otro edificio anexo a las torres gemelas y daños importantes en otras edificaciones de la zona financiera de Nueva York, así como en los edificios del Pentágono, sede del Departamento de Defensa de los Estados Unidos. El costo estimado por las aseguradoras de los edificios destruidos y demás bienes asciende a alrededor de cuarenta mil millones de dólares. Otros daños fueron: la pérdida total de los cuatro aviones utilizados en el atentado, dos de la empresa United Airlines y dos de American Airlines; la cancelación de todos los vuelos comerciales en y hacia los Estados Unidos durante dos días y, parcialmente, varios días subsecuentes; el desplome del valor de las acciones de las aerolíneas afectadas; el cierre de la bolsa de valores de Nueva York durante la semana del atentado y la caída del índice Dow Jones en la primera semana de reapertura, en 14 por ciento acumulado; la caída de las acciones de las empresas aseguradoras vinculadas a las líneas áreas y a los edificios destruidos o dañados; la pérdida total de mucha de la información económica de empresas financieras que tenían sus oficinas en las torres, y desde luego la pérdida de los empleos en las oficinas de las dos torres, que según algunas estimaciones su valor asciende a 25 000.

Aunque este ataque tuvo como objetivos a los símbolos más importantes del poderío estadunidense: el económico, el político y el militar; se trató sin duda del mayor daño causado a ese país por atentado terrorista alguno, tanto en pérdidas de vidas humanas como en daños materiales.

Algunas de las repercusiones inmediatas fueron la quiebra virtual de las dos aerolíneas afectadas, que ocasionó el despido de cien mil empleados, el descenso absoluto del turismo, tanto extranjero como nacional, con efectos en otras aerolíneas y en la industria hotelera y la del entretenimiento, especialmente de Nueva York. En el resto del país, hubo un fuerte descenso en el uso del avión comercial por temor a otros atentados. Con ello, otras líneas aéreas entraron también en una situación difícil y tuvieron que reducir sus tarifas, en unos casos hasta en 80 por ciento.

Efectos económicos del atentado a tres meses de distancia

Para las estadísticas de las cuentas nacionales, resulta sumamente difícil, aun teniendo datos a la mano, distinguir el *factor atentado* de otros factores en las variaciones ocurridas en la economía estadunidense en el tercer trimestre del año 2001, como lo señala la Oficina de Análisis Económico (Bureau of Economic Analysis) del Departamento de Comercio del gobierno de Estados Unidos. No obstante, se advierten cuatro efectos importantes:

- La reducción en el consumo privado y otros componentes del PIB. En el mes de septiembre, se redujo en 1.3 por ciento el gasto personal en consumo, en términos reales, lo que no había ocurrido desde 1987.
- La pérdida de propiedades que se registra como un consumo de capital fijo y una reducción de activos fijos y bienes durables.
- El pago de los seguros para cubrir las pérdidas de propiedades que, se estima, redujo las ganancias corporativas en el tercer trimestre.
- Un efecto combinado en los índices de precios, que resulta en un aumento del índice de precios del PIB en 0.9 por ciento adi-

cional al ritmo bajo de inflación de 1.2 por ciento que se hubiera registrado sin este efecto.

Los salarios también se resultaron afectados al perderse los empleos, y aunque se pagaron horas extras, el efecto neto fue una reducción en los ingresos por sueldos y salarios de cuatro mil millones de dólares.

El monto de los seguros por las pérdidas se estima entre treinta mil millones y cuarenta mil millones de dólares. Por su parte, los reaseguros ascienden a 44 000 000 000 de dólares, reclamados por aseguradores internos con empresas reaseguradoras externas a Estados Unidos. Las torres gemelas y otros edificios del World Trade Center eran propiedad del gobierno local de Nueva York y se encontraban en arrendamiento por 99 años a dos empresas privadas desde julio de ese mismo año, así que las pérdidas fueron en su mayoría dentro del sector privado.

LA ECONOMÍA MEXICANA EN 2001 Y LOS ATENTADOS

El proceso de integración con la economía estadunidense mediante la incorporación de México al Tratado de Libre Comercio de América del Norte en 1994, así como la política de apertura comercial y financiera, acelerada desde 1989 han llevado a la economía mexicana a una creciente dependencia respecto de la economía de Estados Unidos. El flujo del comercio exterior mexicano se realiza en 90 por ciento con ese país, el turismo que viene del exterior a México es más de 80 por ciento estadunidense, los flujos de inversión externa también provienen en más de 80 por ciento del vecino del norte y la deuda externa, pública y privada está pactada mayoritariamente con bancos de Estados Unidos.

Aunado a estas políticas de integración, el gobierno ha seguido a lo largo de los años noventa y durante la década actual una estricta disciplina financiera y fiscal orientada a eliminar la inflación, lo que ha hecho que la dinámica del crecimiento dependa más de la demanda externa, es decir, de las exportaciones que del mercado interno. En estas condiciones, el auge económico de Estados Unidos

entre 1995 y 2000 tuvo efectos muy favorables en la economía mexicana, pues le permitió incrementar sus exportaciones y la planta
productiva asociada a ellas de manera sustancial. Puede afirmarse
que el comercio exterior mexicano tiene también un auge sin precedentes que, sin embargo, culmina precisamente en el último mes del
año 2000 (véase cuadro 2).

CUADRO 2

MÉXICO: DEMANDA GLOBAL A PRECIOS CONSTANTES.
VARIACIÓN PROMEDIO ANUAL (POR CIENTO)

	2000				2001		
	I	II	III	IV	I	II	III
Total	11.7	11.4	11.4	10.5	3	1.7	0
Consumo privado	9.6	9.9	10.1	9.5	6.5	5.1	3.9
Consumo de gobierno	3.9	4.2	4.8	3.5	-3	-2.6	-2.9
Formación bruta de capital fijo	10.9	10.7	10.8	10	0.4	-2.5	-4.8
Exportación de bienes y servicios	17.3	16.5	16.7	16	4.7	2	-1.6

FUENTE: INEGI, *Sistema de Cuentas Nacionales de México.* www.inegi.gob.mx

Los componentes de la oferta y la demanda agregadas reflejan
con mucha claridad esta situación de contraste, los datos trimestra-
les muestran que después de tasas anuales superiores a 10 por ciento, a lo largo de 2000, la demanda total agregada registra 3 por
ciento de incremento anual en el primer trimestre 1.7 en el segundo y cero en el tercero. Es el gasto gubernamental y la inversión los
que tienen tasas negativas en estos periodos. Las exportaciones
totales, por su parte, reducen su ritmo de crecimiento en términos
reales de tasas de 16 por ciento anual a lo largo de 2000 a -1.6 en el
tercer trimestre de 2001 (véase cuadro 2).

Como efecto de la recesión estadunidense a lo largo de 2001, prácticamente desde enero, todos los indicadores económicos de corto

plazo muestran un descenso muy significativo. Por ejemplo, la actividad industrial, lo mismo la maquila que la industria local de transformación disminuyeron sustancialmente sus ritmos de incremento y comenzaron a arrojar tasas negativas de crecimiento desde febrero de 2001 (véase cuadro 3).

CUADRO 3
MÉXICO:
ÍNDICE DE VOLUMEN FÍSICO DE LA ACTIVIDAD INDUSTRIAL
INDUSTRIA MANUFACTURERA,
VARIACIÓN PROMEDIO ANUAL (POR CIENTO)

Mes	Indice General	Industria Maquiladora	Industria de Transformación
Oct-00	8	15.2	7.4
Nov-00	7.8	15	7.2
Dic-00	7.1	14.9	6.4
Ene-01	2.2	6.5	1.8
Feb-01	-0.9	3.8	-1.3
Mar-01	-1.2	4.2	-1.7
Abr-01	-1.7	2.2	-2
May-01	-2	1.3	-2.3
Jun-01	2.3	-0.1	-2.6
Jul-01	-2.6	1.6	-2.7
Ago-01	-3.1	-3.1	-3.1
Sep-01	-3.4	4.4	-3.4
Oct-01	-3.6	-5.6	-3.4

FUENTE: INEGI, *Sistema de cuentas nacionales de México.* www.inegi.gob.mx.

Es en este contexto de recesión en México que ocurren los atentados en Estados Unidos. En esencia, las repercusiones de los atentados sobre la economía mexicana son de dos tipos. Unas son las que operan sobre la propia economía estadunidense, acentuando la crisis que ya vivía. Por ejemplo, se ha reducido más la demanda estadunidense de productos de importación. Esta reducción adicional acentúa el descenso de nuestras exportaciones y con ello se agrava el estancamiento de la economía mexicana. Otras son las que directamente afectan a la economía mexicana, por ejemplo la reducción del turismo estadunidense hacia el exterior. Ambos procesos ya comenzaron a ocurrir, aunque los registros son incompletos, pues sólo existen datos hasta octubre o noviembre de 2001.

Al igual que en el caso de las cuentas nacionales de Estados Unidos, no es posible distinguir el factor atentado de otros factores en cuanto a su influencia en las cuentas externas de México. Hay que señalar, no obstante, que el ritmo de crecimiento de las exportaciones a lo largo de 2001 que iba en descenso, bajó más en los últimos meses del año. Destaca en el decremento de las exportaciones mexicanas, la caída de las exportaciones petroleras medidas en dólares, en 32 y 42 por ciento en los meses de octubre y noviembre de 2001, respecto a los mismos meses de 2000. Y el descenso de las exportaciones manufactureras en 12 por ciento en noviembre de 2001, respecto del mismo mes de 2000. Estos factores hacen que el déficit comercial se incremente para todo el año 2001 en 30 por ciento respecto al año anterior (véase cuadro 4).

CUADRO 4

MÉXICO: INGRESOS DE CUENTA CORRIENTE

(MILLONES DE DÓLARES)

VARIACIÓN PORCENTUAL RESPECTO AL AÑO ANTERIOR

	I-2001	II-2001	III-2001
Ingresos	5.41	0.34	-8.09
Exportación de Mercancías	4.12	-0.94	-9.10
Petroleras	-8.57	-16.82	-27.02
No petroleras	5.55	0.83	-6.99
Servicios No Factoriales	1.61	1.11	-15.38
Servicios Factoriales	11.75	-9.51	-14.77

FUENTE: Banco de México, *Indicadores Económicos,* varios números.

El efecto es quizá más notorio en el sector turístico donde la caída de los ingresos por turismo y del número de visitantes descendió de manera drástica, 20 por ciento en promedio, en los últimos meses de 2001, respecto al mismo periodo de 2000 (véase cuadro 5).

CUADRO 5

MÉXICO

INGRESOS POR TURISMO.

VARIACIONES PORCENTUALES ANUALES

2001	*Ingresos*	*Núm. de tur.*
Ene-Feb	8.6	7
Mar-Abr	9.5	0.1
May-Jun	6.2	-0.5
Jul-Ago	4.2	-5.9
Sep-Oct	-19.4	-19.1
Ene-Oct	2.8	-3.8

FUENTE: Banco de México, *Indicadores económicos,* varios números.

PERSPECTIVAS

Contrario a los dictados de la política de libre mercado, el gobierno de Estados Unidos, líder indudable de la globalización, aplicó de inmediato una política de gasto para la recuperación del efecto de los atentados. Lo primero fue el subsidio del gobierno federal a las empresas áreas United Airlines y American Airlines de quince mil millones de dólares para evitar su quiebra y seguir operando. Otro, importante, fue la ampliación del subsidio federal a la ciudad de Nueva York por veinte mil millones de dólares. Hubo también un incremento del gasto militar federal por cuarenta mil millones de dólares. Y, finalmente, otros apoyos de diverso tipo y monto.

El gasto militar incrementado puede significar un estímulo de demanda en algunas ramas específicas como las de producción de armas y la de equipo electrónico relacionado con seguridad, pero tiene poca repercusión general en el resto de la economía. El gasto total adicional representa menos de 1 por ciento del PIB.

Otra política que venía aplicándose con poco éxito antes del atentado fue la reducción en la tasa de interés. La Reserva Federal anunció, días después del atentado, una reducción adicional muy significativa a la tasa líder que esperaban significara un estímulo mayor a la reactivación económica que el del gasto. La idea central es que al existir una relación inversa entre la tasa de interés y la inversión productiva, el descenso de la primera haría aumentar la segunda.

Se anuncian también medidas adicionales de estímulo al gasto como una probable reducción de impuestos. Otras medidas de política económica probables pueden incluir mayores restricciones a las importaciones, especialmente, a las provenientes de países no reconocidos como amigos en esta etapa del conflicto.

No obstante, el daño mayor ha sido el de la desconfianza. Justo al término de una de las épocas de mayor bonanza económica experimentada en Estados Unidos y de indudables éxitos en materia de política exterior, cuando el modo de vida estadunidense parecía consagrarse como el modelo a seguir, aparecen a principios del año signos de crisis económica que se ven gravemente acentuados por los efectos de los atentados en la confianza de los ciudadanos en sus instituciones, por la inseguridad que genera saberse vulnerables. No es el daño en sí, que es mucho y muy doloroso, sino la pérdida de la seguridad, de la invulnerabilidad.

Ello puede motivar una respuesta política a la crisis económica, que consista en vigilar de manera más estrecha las fronteras y restringir los accesos, reducir importaciones por razones políticas y, en general, cerrar más la de por sí poco abierta economía. Ello permite prever que de ocurrir la recuperación para la segunda mitad del año 2002 como se anuncia, estará basada principalmente en el mercado interno, si se logra recuperar la confianza de los estadunidenses en sus instituciones y, entre ellas, en su economía.

No parece fácil, sin embargo. Porque la inversión y el gasto no han reaccionado favorablemente desde principios de año a las políticas de reactivación vía la tasa de interés y no existen elementos que permitan suponer que la situación haya cambiado. Tal vez la crisis obligue a quienes diseñan la política económica a adoptar medidas más decididas y directas para estimular el mercado interno y evitar una mayor pérdida de empleos.

En una visita que hice a las torres gemelas de Nueva York a finales de los años setenta, pude ver en el último piso, en los aparadores junto a la tienda de *souvenirs*, un retrato de Keynes[1] con una leyenda que decía algo así como "a la memoria de John Maynard Keynes el hombre que salvó al capitalismo".

No hay duda que fueron las políticas de inspiración keynesiana las que en los años treinta hicieron posible la recuperación de la economía estadunidense entonces sumida en la crisis más grande de su historia. Con ella se recuperaron muchas otras economías también. Sería deseable hoy, por el bien de la economía estadunidense y de otras como la nuestra, que la memoria de Keynes no se hubiera perdido junto con las torres. Si así fuera, hay algo más, muy valioso que lamentar y la recuperación se ve con esa pérdida, bastante más difícil.

---

[1] Economista inglés (1883-1946), funcionario del gobierno y profesor de la Universidad de Cambridge, creador de una escuela de pensamiento económico muy importante en la primera mitad del siglo pasado. Sus dos obras más relevantes fueron *A Treatice on Money* (1930) y *The General Theory of Employment Interest and Money* (1936).

Cronología de los sucesos mundiales

Cronología de los sucesos mundiales después del 11 de septiembre de 2001

Fecha	Evento
11 de septiembre de 2001	Dos aviones de pasajeros se estrellan en las torres gemelas del World Trade Center en Nueva York. Un tercer avión se estrella contra el Pentágono. Otro avión más se estrella en el condado de Somerset, Pensilvania.
12 de septiembre de 2001	El Consejo del Atlántico Norte subrayó la necesidad de recurrir al artículo 5 del Tratado del Atlántico Norte, pues los ataques contra Estados Unidos fueron considerados como un atentado contra los demás miembros del organismo internacional. El Consejo de Seguridad de la ONU aprueba la resolución 1368, referente a la lucha contra el terrorismo. Por su parte, la Asamblea General de Naciones Unidas emitió la resolución 56/1, con el fin de condenar los ataques terroristas, expresar sus condolencias y su solidaridad con Estados Unidos y pedir cooperación internacional para castigar a los culpables y prevenir futuros ataques de esa índole.
13, 14 y 15 de septiembre de 2001	El presidente de Estados Unidos declara a Osama Bin Laden responsable de los ataques.
18 de septiembre de 2001	Mediante la resolución RCSNU 1333, aprobada en diciembre de 2000, el Consejo de Seguridad pide al régimen talibán que entregue a Bin Laden.

19 de septiembre de 2001	El presidente de Estados Unidos, George Bush, da un mensaje a la nación en el que, además de señalar a Al Qaeda como responsable de los ataques, anuncia al mundo su determinación de dividirlo en aliados y enemigos, según los países decidan unirse a Estados Unidos en la lucha contra el terrorismo o no.
28 de septiembre de 2001	El Consejo de Seguridad de la ONU aprueba la resolución 1373, mediante la cual insta a todos los Estados que se abstengan de proporcionar cualquier tipo de apoyo a personas u organizaciones que cometan actos terroristas. Asimismo, exige a los países miembros que lleven a cabo todas las medidas necesarias para castigar y prevenir los atentados terroristas, pues éstos van contra los principios de la ONU. Esto da origen al Comité Especial contra el Terrorismo.
5 de octubre de 2001	El gobierno de Estados Unidos, junto con sus aliados (Reino Unido y Pakistán, entre otros), anuncian el inicio de los ataques contra Afganistán.
7 de octubre de 2001	Fuerzas armadas estadunidenses inician los bombardeos en Afganistán. Se empiezan a repartir paquetes de ayuda humanitaria en ese país.
10 de octubre de 2001	Se publican cifras de arresto de sospechosos de terrorismo en 23 países: 10 en Europa, 7 en Medio Oriente, 4 en África, 1 en América Latina y 1 en Asia Oriental.
25 de octubre de 2001	El primer ministro británico, Tony Blair, anuncia su intención de enviar tropas a Afganistán.
26 de octubre de 2001	El presidente George W. Bush firma la *U.S.A. Patriot Act*, una extensa ley antiterrorismo.
7 de noviembre de 2001	El Parlamento italiano aprueba el despliegue de 2700 elementos a Afganistán, para ayudar a la coalición occidental.

16 de noviembre de 2001   El FBI descubre esporas de Ántrax en la correspondencia de 3 congresistas estadunidenses.

13 de noviembre de 2001   Las fuerzas aliadas toman el control de Kabul, la capital de Afganistán, y el régimen talibán se retira.

27 de noviembre de 2001   El Banco Mundial y el Banco Asiático de Desarrollo se reúnen para discutir la reconstrucción de Afganistán.

Se reúnen en Bonn, Alemania, los principales cuatro grupos políticos de Afganistán: la Alianza del Norte, el Grupo de Roma (seguidores del antiguo rey Zahir Shah), el grupo Peshawar (pastunes vinculados con Pakistán) y el Grupo de Chipre (pastunes vinculados a Irán), para discutir el tipo de gobierno que se instauraría en Afganistán al término de la guerra. Esto se hace con la ayuda de la ONU.

4 de diciembre de 2001   Los representantes afganos reunidos en Bonn firman un acuerdo interino que establecería en Afganistán un gobierno encabezado por Hamid Karzai, líder pastún de Kandahar. Este gobierno tiene como característica principal ser multiétnico, estable y representativo.

22 de diciembre de 2001   Se inaugura oficialmente el nuevo gobierno afgano.

2 de enero de 2002   Se unen tropas francesas a la misión para el mantenimiento de la paz en Afganistán.

10 de enero de 2002   Llega a Guantánamo, Cuba, un avión estadunidense con 20 prisioneros, tanto talibanes como miembros de Al Qaeda. Se estimaba que un total de 20 000 detenidos llegarían poco a poco a este lugar.

16 de enero de 2002   Comienzar a escucharse voces de protesta en Gran Bretaña y otras partes del mundo contra el maltrato a los prisioneros afganos en la Bahía de Guantánamo, recluidos de forma provisional desde el 12 de enero.

17 de enero de 2002	El secretario de Estado de Estados Unidos reabre la embajada estadunidense en Kabul, cerrada desde 1989.
21 y 22 de enero de 2002	Se reúne en Tokio la Conferencia Internacional sobre Ayuda Afgana, durante la cual Estados Unidos se compromete a destinar 296 millones de dólares para la reconstrucción del país. Asimismo, la Unión Europea otorga 495 millones de dólares, Arabia Saudita 220 millones, Japón 500 millones e Irán afirma su compromiso a contribuir con 560 millones de dólares. Así, el total comprometido para la reconstrucción de Irak suma 4.5 millones de dólares, tan sólo una parte de los 15.5 que el Banco Mundial había estimado serían necesarios.
29 de enero de 2002	El presidente estadunidense, George W. Bush, en su mensaje a la nación, enumera los países que integran el "Eje del Mal": Irán, Irak y Corea del Norte. Estas declaraciones provocan fricciones con algunos de sus aliados importantes (Francia, por ejemplo) y se genera una gran controversia entre la comunidad internacional.
8 de febrero de 2002	El gobierno de Bush recibe fuertes críticas, por parte de Lionel Jospin, primer ministro de Francia, y de Christopher Pattern, Comisionado para Asuntos Exteriores de la Unión Europea, por sus acciones en la guerra contra el terrorismo. Éstas se catalogan como absolutistas, unilaterales y simplistas.
26 de febrero de 2002	El Departamento de Defensa de Estados Unidos declara que cerrará su Oficina de Influencia estratégica, que había sido establecida en secreto después del 11-S para influir en la opinión publica y política islámica internacional; esto debido a que los medios de comunicación hacen pública su existencia y denuncian el mal manejo de información.
18 de marzo de 2002	Gran Bretaña anuncia el envío de 1 700 efectivos adicionales a Afganistán; Estados Unidos declara a su vez la permanencia de 500 fuerzas de la coalición en el este de Afganistán.

17 de abril de 2002   El ex rey Zahir Shah regresa a Afganistán sin reclamar el trono.

14 de mayo de 2002   El Consejo de Seguridad de la ONU vota de manera unánime para rescribir sanciones contra Irak, endureciendo las restricciones militares pero abriendo el flujo de bienes de consumo para la población. Se extiende asimismo el programa de petróleo por alimentos durante 6 meses más y limitan los productos que podían ingresar libremente a Irak.

6 de junio de 2002   El presidente Bush pronuncia un discurso en el que anuncia la creación del Departamento de Seguridad Interna, que combina 22 agencias federales y cuya función es el combate al terrorismo.

12 de junio de 2002   El presidente Bush sostiene la primera reunión del Consejo de seguridad territorial interna.

13 de junio de 2002   La Asamblea Tribal Afgana elige a Hamid Karzai como presidente del Gobierno Islámico de Transición de Afganistán.

6 de julio de 2002   El vicepresidente afgano Haji Abdul Qadir y su chofer son asesinados en Kabul.

1 de agosto de 2002   El gobierno iraquí invita, por primera vez desde 1998, a inspectores de armas de Naciones Unidas a su capital para reiniciar las pláticas acerca de la posibilidad de levantar las sanciones de la ONU impuestas en 1991.

10 de septiembre de 2002   El gobierno de Estados Unidos aumenta la alerta terrorista del país al segundo grado más alto, alerta naranja, tras recibir información de inteligencia acerca de la alta probabilidad de un ataque terrorista al día siguiente, especialmente en puntos de interés para Estados Unidos en el extranjero.

12 de septiembre de 2002	El presidente Bush pronuncia un discurso ante la Asamblea General de Naciones Unidas, en el que llama a obligar a Irak a que cumpla con las directrices del Consejo de Seguridad para eliminar armas de destrucción masiva y permitir a los inspectores de armas su retorno a Irak. Asimismo, declara que Estados Unidos está preparado para actuar militarmente contra Irak con o sin la aprobación de la ONU.
14 y 16 de septiembre de 2002	Voces del gobierno iraquí declaran que sólo permitirían el regreso a su territorio de inspectores de armas sin condiciones, siempre y cuando Estados Unidos no ataque militarmente.
28 de septiembre de 2002	Irak rechaza una resolución de las Naciones Unidas que lo forzaba a desarmarse y abrir palacios residenciales para la búsqueda de armamento y afirma que sólo permitirá que los inspectores regresen bajo las reglas impuestas por el Consejo de Seguridad en 1998.
15 de octubre de 2002	Resultados de un referéndum, celebrado el día anterior, revelan que el presidente Sadam Husein ha sido reelegido para otro periodo de 7 años.
16 de octubre de 2002	El presidente Bush firma una resolución que lo autoriza a usar la fuerza militar contra Irak para la destrucción de armas químicas biológicas y nucleares, con la condición de que notifique al Congreso estadunidense antes de atacar o bien 48 horas posteriores a la acción. También otorga a Bush el poder de tomar acciones unilaterales sin importar las actividades de la ONU.
8 de noviembre de 2002	Los quince miembros del Consejo de Seguridad de las Naciones Unidas aprueban unánimemente la resolución 1441, presentada por Estados Unidos y Gran Bretaña, que exige a Irak cooperar con los inspectores de armas, dándoles acceso ilimitado a instalaciones y entregando un reporte de sus programas de armamento, para evitar medidas violentas en su contra.

13 de noviembre de 2002

Dos días antes de que venza el plazo para responder a la resolución del 8 de noviembre, el gobierno de Irak envía una carta a la ONU indicando que permitirá la inspección de armamento y negando la posesión de armas de destrucción masiva.

27 de noviembre de 2002

Los inspectores de armas inician su primera búsqueda de armas en las afueras de Bagdad.

3 de diciembre de 2002

El gobierno turco declara que no permitiría el despliegue de tropas terrestres estadunidenses en el país, en caso de guerra con Irak. Ankara declara que los aviones de guerra podrán estacionarse dentro de su territorio y que podrán usar el espacio aéreo sólo si el Consejo de Seguridad de Naciones Unidas autoriza el uso de la fuerza contra Irak.

4 de diciembre de 2002

En enfrentamientos desde el 2 de diciembre en Irak, 42 militares kurdos son asesinados en luchas contra las guerrillas islámicas, en la región autónoma kurda norte, cerca de la frontera con Irán. De acuerdo con el jeque Haffer Mustafá, comandante de la Unión Patriótica del Kurdistán, se capturaron 2 cabecillas de Ansar al-Islam.

7 de diciembre de 2002

Irak entrega a la ONU un informe de armas en el que declara no tener armas de destrucción masiva ni programas para crearlas. Estados Unidos respondió que revisaría los cocumentos antes de tomar alguna acción.

11 de diciembre de 2002

El panel del Congreso estadunidense creado para investigar a fondo los ataques del 11-S, encuentra que la CIA y el FBI fallaron en comprender el alcance de la amenaza terrorista y no persiguieron activamente a los terroristas potenciales que habían entrado al país.
La administración del presidente George W. Bush señala en un informe que combatirá toda amenaza de armas de destrucción masiva con todas sus opciones, incluido el ataque contra sus poseedores o alguno de sus aliados.

14 de diciembre de 2002	El presidente George W. Bush da a conocer una lista de quince líderes terroristas que la CIA está autorizada a asesinar si su captura es poco práctica y las "bajas civiles pueden ser minimizadas".
16 de diciembre de 2002	George W. Bush nombra al gobernador de Nueva Jersey, Thomas Kean, y a Lee Hamilton, representante por Indiana, para que encabecen la comisión independiente de 10 miembros e investiguen las fallas de inteligencia antes del 11-S; Kean reemplaza a Henry Kissinger, quien renuncia 3 días antes al negarse a poner al descubierto a clientes de su consultoría.
19 de diciembre de 2002	El secretario de Estado de Estados Unidos, Colin Powell, declara que el informe entregado por Irak el 7 de diciembre tiene omisiones e inconsistencias.
22 de diciembre de 2002	Para festejar el primer aniversario como presidente de Afganistán, Hamid Karzai, y representantes de China, Irán, Pakistán, Uzbekistán, Tayikistán y Turkmenistán, firmaron en Kabul un pacto de no agresión, comprometiéndose a no interferir en los asuntos internos mutuos.
30 de diciembre de 2002	El director de presupuesto de la Casa Blanca declara que el monto de 200 000 millones de dólares que se había estimado para costear la guerra en Irak, quizá se reduciría a 50 000 o 60 000 millones de dólares.
9 de enero de 2003	Hans Blix declara no haber encontrado indicios de que Irak posee armas de destrucción masiva, pero que aún Bagdad no ha respondido muchas preguntas acerca de sus programas de armamento, y que ha sido imposible entrevistar a personal iraquí sin la presencia de un observador gubernamental iraquí. Asimismo, Irak incumplió con las condiciones de la ONU, pues proveyó una lista inadecuada de científicos y técnicos involucrados en los programas de armas.

15 de enero de 2003   Estados Unidos solicita formalmente a los demás miembros de la OTAN la asistencia militar indirecta en caso de una guerra con Irak. Oficiales de dicha organización afirman que no se ha tomado ninguna decisión respecto a tal solicitud.

16 de enero de 2003   Los inspectores de armas de la ONU encuentran once cabezas de guerra químicas vacías y en excelentes condiciones.

20 de enero de 2003   En la ONU, Francia se niega a apoyar cualquier resolución del Consejo de Seguridad que autorice el uso de la fuerza contra Irak, y afirma que utilizará su poder de veto. Por su parte, el ministro de Relaciones Exteriores de Alemania declara que Irak ha cumplido con las resoluciones de la ONU y que a los inspectores debe dárseles más tiempo para completar sus tareas. El secretario de Defensa británico anuncia que su gobierno enviará 26 000 efectivos más al Golfo Pérsico. El ministro de Relaciones Exteriores de Turquía da a conocer el permiso otorgado a Estados Unidos para utilizar bases turcas (pero sólo para un máximo de 15 000 efectivos, cifra muy baja, para de esa manera evitar una confrontación con la opinión pública turca).

22 de enero de 2003   El Senado de Estados Unidos confirma a Tom Ridge como director del Departamento de Seguridad Interna, que comienza a funcionar dos días después, fusionando 22 agencias del gobierno que suman 170 000 empleados.

26 de enero de 2003   En el marco de la reunión en Davos, Suiza, el secretario de Estado estadunidense, Colin Powell, declara que su país está dispuesto a atacar unilateralmente a Irak por la vía militar y rechaza las críticas de que Estados Unidos no ha probado satisfactoriamente que Irak posea armas de destrucción masiva. El primer ministro británico, Tony Blair, declara que hay que darles más tiempo a los inspectores de armas en Irak para hacer su trabajo pero, de no cumplir con las disposiciones de la ONU, Irak debe ser desarmado por la fuerza.

27 de enero de 2003

Hans Blix informa al Consejo de Seguridad de la ONU que Irak durante 2 meses no ha cooperado completamente con el proceso de inspecciones por parte de la ONU, pero opina que aún así los inspectores deben tener más tiempo para cumplir con su trabajo; asimismo, Irak no había rendido cuentas sobre mucho armamento químico y biológico, así como misiles, además de que existía una fuerte evidencia de que aún conservaban cantidades considerables de ántrax.

28 de enero de 2003

En su segundo "Mensaje a la Nación", el presidente Bush declara que Estados Unidos está decidido a ver a Sadam Hussein desarmado, que está listo para actuar solo e insta a los miembros del Consejo de Seguridad a reunirse el 5 de febrero, cuando Colin Powell presentaría evidencias acerca de los programas de armas de Irak y sus vínculos con grupos terroristas. Propone una nueva oficina de inteligencia encabezada por el director de la CIA, George Tenet, para recopilar y analizar información nacional e internacional.

30 de enero de 2003

El presidente Bush declara que Irak sólo cuenta con semanas, y no meses, para desarmarse o bien frenar las acciones militares; agrega que 9 países han accedido a comprometer sus tropas en caso de guerra, y 20 más permitirían el uso de sus bases militares, pistas de aterrizaje y puertos.

5 de febrero de 2003

El Secretario de Estado de Estados Unidos, Colin Powell, presenta evidencias de la posesión de Irak de armas de destrucción masiva, ante el Consejo de Seguridad de la ONU. Asimismo, afirma que Irak escondió información a los inspectores del organismo multilateral.

6 de febrero de 2003

El Parlamento turco otorga permiso a Estados Unidos para el uso no especificado de bases y puertos como punto logístico en el conflicto en Irak.

7 de febrero de 2003

Gran Bretaña aporta 42 000 efectivos para la guerra en Irak.

8 de febrero de 2003   Kofi Annan, secretario general de la ONU, declara que la decisión de iniciar una guerra en Irak debía ser consensuada internacionalmente.

10 de febrero de 2003   La OTAN lleva a cabo una sesión de emergencia, luego de que Alemania, Francia y Bélgica bloquearon la iniciativa estadunidense de enviar equipos militares a Turquía para protegerlo de la guerra en Irak.

14 de febrero de 2003   Hussein firma un decreto presidencial en el que prohíbe tanto la producción como la importación de armas de destrucción masiva, químicas o bacteriológicas, así como sus materias primas.
En un informe para el Consejo de Seguridad, Hans Blix, el inspector de armas en jefe de la ONU, afirma no haber encontrado armas de destrucción masiva en Irak. Asimismo, refuta las declaraciones previas de Colin Powell acerca de que este país ocultó información a los inspectores de armas.
Francia, Alemania y Rusia, miembros permanentes del Consejo de Seguridad, proponen otorgar más tiempo a los inspectores de la ONU. Gran Bretaña, Estados Unidos y España opinan lo contrario, pues consideran que Irak violó la resolución 1441 del 8 de noviembre.

15 de febrero de 2003   Se realizan marchas simultáneas en todo el mundo en contra de la guerra en Irak.

16 de febrero de 2003   Con la reactivación el Comité de Planeación de Defensa (Defense Planning Committee), la OTAN acuerda comenzar la planeación para la defensa de Turquía, en caso de una guerra contra Irak.

17 de febrero de 2003   Los quince miembros de la Unión Europea celebran una cumbre de emergencia en Bruselas, donde se adopta una resolución en la que se invita a Irak a cumplir con las resoluciones de desarme de la ONU.

18 de febrero de 2003   Fuentes turcas declaran que permitirán el establecimiento de decenas de miles de tropas estadunidenses en su país, sólo si Estados Unidos otorga un paquete de ayuda de 32 000 millones de dólares, incluyendo 10 000 millones en prestaciones directas; tres días antes, fuentes oficiales estadunidenses ofrecieron tan sólo 20 000 millones de dólares en garantías de préstamo y 6 000 millones en prestaciones directas.

20 de febrero de 2003   Hans Blix conmina a Irak que para el 1 de marzo destruya todos sus misiles Al Samoud 2 y cualquier misil que excediese el rango permitido por la ONU (93 millas). El Pentágono anuncia el envío de 1 700 tropas a Filipinas, para combatir durante un mes al grupo islámico Abu Sayyaf, vinculado con Al Qaeda, que intentaba establecer un Estado islámico al sur de Filipinas. Por esto, durante 2002, asesores estadunidenses había participado en misiones de entrenamiento de las fuerzas filipinas en tácticas de combate al terrorismo.

24 de febrero de 2003   En sesión cerrada del Consejo de Seguridad de la ONU, Estados Unidos, Gran Bretaña y España promueven una nueva resolución en la que se afirmaba que Irak "había perdido su oportunidad final" para desarmarse; la resolución no incluía plazos o una amenaza expresa de uso de fuerza militar; la votación de esta propuesta no esperó la comparecencia de Blix ante el Consejo, programada para el 7 de marzo, sobre la cooperación iraquí. Alemania, Francia y Rusia presentan una iniciativa rival en forma de memorándum, que señalaba que la opción militar debía ser "el último recurso", e invitaban a Irak a desarmarse pacíficamente.

1 de marzo de 2003   Irak destruye 4 de sus 100 misiles Al Samoud 2 bajo la supervisión de los inspectores de la ONU, de acuerdo con la petición de Blix del 20 de febrero. El Parlamento turco rechaza la moción que permitía la operación de tropas estadunidenses desde bases y puertos turcos.

10 de marzo de 2003   El presidente francés, Jacques Chirac, declara que Francia votaría en contra de una segunda resolución de la ONU que pudiese desembocar en una guerra contra Irak, pues ésta sólo rompería la coalición internacional contra el terrorismo. El ministro de Relaciones Exteriores ruso, Igor Ivanov, afirma que Moscú votaría igual que Francia.

12 de marzo de 2003   Como parte de una posible nueva resolución sobre Irak, Gran Bretaña presenta condiciones para que Hussein evite la guerra: que Hussein prometa por televisión renunciar al uso de armas de destrucción masiva y que permita a 30 científicos suyos ser entrevistados fuera del país; entregar las existencias de agentes biológicos y químicos; destruir misiles prohibidos y rendir cuentas de vehículos aéreos operados por control remoto, así como destruir laboratorios móviles de producción de agentes químicos y bacteriológicos. Todo esto debía llevarse a cabo a más tardar el 17 de marzo.

16 de marzo de 2003   Luego de una cumbre en las Islas Azores, Tony Blair, José María Aznar, José Manuel Durao Barroso y George W. Bush publicaron una declaración conjunta que exige al Consejo de Seguridad aprobar, en las siguientes 24 horas, la resolución que autorizaría la guerra si Irak no se compromete a un desarme total e inmediato. Francia propone que Hans Blix fije un plazo de 30 días para que Irak cumpla con las inspecciones de armas de la ONU.

17 de marzo de 2003   En un mensaje a la nación emitido por televisión, Bush da como plazo 48 horas a Sadam Hussein y sus dos hijos para abandonar Irak, de lo contrario se enfrentarían a una ofensiva militar.
Estados Unidos, Gran Bretaña y España anuncian el retiro de su resolución en las Naciones Unidas, la cual suspendió las inspecciones en Irak y retiró los 156 inspectores. Tom Ridge, secretario del Departamento de Seguridad Interna, anuncia un programa de seguridad interno llamado Operación Escudo de la Libertad (Operation Liberty Shield), con el cual se incrementa la seguridad en las fronteras, aeropuer-

tos, puertos marítimos y otros puntos clave de Estados Unidos, además de detener a personas que buscan asilo y que provienen de países donde han operado grupos terroristas.

18 de marzo de 2003   Australia autoriza el envío de tropas a Irak y Polonia compromete el envío de 200 soldados. Por su parte, Aznar declara que España solamente contribuirá con 3 naves y 900 elementos militares para funciones de apoyo médico y acciones de desminado.
Sadam Hussein rechaza el ultimátum de Bush y ordena la preparación de sus tropas para un conflicto en Bagdad.
Aproximadamente 280 000 tropas estadunidenses y británicas se concentran en la zona desmilitarizada en la frontera de Irak y Kuwait.

19 de marzo de 2003   Inicia oficialmente la guerra contra Irak por medio de una declaración del presidente estadunidense, George W. Bush. Fuerzas militares estadunidenses y de la coalición lanzan los primeros misiles y bombas contra objetivos militares en Bagdad.

20 de marzo de 2003   El Parlamento turco permite a los estadunidenses el uso militar de su espacio aéreo, así como el despliegue de tropas nacionales al norte de Irak para prevenir un cruce masivo de refugiados y detener actividades terroristas.
Fuerzas estadunidenses llevan a cabo la Operación Ataque Valiente (Operation Valiant Strait) al sudeste de Afganistán, bajo la sospecha de la presencia de fuerzas talibanes y de Al Qaeda.

21 de marzo de 2003   Diversos edificios del gobierno iraquí y palacios presidenciales son destruidos en un bombardeo masivo sobre Bagdad, como parte de la fase de guerra denominada "golpear y atemorizar".

25 de marzo de 2003   Oficiales estadunidenses acusan a compañías rusas de vender a Irak sofisticado equipo militar, versión desmentida el mismo día por el presidente ruso Vladimir Putin.

28 de marzo de 2003

Donald Rumsfeld, secretario de Defensa de Estados Unidos, acusa a Siria de enviar equipo militar a Irak y amenaza al gobierno sirio de proceder en su contra si esto continuaba. Siria niega tener responsabilidad alguna.

2 de abril de 2003

Después de una reunión entre Colin Powell y oficiales del gobierno turco, oficiales estadunidenses afirman haber acordado el sobrevuelo en espacio aéreo turco para entregar equipo militar, ayuda humanitaria y de reconstrucción al norte de Irak.

4 de abril de 2003

El Congreso de Estados Unidos aprueba un paquete de emergencia de 60 000 millones de dólares para financiar la guerra en Irak y 20 000 millones para ayudar a aliados clave, respaldar esfuerzos antiterroristas y apoyar aerolíneas con problemas financieros.

8 de abril de 2003

Un tanque estadunidense dispara contra el hotel Palestina en Bagdad, matando e hiriendo a periodistas extranjeros.

9 de abril de 2003

Tropas estadunidenses toman el control de edificios oficiales y palacios presidenciales; también se afirma que la mayoría de las fuerzas iraquíes en Bagdad se han rendido.

12 de abril de 2003

El G8 anuncia un acuerdo para apoyar una nueva resolución del Consejo de Seguridad para cooperar en el financiamiento de un plan de reconstrucción de Irak; asimismo, se afirma que comenzarán las pláticas para reducir la deuda externa iraquí, calculada entre 60 000 y 100 000 millones de dólares.

15 de abril de 2003

El Pentágono estima el costo de la guerra de Irak en 20 000 millones de dólares y proyecta una cifra igual para los siguientes 5 meses.
Las fuerzas militares estadunidenses en Irak firman un acuerdo de cese al fuego con los Mujaidines del Pueblo (Qhalk Mujaidin), grupo opositor iraní considerado por Washington como una organización terrorista que había apoyado la

toma de la embajada estadunidense en Teherán en 1979. Éste fue el primer acuerdo entre Estados Unidos y una organización previamente declarada terrorista.

19 de abril de 2003   El ejército sustituye a la marina estadunidense en la dirección de la administración civil en Irak, y establece como prioridad la restauración de servicios básicos como electricidad, agua y hospitales en todo el país.

23 de abril de 2003   A través de su primer ministro Tarik Aziz, Irak acepta su rendición ante fuerzas estadunidenses cerca de Bagdad.

25 de abril de 2003   *The New York Times* publica que el procurador general estadunidense, John Ashcroft, opinó una semana antes que su gobierno podía detener indefinidamente a cualquier inmigrante legal si las autoridades federales de Estados Unidos lo consideraban una amenaza a la seguridad nacional.

28 de abril de 2003   Representantes de diversas facciones políticas, religiosas y étnicas de Irak acuerdan llamar a una conferencia un mes más tarde para elegir una administración interina encargada de redactar una nueva constitución y formar un gobierno permanente.

1 mayo de 2003   Desde el portaviones *Abraham Lincoln*, el presidente Bush da por terminadas las mayores operaciones de combate en Irak, afirmando que la coalición mantendrá el orden, encontrará y juzgará a miembros del régimen de Hussein, encontrará armas de destrucción masiva y ayudará en la reconstrucción de Irak.

16 de mayo de 2003   Diplomáticos estadunidenses y británicos encargados de la reconstrucción de Irak advierten a líderes iraquíes en el exilio que se ha pospuesto indefinidamente su plan de permitir a las fuerzas de oposición en Irak formar una asamblea nacional y un gobierno interino. Asimismo, afirman que se encargarán de gobernar Irak por tiempo indefinido.

19 de mayo de 2003

Aproximadamente 10 000 musulmanes chiitas se manifiestan en Bagdad en contra de la presencia estadunidense en su país.

23 de mayo de 2003

Autoridades estadunidenses autorizan la disolución de las fuerzas armadas, de los ministerios de Defensa, de Información y otras instituciones de seguridad iraquíes que apoyaban el régimen de Hussein.

El Consejo de Seguridad permite a Estados Unidos y Gran Bretaña ocupar y gobernar Irak, usando el petróleo iraquí para reconstruir el país. Siria se abstiene de la votación. Asimismo, se mantiene el embargo de armas sobre Irak y se aprueba la resolución 1483, promovida por Estados Unidos, Gran Bretaña y España, con la cual finalizan las sanciones económicas impuestas a Irak desde la invasión a Kuwait en 1990.

Los fondos petroleros serán administrados por la ONU e instituciones financieras internacionales, a través del Fondo de Desarrollo para Irak (Iraq Development Fund); los países miembros de la ONU deberán congelar las cuentas de Hussein y transferir ese dinero al fondo mencionado. El programa "Petróleo por alimentos" se suspenderá 6 meses más tarde. La resolución no requiere que los inspectores de la ONU declaren al país libre de armas de destrucción masiva, condición impuesta desde 1990.

31 de mayo de 2003

En un discurso pronunciado en Polonia, George W. Bush reafirma su compromiso para mantener una relación cercana con Europa, esperando que sus aliados tradicionales, Alemania y Francia, que se habían opuesto a una guerra contra Irak, se sumen a la visión estadunidense de un futuro compartido, pues "no es tiempo de dar pie a divisiones en una gran alianza".

3 de junio de 2003

Una encuesta realizada por el Pew Research Center for the People and the Press muestra que la guerra contra Irak despertó escepticismo sobre la política exterior unilateral de Estados Unidos. Entre las consecuencias que observan destacan el distanciamiento de Europa Occidental, el exacerbamiento de críticas en el mundo musulmán, la reducción del apoyo a la guerra contra el terrorismo y el significativo debilitamiento del respaldo de la opinión pública internacional a la ONU y la OTAN, pilares del orden mundial posterior a la segunda guerra mundial.

5 de junio de 2003

El procurador general John Ashcroft testifica ante el Congreso de su país y defiende las detenciones realizadas por el Departamento de Justicia de cientos de inmigrantes ilegales después del 11-S. Urge a los congresistas a dar más poderes a las autoridades para perseguir a sospechosos terroristas.

8 de junio de 2003

Ante la imposibilidad de las fuerzas estadunidenses de encontrar armas de destrucción masiva en Irak, el secretario de Estado y la asesora de Seguridad Nacional estadunidenses insisten que existía evidencia de que Hussein estaba intentando revivir sus programas de armamento. Rechazan también haber distorsionado información para atacar Irak.

13 de junio de 2003

Los dos principales partidos kurdos de Irak, el Partido Democrático de Kurdistán y la Unión Patriótica de Kurdistán se fusionan, después de 12 años de funcionar por separado.

21 de junio de 2003

Militares estadunidenses declaran que grupos leales a Hussein reclutaron soldados de Siria, Arabia Saudita, Yemen y otros países para unirse a la resistencia contra las fuerzas de Estados Unidos en Irak.

30 de junio de 2003

El Gran Ayatola Ali Sistani, líder chiíta, emite una *fatua* (edicto religioso), oponiéndose a los planes de seleccionar un consejo nacional para dirigir el país, y demandando, en su lugar, elecciones generales anteriores a la designación de una convención constitucional.

3 de julio de 2003

El administrador estadunidense en Irak, L. Paul Bremer, ofrece una recompensa de 25 millones de dólares a quien diera información para capturar a Hussein o prueba de su muerte.

9 de julio de 2003

El secretario de Defensa de Estados Unidos, Donald Rumsfeld, informa ante el Congreso de su país que el costo estimado de la permanencia de tropas en Irak será de 3 900 millones de dólares al mes, el doble de lo previsto.

11 de julio de 2003

El director de la CIA, George Tenet, acepta públicamente la responsabilidad de permitir que se tomara como cierta la información recibida acerca de la intención de Irak de comprar armamento nuclear en África. Condoleezza Rice, asesora de Seguridad Nacional de George W. Bush, afirma que la CIA aclaró el punto en la totalidad del discurso.

13 de julio de 2003

El recién formado Consejo de Gobierno de Irak, constituido por 25 miembros provenientes de diversos círculos políticos, étnicos y religiosos, se reúne por primera vez en Bagdad para decidir el proyecto de redacción de una nueva constitución y el proceso electoral. Hay 3 mujeres dentro del Consejo.

14 de julio de 2003

La India se niega a enviar tropas para el mantenimiento de la paz en Irak.

16 de julio de 2003

El general John P. Abizaid, comandante de las fuerzas de Estados Unidos en la región, declara que en las últimas semanas los ataques diarios a las tropas son una táctica clásica de guerrilla que aparenta estar muy bien organizada.

18 de julio de 2003

El líder chiita de Irak, clérigo musulmán Moqtada Sadr, denuncia al Consejo de Gobierno como un cuerpo ilegítimo de lacayos estadunidenses. Anuncia el plan para formar un ejército islámico, independiente y opuesto a la cooperación con las autoridades estadunidenses.

20 de julio de 2003

Oficiales estadunidenses anuncian la creación de una fuerza de defensa civil iraquí para dar seguridad, liberando a las fuerzas estadunidenses de misiones anti-guerrilla.

22 de julio de 2003

Fuerzas estadunidenses asesinan a los hijos de Hussein, Qusay y Uday en un tiroteo en el palacio residencial de Mosul, donde permanecían ocultos. Con su muerte, Estados Unidos espera que se desmoralice la resistencia iraquí. Al delator de los hijos de Sadam Hussein, se le pagaría la suma de 30 millones de dólares como recompensa.

24 de julio de 2003

Un panel conjunto de los comités de inteligencia del Congreso de Estados Unidos publica un informe criticando la conducta del FBI y la CIA previa a los ataques del 11-S. Se argumenta que estas agencias fallaron en atender alertas sobre la intención de Al Qaeda de golpear objetivos estadunidenses. También se hacen recomendaciones que incluyen la creación de una jefatura de inteligencia a nivel nacional y la remoción de barreras obsoletas de la coordinación entre agencias.

29 de julio de 2003

De acuerdo con funcionarios del Departamento de Seguridad Interna, Al Qaeda podría atacar nuevamente con aviones secuestrados, pero sin saber cuándo ni dónde lo harían.

31 de julio de 2003

Oficiales estadunidenses afirman que establecerán un tribunal especial compuesto por jueces iraquíes para castigar a Hussein por crímenes contra la humanidad, si es que es capturado. Estados Unidos se opone a que se involucre en el juicio la ONU o un tribunal internacional.

7 de agosto de 2003

Un coche bomba explota en las afueras de la embajada de Jordania en Bagdad; oficiales estadunidenses sospechan del grupo Ansar Al-Islam como responsable.

8 de agosto de 2003

Agencias de inteligencia del Departamento de Defensa estadunidense admiten que los tráilers móviles encontrados en Irak y que se pensó fueron usados para producir armas biológicas, en realidad se usaban en la producción de hidrógeno para globos meteorológicos.

11 de agosto de 2003

El Consejo de Gobierno estadunidense en Irak nombra un comité de 25 miembros a fin de proponer el sistema de selección de quienes redactarán una nueva constitución para Irak. Un líder chiíta del Consejo llamaba a una elección, mientras que otros miembros apoyaban la selección a través de cuerpos regionales.
La OTAN asume el liderazgo de la numerosa fuerza de mantenimiento de la paz establecida en Afganistán en diciembre de 2001, convirtiéndose en la primera operación no europea de la alianza en toda su historia.

13 de agosto de 2003

Oficiales estadunidenses deciden no otorgar a la ONU una responsabilidad más amplia en la ocupación militar de Irak, de forma contraria a la posición de Francia, Alemania, India y otros países.

14 de agosto de 2003

Hamid Karzai, presidente de Afganistán, sustituye a gobernadores y oficiales de seguridad en las provincias que habían sido atacadas dura y continuamente por la insurgencia protalibán.

16 de agosto de 2003

Explota uno de los principales ductos petroleros al norte de Irak, deteniendo las exportaciones de crudo a Turquía, con las consecuentes pérdidas de ganancias para la economía iraquí.

19 de agosto de 2003

Explota un coche bomba en las afueras de la sede de las ONU en Bagdad, donde fallece el diplomático brasileño Sergio Vieira de Mello, principal funcionario de la ONU en Irak.

21 de agosto de 2003   La ONU anuncia que retirará un tercio de su personal de Irak, luego de la explosión del 19 de agosto.

Colin Powell presiona al Consejo de Seguridad a adoptar una resolución que convoque a los Estados miembros a "hacer más" para restaurar la seguridad en Irak. India, Turquía, Pakistán y otros países son presionados por Estados Unidos para enviar tropas y policías para el mantenimiento de la paz y control de la violencia interna.

22 de agosto de 2003   El secretario general de la ONU, Kofi Annan, afirma que el Consejo de Seguridad podría crear una nueva fuerza multinacional en Irak encabezada por Estados Unidos.

24 de agosto de 2003   Un oficial del gobierno estadunidense afirma que 28 000 iraquíes serán enviados a Europa del Este para recibir entrenamiento policial, como parte del plan de establecimiento de una academia policiaca dentro de una base militar en Hungría. Senadores estadunidenses, demócratas y republicanos, urgen a Bush a enviar refuerzos y más dinero a Irak o, de lo contrario, el fracaso de la intervención armada será inminente. El Pentágono insiste en que los refuerzos no serán necesarios.

26 de agosto de 2003   El presidente de Estados Unidos, George W. Bush, declara que la violencia iraquí puso a prueba la voluntad estadunidense en la guerra contra el terrorismo pero, afirma, no se dejará vencer. Un oficial del Departamento de Estado señala la posibilidad de considerar una fuerza multinacional con auspicios de la ONU, siempre y cuando sea encabezada por un estadunidense.

1 de septiembre de 2003   Fuerzas estadunidenses anuncian una operación de asalto al sur de Afganistán, con el fin de eliminar la guerrilla talibán que atacaba a policías y soldados. El Consejo de Gobierno de Irak nombra a 24 hombres y una mujer como gabinete provisional para sustituir a las autoridades estadunidenses.

2 de septiembre de 2003

La administración de Bush cambia de rumbo y asegura que pedirá la autorización del Consejo de Seguridad de la ONU para que se restaure la seguridad en Irak mediante una fuerza multinacional dirigida por Estados Unidos; esta decisión se toma después ce que un estudio del Congreso estadunidense advierte la insuficiencia de activos militares de su ejército para mantener la ocupación en Irak más allá de marzo de 2004.

Explota un coche bomba en el cuartel central de policía de Bagdad, matando a 1 policía iraquí e hiriendo a varios transeúntes.

4 de septiembre de 2003

Los presidentes de Francia y Alemania rechazan la propuesta de la administración de Bush para dar a la ONU un papel preponderante en la seguridad y reconstrucción de Irak pues, argumentan, no profundiza lo suficiente en la transferencia rápida de la autoridad política a los iraquíes ni otorga a la ONU el papel principal en la reconstrucción del país.

El secretario de Defensa estadunidense, Donald Rumsfeld, afirma durante una visita a Bagdad que su prioridad es acelerar el reclutamiento, entrenamiento y despliegue de oficiales iraquíes para combatir el desorden y la violencia internas.

7 de septiembre de 2003

George Bush califica a Irak como el frente central en su guerra contra el terrorismo y anuncia que pediría al Congreso 87 000 millones de dólares para gasto de emergencia en operaciones militares y la reconstrucción de Irak y Afganistán para el siguiente año fiscal.

9 de septiembre de 2003

La Liga Árabe reconoce formalmente y otorga membresía al Consejo de Gobierno interino iraquí, donde Hoshiyar Zebari, ministro del Exterior, representará a Irak ante la Liga.

El Congreso de Estados Unidos declara que aún otorgando al presidente la suma solicitada, faltarían 55 000 millones más, que se solicitarán a otros países.

10 de septiembre de 2003

Bush hace una propuesta para la ampliación del Acta Patriótica, bajo la cual agentes federales, sin la aprobación de un juez o un fiscal, podrían girar órdenes judiciales para solicitar registros privados y obligar a atestiguar.

11 de septiembre de 2003

En Gran Bretaña un comité parlamentario absuelve al gobierno de Tony Blair de falsificar información de inteligencia para promover la guerra en Irak, pero cuestiona que Irak represente una amenaza a Gran Bretaña y pudiera desplegar armas no convencionales en 45 minutos.

17 de septiembre de 2003

Al-Jazeera, la cadena de televisión árabe, difunde una grabación atribuida a Sadam Hussein en la que llama a perpetrar más ataques a estadounidenses en Irak. Bush declara no haber visto evidencia alguna que vinculara a Sadam Hussein con los ataques del 11-S.

22 de septiembre de 2003

Oficiales estadunidenses anuncian un acuerdo para otorgar a Turquía un paquete de ayuda de 8 500 millones de dólares, luego de que este país prometiera ayuda no especificada en Irak.

23 de septiembre de 2003

Una encuesta de Gallup revela que cerca de dos tercios de los residentes de Bagdad estaban a favor de la remoción de Hussein.
En un discurso en la ONU Bush defiende la guerra en Irak, reiterando la necesidad de transferir rápidamente la soberanía a los iraquíes y solicita para ello asistencia financiera internacional para reconstruir el país. El discurso fue recibido con escepticismo por el resto de las delegaciones.
El Consejo de Gobierno en Irak prohíbe a miembros de Al-Jazeera y Al-Arabiya ingresar al Ministerio de Gobierno y a la cobertura de conferencias de prensa oficiales pues, afirman incitan a la violencia.

25 de septiembre de 2003

La ONU decide remover a la mayor parte de su personal extranjero en Irak, luego de que dos días antes explotara una segunda bomba afuera de su sede en Bagdad.

2 de octubre de 2003

Bajo presión de Francia y otros países para concluir la transferencia de la soberanía a los iraquíes, Colin Powell afirma que Estados Unidos fijará un plazo de seis meses para que se redacte una nueva constitución iraquí.

Explota una bomba fuera del hotel utilizado como base por la cadena NBC en Bagdad.

Estados Unidos admite que dependerá de soldados de otras naciones para sustituir sus tropas en Irak a principios del año 2004.

10 de octubre de 2003

David Key, jefe de inspectores de armas de Estados Unidos en Irak, declara al Congreso que su equipo no ha encontrado armas de destrucción masiva en tres meses de búsqueda, pero señala que Sadam Hussein tenía la intención de desarrollarlas.

13 de octubre de 2003

Funcionarios de la administración de Bush toman la ofensiva en contra de las críticas de la política hacia Irak en el Congreso y en los medios.

16 de octubre de 2003

El Consejo de Seguridad vota para extender la fuerza multinacional de 5 500 miembros encabezada por la OTAN.

17 de octubre de 2003

Después de meses de negociación, el Consejo de Seguridad de la ONU vota la resolución 1511 patrocinada por Estados Unidos y Gran Bretaña que autoriza una fuerza multinacional en Irak.

The New York Times informa que Estados Unidos carece de personal para salvaguardar toneladas de explosivos en Irak.

El Congreso vota la petición de Bush por 87 mil millones de dólares para la reconstrucción en Irak y Afganistán.

24 de octubre de 2003

Se realiza la conferencia de Madrid para la reconstrucción iraquí, recaudando 13 mil millones de dólares.

27 de octubre de 2003

Estalla un coche bomba en los cuarteles de la Cruz Roja Internacional en Bagdad, matando a 34 personas e hiriendo 224.

3 de noviembre de 2003

El Senado estadunidense aprueba la petición del presidente Bush de 87 billones de dólares para la reconstrucción en Irak y Afganistán.

6 de noviembre de 2003

The New York Times informa que Irak aparentemente intentó evitar el conflicto al negociar en el último minuto el acceso a inspectores en busca de armas de destrucción masiva.

En un discurso en el Fondo Nacional para la Democracia en Washington, el presidente Bush anuncia su estrategia de democratizar el mundo árabe.

10 de noviembre de 2003

Fuerzas estadunidenses y afganas anuncian el inicio de operaciones militares en la frontera con Pakistán en busca de miembros de Al Qaeda.

14 de noviembre de 2003

En un cambio de estrategia brusco, la administración de Bush decide acelerar la transferencia de poder a Irak antes de redactar la constitución y celebrar elecciones.

15 de noviembre de 2003

Funcionarios estadunidenses y el Consejo de Gobierno Iraquí acuerdan un plan para el traspaso de soberanía para el 1 de julio de 2004.

30 de noviembre de 2003

El Consejo de Gobierno Iraquí acuerda tener elecciones nacionales para designar un gobierno nacional interino.

4 de diciembre de 2003

La OTAN rechaza la petición del secretario de Estado Collin Powell de desempeñar un mayor papel en la coalición encabezada por Estados Unidos en Irak.

11 de diciembre de 2003

Investigadores del Pentágono dan a conocer el fraude de una subsidiaria de Halliburton en Irak por 61 millones de dólares.

13 de diciembre de 2003	Aproximadamente 500 delegados de todo Afganistán se reúnen en una gran asamblea, o Loya Jirga, para la redacción de una constitución.
14 de diciembre de 2003	Tropas estadunidenses capturan a Sadam Hussein en una remota granja cerca de la ciudad de Tikrit.
21 de diciembre de 2003	El secretario de Seguridad Interna, Tom Ridge, eleva al segundo nivel más alto la alerta terrorista en todo el país, indicando la posibilidad de ataques por parte de Al Qaeda.
4 de enero de 2004	Estados Unidos moviliza 110 000 tropas a Irak para remplazar las 125 000 que llevaban un año en operaciones.
5 de enero de 2004	Estados Unidos inicia el programa de recolección de huellas digitales y fotografías a turistas internacionales en 115 aeropuertos para evitar que presuntos terroristas ingresen al país.
17 de enero de 2004	Asciende a 500 la cifra de soldados estadunidenses muertos.
20 de enero de 2004	En su "Discurso del Estado de la Unión" en el Congreso, el presidente Bush defiende su decisión de invadir Irak y advierte que Estados Unidos es vulnerable a los terroristas. Pide a los legisladores renovar la ley patriótica y hacer permanentes los recortes de impuestos.
23 de enero de 2004	Renuncia el jefe de inspectores de armas de Estados Unidos David Key, declarando que no creía que Irak tuviera armas de destrucción masiva.
21 de enero de 2004	El Instituto de Estudios Estratégicos Internacionales de Londres considera que Corea del Norte producirá de 4 a 8 armas nucleares en el siguiente año.

27 de enero de 2004

En respuesta a la petición de funcionarios de Estados Unidos e Irak, el secretario general de la ONU, Kofi Annan, se compromete a enviar un equipo al país árabe para evaluar la posibilidad de celebrar elecciones.

6 de febrero de 2004

El presidente Bush nombra una comisión bipartidista para examinar las operaciones y juicios de inteligencia acerca de los programas de armas de Irak.

19 de febrero de 2004

El secretario general de la ONU apoya la posición de la administración de Bush de que celebrar elecciones directas en Irak para designar un gobierno interino no es posible antes de la transferencia de soberanía el 30 de junio.

23 de febrero de 2004

Un equipo de expertos electorales de Naciones Unidas concluye que las elecciones directas para designar un gobierno interino podrían celebrarse a finales de este año o hasta el próximo.

8 de marzo de 2004

Miembros del Consejo de Gobierno Iraquí firman la constitución interina que garantiza los derechos civiles y llama a celebrar elecciones en enero de 2005 para designar un gobierno provisional que redacte la constitución permanente.

11 de marzo de 2004

Estallan diez bombas en el tren de Madrid, España, matando a 192 personas e hiriendo a más de 1 800 en la más sangrienta tragedia en Europa desde el fin de la segunda guerra mundial.

15 marzo de 2004

José Luis Rodríguez Zapatero es electo presidente de España después de capitalizar los ataques terroristas del día 11. Anuncia la retirada de los soldados españoles para el 30 de junio.

16 de marzo de 2004   John Kerry, senador demócrata por el Estado de Massachussets, gana las primarias de Illinois, consiguiendo el número suficiente de delegados para la Convención Nacional y asegurar su nominación para las elecciones presidenciales en noviembre.

24 de marzo de 2004   El ex jefe de contraterrorismo de la Casa Blanca, Richard Clarke, testifica ante la Comisión Nacional de los Ataques Terroristas que la administración de Bush ignoró la amenaza de Al Qaeda antes de los atentados, y que la guerra en Irak había distraído los esfuerzos de la guerra contra el terrorismo.

29 de marzo de 2004   Siete ex miembros del bloque comunista se integran a la OTAN, extendiendo las fronteras de la Alianza hacia Europa del Este.

6 de abril de 2004   Tropas estadunidenses en Irak se enfrentan a una fuerte resistencia sunita y chiita a lo largo del país.

14 de abril de 2004   El número de soldados estadunidenses muertos en esta semana alcanza 64, siendo la más sangrienta desde el inicio de la guerra.

15 de abril de 2004   La administración de Bush acepta la propuesta de Naciones Unidas de disolver el Consejo de Gobierno Iraquí y remplazarlo por otro cuando la soberanía sea transferida.

22 de abril de 2004   Funcionarios estadunidenses anuncian que permitirán el reingreso de ex miembros del Partido Baath al gobierno iraquí.

28 de abril de 2004   *The New Yorker* y distintos medios de comunicación estadunidenses reportan casos de violaciones de derechos humanos en la cárcel de Abu Ghraib, en las afueras de Bagdad.
Encuesta de *The New York Times* y *CBS News* muestra un declive del apoyo popular a la guerra en Irak pasando de 58 a 47 por ciento.

1 de mayo de 2004 | Se integran diez nuevos países a la Unión Europea, sumando 25 y creando el bloque comercial más grande del mundo con una población de 450 millones de personas.

5 de mayo de 2004 | La administración de Bush solicita 25 mil millones de dólares para cubrir costos de la guerra en Irak.

6 de mayo de 2004 | La Cruz Roja Internacional informa que había señalado con anticipación a Washington sobre las torturas a prisioneros iraquíes en Abu Ghraib. Las imágenes provocan resentimiento en el mundo árabe. Distintos medios de comunicación piden la renuncia del secretario de la Defensa Donald Rumsfeld.

7 de mayo de 2004 | El secretario Donald Rumsfeld testifica ante el Congreso y pide disculpas por las torturas de los prisioneros iraquíes y asume la responsabilidad.

10 de mayo de 2004 | El presidente Bush expresa su apoyo al secretario de Defensa declarando que realiza un súper trabajo.

21 de mayo de 2004 | *The Washington Post* anuncia tener cientos de fotografías y videos de las torturas en Abu Ghraib.

28 de mayo de 2004 | Estados Unidos nombra a Iyad Allawi primer ministro del Gobierno Interino Iraquí, que entraría en funciones a partir de la transferencia de soberanía a finales de junio. El enviado de la ONU apoya la decisión.

1 de junio de 2004 | El Consejo de Gobierno Interino se disuelve dando pie al Gobierno Interino Iraquí, encabezado por el nuevo primer ministro Iyad Allawi, que celebraría elecciones en enero de 2005.

3 de junio de 2004

Renuncia George Tenet, director de la Agencia Central de Inteligencia, después de fracasar en anticiparse a los atentados terroristas del 11-S y encontrar armas de destrucción masiva en Irak.

7 de junio de 2004

The Wall Street Journal publica que los abogados de la Casa Blanca elaboraron un reporte clasificado y preparado para el secretario de Defensa Donald Rumsfeld, que informa que presidente no estaba obligado por ninguna convención internacional que prohibiera la tortura. Con ello se justificaría legalmente las violaciones de los derechos humanos de prisioneros en Irak y Guantánamo, Cuba.

8 de junio de 2004

El Consejo de Seguridad de la ONU aprueba unánimemente la resolución 1546 patrocinada por Estados Unidos y Reino Unido, la cual pone fin a la ocupación formal en Irak el 30 de junio y transfiere "toda la soberanía" al Gobierno Interino Iraquí.

17 de junio de 2004

El equipo de la Comisión que investiga los atentados del 11-S concluye que no hubo colaboración entre Irak y Al Qaeda en la planeación de los ataques terroristas.

22 de junio de 2004

El Departamento de Estado anuncia que el número de ataques terroristas se ha incrementado, contrario a lo que señalan los reportes de la misma agencia.

28 de junio de 2004

Dos días antes de lo acordado, autoridades estadunidenses transfieren el poder al Gobierno Interino Iraquí por razones de seguridad.
La Suprema Corte falla en contra de la administración de Bush al permitir que los "combatientes enemigos" tuvieran acceso a un juicio justo.

1 de julio de 2004

Las elecciones nacionales en Afganistán se posponen por tres meses, hasta que se estabilice la seguridad en el país.
Sadam Hussein aparece desafiante ante la Corte Iraquí de Justicia y es acusado de numerosos crímenes contra la población y las minorías.

10 de julio de 2004	El Senado de Estados Unidos publica un crítico reporte sobre las fallas de inteligencia, concluyendo que los cálculos que llevaron a la guerra en Irak eran exagerados y erróneos.
21 de julio de 2004	Se incrementa la ola de secuestros y decapitaciones de extranjeros en Irak por parte de la insurgencia.
22 de julio de 2004	La Comisión de los Atentados del 11-S publica su informe final, concluyendo que sin una reforma de los sistemas de inteligencia y un nuevo énfasis en la diplomacia, Estados Unidos es vulnerable a nuevos ataques terroristas. El reporte llama a la creación del Director de la Inteligencia Nacional con control presupuestario sobre todas las agencias de inteligencia y el establecimiento del Centro Nacional de Contraterrorismo.
29 de julio de 2004	El senador John Kerry acepta la nominación del Partido Demócrata para las elecciones presidenciales del 2 de noviembre.
1 de agosto de 2004	La administración de Bush anuncia un alto riesgo de ataques terroristas en las instituciones financieras en Nueva York y Washington. La información se recabó antes de los atentados del 11-S.
8 de agosto de 2004	Condoleezza Rice, asesora de Seguridad Nacional, declara que Estados Unidos y los Aliados no pueden permitir que Irán desarrolle armas nucleares. Recomienda al presidente Bush observar todas las opciones para detener la amenaza iraní.
16 de agosto de 2004	El presidente Bush anuncia a un grupo de veteranos que durante la próxima década retirará entre 60 000 y 70 000 soldados de Europa y Asia.

7 de septiembre de 2004

La muerte de soldados estadunidenses en Irak se incrementa a 1,000. La mayoría fallece después de que el presidente Bush anunciara el fin de las operaciones militares hace 16 meses.

14 de septiembre de 2004

La violencia se incrementa en Irak, dando indicios de que la insurgencia se ha extendido y se ha sofisticado.

15 de septiembre de 2004

Reportes de prensa publican la Estimación de Inteligencia Nacional preparada para el presidente Bush en el mes de julio, la cual pronostica un oscuro panorama en Irak. El mejor escenario es una tensa estabilidad para el 2005 y, el peor, una guerra civil.

21 de septiembre de 2004

En su discurso ante la Asamblea General de la ONU, el presidente Bush declara que Irak está por convertirse en una democracia estable. Kofi Annan abrió la sesión afirmando la importancia del derecho internacional y cuestionando la legalidad de la guerra en Irak.

22 de septiembre de 2004

La OTAN accede a enviar 300 oficiales a Irak para entrenar tropas de seguridad.

23 de septiembre de 2004

El Primer Ministro Ayad Allawi, en un discurso ante el Congreso de Estados Unidos, declara que la violencia no detendrá la celebración de elecciones en enero, e insiste que Irak está en el camino hacia la democracia.

28 de septiembre de 2004

Un reporte de una empresa de seguridad privada detalla que los ataques de la insurgencia se han incrementado a 2 300 desde hace treinta días.

6 de octubre de 2004

Contradiciendo las afirmaciones de la administración Bush para invadir Irak, el jefe de inspectores de armas de Estados Unidos concluye en su informe que el país árabe había destruido las armas de destrucción masiva meses después de la primera Guerra del Golfo en 1991.

9 de octubre de 2004	8.2 millones de afganos celebran elecciones presidenciales. Hamid Karzai gana con el 56 por ciento del voto.
13 de octubre de 2004	El presidente George W. Bush y el senador John Kerry enfrentan su último debate: paralelamente, las encuestas de opinión indican una contienda cerrada para las elecciones presidenciales del 2 de noviembre.
25 de octubre de 2004	*The New York Times* publica que oficiales iraquíes y de Naciones Unidas habían reportado que durante la ocupación de Estados Unidos en Irak, cantidades masivas de explosivos habían desaparecido.
30 de octubre de 2004	Cuatro días antes de las elecciones presidenciales, en un video Osama Bin Laden asume la responsabilidad de los atentados del 11-S y advierte que la seguridad de Estados Unidos no estaba en manos de John Kerry ni de George W. Bush.
2 de noviembre de 2004	Estados Unidos celebra elecciones presidenciales, entre el presidente George W. Bush y el senador John Kerry. El nombre del ganador quedó en suspenso después de que ninguno de los dos candidatos lograra una ventaja definitiva sobre el otro.
3 de noviembre de 2004	John Kerry reconoce el triunfo de George W. Bush, con 274 sobre 252 votos electorales y más de 4 millones de votos populares de ventaja, se convierte en el primer hijo de un ex presidente en ganar la reelección presidencial en la historia de Estados Unidos. El Partido Republicano incrementa su presencia en el Congreso con 229 escaños en la Cámara de Representantes y 54 en el Senado. Encuestas de salida publican un 22 por ciento de la tendencia del voto en valores morales, economía (20 por ciento), terrorismo (19 por ciento) e Irak (15 por ciento).

5 de noviembre de 2004

El presidente de Rusia Vladimir Putin firma la ratificación del Protocolo de Kyoto, permitiendo su entrada en vigor a partir del 2005.

8 de noviembre de 2004

15 000 efectivos de las fuerzas armadas estadunidenses en Irak lanzan una ofensiva a la ciudad de Falluja. El ataque al bastión de la resistencia se convierte en el más prolongado y sangriento desde el inicio de la invasión armada en 2003.

11 de noviembre de 2004

El reelecto presidente Bush inicia cambios en su gabinete. Nombra a Alberto González candidato a procurador general de Justicia en sustitución de John Ashcroft, aunque el Senado debe ratificar dicho nombramiento. González justificó la detención de presuntos terroristas y la violación de sus derechos humanos.

Muere Yasser Arafat, presidente de la Autoridad Nacional Palestina e icono del movimiento nacionalista y de liberación de los territorios ocupados.

15 de noviembre de 2004

Renuncia Collin Powell, secretario de Estado, cuya presencia en la administración de Bush otorgaba una voz más moderada en la política exterior. Su salida representa un triunfo de la línea más dura.

Francia, Reino Unido y Alemania anuncian un acuerdo con Irán que compromete la suspensión del enriquecimiento de uranio, condicionado a beneficios económicos por parte de los europeos.

16 de noviembre de 2004

Buscando un mayor control y armonía en la administración, el presidente Bush nombra a Condoleezza Rice, secretaria de Estado. Stephen Hadley toma el puesto de asesor de Seguridad Nacional.

21 de noviembre de 2004

El Gobierno Interino Iraquí establece que el 30 de enero se celebrarían elecciones en todo el país desde la caída de Sadam Hussein. Los electores escogerán a los 275 miembros de la Asamblea General que redactará una nueva constitución.

Después de meses de negociación, los países más industrializados del mundo aceptan cancelar 80 por ciento de la deuda nacional iraquí de 39 billones de dólares.

31 de noviembre de 2004 · Un panel internacional de expertos designado por el secretario general de la ONU, Kofi Annan, recomienda la mayor reforma del organismo internacional desde su fundación. La reforma prevé cambios en la estructura del Consejo de Seguridad, la Asamblea General y la Comisión de Derechos Humanos. Algunas de sus propuestas son la inclusión de nuevos miembros al Consejo de Seguridad, favorece el uso de la fuerza preventivamente y ofrece una definición de terrorismo.

1 de diciembre de 2004 · Funcionarios estadunidenses anuncian un plan de expansión de las fuerzas armadas en Irak, sumando un total de 150 000.

6 de diciembre de 2004 · Cumpliendo con las recomendaciones de la comisión que investigó los ataques terroristas del 11-S, el Congreso aprueba una nueva ley que reforma a toda la comunidad de servicios de inteligencia estadunidenses y crea el cargo de director nacional de Inteligencia, puesto que dirigiría John D. Negroponte.

15 de diciembre de 2004 · El escudo antimisiles en la Costa Este de Estados Unidos fracasa en su segunda prueba de campo desde hace dos años.

20 de diciembre de 2004 · Bush reconoce en una conferencia de prensa en Washington que, después de 20 meses después de la caída de Sadam Hussein, Estados Unidos sólo ha tenido éxitos "mixtos" en el entrenamiento de tropas y la seguridad del país.

26 de diciembre de 2004 · El más peligroso tsunami en cuarenta años, con epicentro en la isla de Sumatra, azotó las costas de Indonesia, Sri Lanka, Malasia e India, causando la muerte de 150 000 personas.

31 de diciembre de 2004

Después de las duras críticas de ser "tacaño", el presidente Bush incrementa a 350 millones de dólares la ayuda estadunidense a las víctimas del tsunami.

6 de enero de 2005

Ante la audiencia del Comité Judicial del Senado, Alberto González, consejero legal de la Casa Blanca y candidato del presidente Bush a Procurador General, negó que la guerra contra el terrorismo haya hecho obsoletas las Convenciones de Ginebra sobre protección de presos de guerra.

8 de enero de 2005

La revista *Newsweek* reporta que el Pentágono ha estado discutiendo "la Operación Salvador" en Irak que emplea escuadrones de la muerte y campañas de secuestros masivos.

10 de enero de 2005

Auditorías internas del Programa Petróleo por Alimentos de la ONU muestran excesos en los pagos de millones de dólares a gobiernos y compañías, alegando cargos por mala administración y corrupción.

12 de enero de 2005

Legisladores de la Unión Europea aprueban la propuesta de Constitución Europea que faculta los lineamentos comunitarios de los 25 miembros, creando, entre otras cosas, la posición del ministro de Relaciones Exteriores europeo y establece la presidencia europea rotativa de dos años y medio. Todos los países deben ratificarla por referéndum o voto parlamentario para que entre en vigor.

13 de enero de 2005

El Consejo Nacional de Inteligencia, un *think tank* de la CIA, informa que Afganistán ha sido remplazado por Irak como el principal espacio de entrenamiento y reclutamiento de la próxima generación de terroristas.

17 de enero de 2005

Un artículo de la revista *The New Yorker* señala que la administración de Bush ha estado realizando operaciones de reconocimiento en Irán, con la participación de fuerzas especiales, en lo que indica una preparación para un ataque armado al país persa.

20 de enero de 2005

En el discurso de inauguración de su segundo periodo, el presidente Bush anuncia que la responsabilidad de las próximas generaciones en Estados Unidos será la expansión de la democracia y lucha contra las tiranías en el mundo.

30 de enero de 2005

A pesar de la creciente inseguridad y atentados terroristas, los iraquíes celebran sus primeras elecciones nacionales multipartidistas en más de cincuenta años. La participación sunita y kurda es alta, contraria a la chiita, que intentó boicotear la jornada electoral.

2 de febrero de 2005

El presidente Bush declara en su "Mensaje a la Nación" los retos que enfrenta el sistema de seguridad social y pide al Congreso privatizarlo, creando cuentas personales de inversión. Bush también reafirma su compromiso de no retirar las tropas estadunidenses en Irak hasta haber alcanzado un mejor clima de seguridad en todo el país. Finalmente, hace un llamado a Irán, Arabia Saudita y Egipto para que demuestren con su ejemplo el posible camino de la democracia en Medio Oriente.

3 de febrero de 2005

La comisión que investiga los ilícitos en el Programa Petróleo por Alimentos de la ONU, indica que el director del programa, Benon Sevan, ayudó a amigos en contratos de compra de petróleo iraquí. Por otro lado, una comisión independiente del Congreso de Estados Unidos investiga los actos de corrupción y mala administración.

7 de febrero de 2005

El presidente Bush propone su presupuesto anual que recorta una gran mayoría de programas sociales y a la vez proporciona más fondos a la defensa y seguridad del país. Analistas mencionan que los recortes de impuestos no reducirán el déficit federal de más de 400 billones de dólares. La administración también solicita fondos adicionales por 80 mil millones de dólares para mantenimiento de las fuerzas estadunidenses en Irak y Afganistán.

13 de febrero de 2005

Los resultados finales de la pasada elección del 30 de enero en Irak muestran que la coalición de partidos chiitas, la Alianza Unida Iraquí, gana 48 por ciento del voto popular y 140 de 275 asientos en la nueva Asamblea Nacional. Los dos partidos kurdos más importantes alcanza 75 asientos.

14 de febrero de 2005

Es asesinado por un coche-bomba Rafik al-Hariri, ex primer ministro libanés. A una semana de su muerte, cientos de miles protestan en las calles el retiro de tropas sirias. Días después, Siria anuncia el retiro de 15 000 soldados y agentes de inteligencia que permanecían en el país desde 1976.
El sistema de defensa y escudo antimisiles sufre el tercer fracaso en su prueba de intercepción de misiles de largo alcance.

16 de febrero de 2005

Entra en vigor el Protocolo de Kyoto, un tratado diseñado para disminuir las emisiones de gas que contribuyen al calentamiento global. Estados Unidos, el más grande emisor de gases, no ratifica el tratado.

21 de febrero de 2005

En su cuarto día de viajes por Europa, el presidente Bush advierte que Rusia debe renovar su compromiso con la democracia y el Estado de derecho.

22 de febrero de 2005

El presidente Bush declara durante su visita a Europa la profunda preocupación del gobierno estadunidense por el levantamiento de la prohibición de venta de armas a China, y por la consecuente inestabilidad en el equilibrio de poder en Asia.

23 de febrero de 2005

El presidente egipcio Hosni Mubarak solicita la reforma de la Constitución para realizar elecciones presidenciales multipartidistas. El anuncio viene después de las presiones del gobierno del presidente Bush y de un naciente e inmaduro movimiento democratizador en Medio Oriente.

6 de marzo de 2005	El ministro chino de Relaciones Exteriores, Li Zhaoxing, expresa sus dudas sobre la calidad de la información de los sistemas de inteligencia estadunidenses en el programa nuclear de Corea del Norte.
15 de marzo de 2005	Militares estadunidenses reconocieron que al menos 26 prisioneros bajo su custodia habían muerto bajo circunstancias sospechosas en Irak y Afganistán desde el 2002.
19 de marzo de 2005	Los doctores remueven el tubo de alimentación de la mujer de Florida con daño cerebral, Terri Schiavo. La intervención política de actores nacionales como el presidente Bush y miembros del Congreso estadunidense provocan un debate nacional sobre el derecho a la muerte.
16 de marzo de 2005	El presidente Bush anuncia su elección de nombrar a Paul Wolfowitz, subsecretario de Defensa, candidato de Estados Unidos para dirigir la presidencia del Banco Mundial.
17 de marzo de 2005	El gobierno de Afganistán pospone por tercera ocasión las elecciones parlamentarias de mayo a septiembre de 2005.
21 de marzo de 2005	Funcionarios europeos deciden posponer el levantamiento de las restricciones de venta de armamento a China. La decisión fue tomada después de las fuertes presiones del gobierno estadunidense y de la aprobación de la ley de prohibición de movimientos independentistas en China sobre la cuestión de Taiwán.
22 de marzo de 2005	Fuerzas estadunidenses e iraquíes matan al menos a 80 insurgentes en una redada en un campo de entrenamiento militar en el noreste de Bagdad.
25 de marzo de 2005	A pesar de las recomendaciones de los investigadores, comandantes de las fuerzas armadas de Estados Unidos deciden no levantar cargos a 17 soldados estadunidenses implicados en la muerte de tres prisioneros en Irak y Afganistán.

1 de abril de 2005

Paul Wolfowitz, subsecretario de Defensa, fue unánimemente confirmado por la junta directiva del Banco Mundial como el nuevo presidente del organismo financiero que aglutina a 184 países y que sólo en 2004 proporcionó 20 billones de dólares para 245 proyectos de desarrollo en todo el mundo. *The Economist* calificó el hecho como un triunfo para la nueva doctrina de guerras preventivas contra la pobreza.

12 de abril de 2005

El ministro de Defensa polaco, Jezy Smajdzinski, anuncia que Polonia retirará sus tropas de Irak a finales de 2005, cuando expire la resolución de Naciones Unidas que autoriza la presencia militar extranjera en este país árabe.

14 de abril de 2005

La Asamblea General de la ONU aprueba por consenso la Convención contra el Terrorismo Nuclear, la primera que aborda el tema desde los ataques del 11-S y que obliga a los 191 Estados miembros de la ONU a perseguir a todo individuo que posea material radiactivo o fabrique un artefacto de este tipo para matar o causar daños físicos o materiales. El Senado estadunidense aprueba la solicitud del presidente Bush de gastos extras para la guerra contra el terrorismo, en especial en Afganistán e Irak. La partida de más de 81 billones de dólares también incluye algunos fondos para ayuda de los damnificados del tsunami en Asia y la construcción de la embajada de Estados Unidos en Bagdad.

23 de abril de 2005

Un informe de Human Rights Watch llama a una investigación judicial al secretario de Defensa Donald Rumsfeld y al ex director de la CIA, George Tenet, por aprobar el abuso de prisioneros de guerra en Irak y Guantánamo, Cuba.

25 de abril de 2005

En respuesta a lo que se consideran varias provocaciones de Corea del Norte, el gobierno del presidente Bush debate la posibilidad de solicitar, mediante una resolución de la ONU, que se intercepte cualquier embarcación sospechosa de transportar material nuclear y que entre o salga del país asiático.

27 de abril de 2005

El diario *The Washington Post* informa que los ataques terroristas considerados "significativos" por el Departamento de Estado aumentaron de 175 en 2003 a 655 en 2004.

29 de abril de 2005

En una declaración sorpresiva, un alto funcionario de inteligencia del Pentágono afirma que Corea del Norte tiene la capacidad de armar un misil con un dispositivo nuclear. Se trata de la primera ocasión que un funcionario del gobierno estadunidense acepta que Corea del Norte tiene tal capacidad nuclear. Días después, Corea del Norte prueba el lanzamiento de un misil tierra-aire hacia el mar de Japón.

2 de mayo de 2005

El diario londinense *The Sunday Times* reveló que el presidente de Estados Unidos, George W. Bush, y el primer ministro británico, Tony Blair, planearon al menos desde julio de 2002 la invasión de Irak.

El diario *The New York Times* reporta que investigadores militares estadunidenses admitieron la existencia de maltrato y abuso de presos en la base naval de Guantánamo, Cuba, citando informes del Pentágono.

3 de mayo de 2005

El diario *The New York Times* publica un reporte clasificado del Pentágono que afirma que no podrá haber mayores operaciones de combate en el mundo por los compromisos de las tropas estadunidenses en Irak y Afganistán.

11 de mayo de 2005

El Senado de Estados Unidos aprobó por unanimidad la ley que incluye la asignación de cerca de 82 billones de dólares para gastos suplementarios de las tropas establecidas en Irak y Afganistán. Esta ley también incluye prerrogativas en contra de la migración ilegal y la construcción de un muro entre Tijuana y San Diego. John Bolton, subsecretario de Estado para Asuntos de Control de Armas, y candidato del presidente Bush para embajador de Estados Unidos ante Naciones Unidas, pasa su nominación al pleno del Senado después de no obtener un voto de confianza en el Comité de Relaciones Exteriores de la misma cámara legislativa. Si bien los demócratas han retrasado la votación, se espera la aprobación de la moción por la mayoría republicana en el Senado.

13 de mayo de 2005

El Pentágono propone una iniciativa para cerrar 180 instalaciones militares desde Maine hasta Hawai. Las razones que se argumentan en favor de esta iniciativa son destinar recursos hacia una transformación del ejército hacia las necesidades del siglo XXI.

17 de mayo de 2005

Después de que voceros del gobierno de Bush y otras voces políticas criticaran fuertemente a *Newsweek* por un artículo publicado el 1 de mayo pasado, la revista decidió retractarse del contenido del escrito. El artículo aseguraba que los interrogatorios practicados por estadunidenses en la base de Guantánamo, Cuba, han llegado al punto de humillar a los musulmanes poniendo textos del Corán en los baños, e incluso una versión del libro sagrado se arrojó a un retrete. La reacción fue significativa en el mundo árabe con un resultado de al menos 17 muertos y muchos heridos.

19 de mayo de 2005

Informes de prensa mencionan que la Casa Blanca estudia una propuesta de la Fuerza Aérea para abrir la puerta a la militarización del espacio, lo que, según algunos analistas, supondría un cambio de dirección en la política de Estados Unidos para lanzar una carrera armamentista espacial.

29 de mayo de 2005

Francia rechaza, vía referéndum, con 54 por ciento de los votos la ratificación de la Constitución Europea. Francia, miembro fundador de la Unión Europea, se convierte en el primer país en rechazarla.

| 30 de mayo de 2005 | El informe anual de Amnistía Internacional define a los presos musulmanes en Guantánamo, Cuba, como el "Gulag de nuestros tiempos". La Casa Blanca se apresura en negar dicha acusación. |

FUENTE: The Brookings Institution, "America's Response to Terrorism- Chronology", en <http://www.brook.edu/fp/projects/terrorism/chronology.htm#2001>; Resoluciones del Consejo de Seguridad, en <http://www.un.org/spanish/docs/sc.html>; *Current History*, Filadelfia, octubre-diciembre de 2001; enero-diciembre de 2002; enero-diciembre de 2003; enero-diciembre de 2004, enero-mayo de 2005; *The New York Times*, *The Washington Post*, *Newsweek*, *El Universal*.

Globalidad y conflicto: Estados Unidos y la crisis de septiembre, (2a. ed.) de José Luis Valdés Ugalde y Diego Valadés (coordinadores), se terminó de imprimir en la ciudad de México durante el mes de agosto de 2005, en los talleres de Grupo Edición, S. A. de C. V., Xochicalco 619, Col. Vértiz Narvarte, México, D.F. En su composición se usaron tipos Garamond y Helvética de 40, 24, 15, 12, 11, 10 y 8 puntos. Se tiraron 1000 ejemplares más sobrantes sobre papel cultural de 90 gramos. La formación fue realizada por María Elena Álvarez Sotelo. La edición estuvo al cuidado del Departamento de Ediciones.